普通高等教育"十四五"规划教材
21世纪职业教育规划教材·公共事业系列

社会组织经营与管理

(第二版)

主　编　李飞虎
副主编　陆飞杰　孙秀莉
参　编　曾庆松　黄　静　邓华丽
　　　　刘燕华　周飞祥　刘　军
　　　　苏学愚　郭　勇　黄文斌

图书在版编目(CIP)数据

社会组织经营与管理/李飞虎主编. —2版. —北京：北京大学出版社，2024.1
21世纪职业教育规划教材·公共事业系列
ISBN 978-7-301-34435-4

Ⅰ.①社… Ⅱ.①李… Ⅲ.①社会组织－经营－职业教育－教材②社会组织管理－职业教育－教材 Ⅳ.①C916.1

中国国家版本馆CIP数据核字（2023）第174741号

书　　　名	社会组织经营与管理（第二版） SHEHUI ZUZHI JINGYING YU GUANLI（DI-ER BAN）
著作责任者	李飞虎　主编
策 划 编 辑	巩佳佳
责 任 编 辑	巩佳佳
标 准 书 号	ISBN 978-7-301-34435-4
出 版 发 行	北京大学出版社
地　　　址	北京市海淀区成府路205号　100871
网　　　址	http://www.pup.cn　新浪微博：@北京大学出版社
电 子 邮 箱	编辑部 zyjy@pup.cn　总编室 zpup@pup.cn
电　　　话	邮购部 010-62752015　发行部 010-62750672　编辑部 010-62704142
印 刷 者	河北滦县鑫华书刊印刷厂
经 销 者	新华书店
	787毫米×1092毫米　16开本　15.5印张　368千字 2016年1月第1版 2024年1月第2版　2025年1月第4次印刷　总第13次印刷
定　　　价	55.00元

未经许可，不得以任何方式复制或抄袭本书之部分或全部内容。
版权所有，侵权必究
举报电话：010-62752024　电子邮箱：fd@pup.cn
图书如有印装质量问题，请与出版部联系，电话：010-62756370

前　言

党的十八大以来，以习近平同志为核心的党中央明确提出走出一条具有中国特色的社会组织发展之路的重大命题和战略部署。截至2022年年底，我国共有社会组织约89.1万个，其中，基金会9319个，社会团体370093个，社会服务机构511855个，共吸纳社会各类人员就业1108.3万人。

党的二十大报告指出："引导、支持有意愿有能力的企业、社会组织和个人积极参与公益慈善事业。"社会组织日益成为党和政府完善公共服务体系、提高社会治理水平、促进公益慈善事业高质量发展的一个重要载体，是有别于市场和政府的重要力量，在脱贫攻坚、抢险救灾、基层治理、乡村振兴等方面发挥着积极作用。

社会组织在我国曾被称为"民间组织""非政府组织"等。可能是考虑到"民间组织"的"民间"是与"政府""官方"相对应的，反映了传统社会政治秩序中"官"与"民"相对应的角色关系，容易让人们理解为民间组织与政府部门是相对立的，因此，在新的形势下，党的十六届六中全会和党的十七大把民间组织纳入了社会建设与管理、构建和谐社会的工作大局，对传统的提法进行改造，提出了"社会组织"这一称谓。社会组织称谓的提出和使用，有利于纠正社会上对这类组织存在的片面认识，形成各方面重视和支持这类组织的共识。

在此背景下，我国出台了一系列关于促进社会组织健康有序发展的政策文件。许多原来开设"民间组织管理""非营利组织管理"等类似课程的高校，在制定或修订相关专业人才培养方案时，逐渐开始使用"社会组织管理"这一课称名称。这些都为本次教材的修订工作创造了契机和条件。

在本次教材修订过程中，我们本着"实用为主、理论够用、能力为本"的应用型人才培养理念，借鉴新形态模块化教材设计思路，采用基于工作过程导向的项目化方式设计教材体例和选取教材内容，在形式上和内容上有所创新和突破。

一是创新教材体例。本教材基于新形态模块化的思路,采用项目导向、任务驱动的编写体例,在项目下面设计多个教学任务,在每个教学任务下设计情境导入、任务目标、知识链接和拓展训练等板块,打破传统的章节结构,简化理论、突出应用能力的训练与培养,更加切合职业教育的特点。

二是优化教材内容。本教材结合我国社会组织发展现状,对内容进行了一定程度的优化。增设了"社会组织孵化与培育""社会组织党建工作"和"社会组织营销"三个项目,删减了"非营利组织领导与治理",将原来的"非营利组织发展的国际视野"和"非营利组织在我国的发展"两个项目整合为"社会组织发展现状"一个项目,将原来的"非营利组织项目管理概述""非营利组织项目设计与申请""非营利组织项目实施与管理"三个项目整合为"社会组织项目管理"一个项目,更加凸显教材内容与职业岗位的有机衔接。

三是精选典型案例。本教材本着落实课程思政的育人理念和立德树人的根本任务,在每个教学任务中都设计了情境导入和拓展训练,这些情境和拓展训练既有相关的政策法规,也有源于社会组织的真实案例,并在此基础上提出问题,启迪学生思考,更加注重学生学以致用、知识迁移能力的训练和培养。

本教材的修订工作由7所高职院校的10名专任教师和3名社会组织的负责人共同参与完成。修订后,本教材共有11个项目:社会组织概述、社会组织发展现状、社会组织孵化与培育、社会组织战略管理、社会组织党建工作、社会组织人力资源管理、社会组织财务管理、社会组织项目管理、社会组织营销、社会组织筹款、社会组织评估。这11个项目基本上体现了我国社会组织最核心的业务板块和在社会组织从业必须掌握的职业能力与素养。

重庆城市管理职业学院李飞虎担任本教材主编,负责全书的组织协调、大纲审定、人员分工及审核定稿等工作;上海科学职业技术学院陆飞杰、重庆城市管理职业学院孙秀莉担任副主编,协助主编进行统稿工作。本教材的具体编写分工如下:李飞虎编写项目一、项目五的任务二、项目七、项目十一的任务四;曾庆松(北京政法职业学院)、黄静(重庆城市管理职业学院)编写项目二;邓华丽(山西青年职业学院)编写项目三;刘燕华(东莞职业技术学院)编写项目四;周飞祥(南京市惠仁社会工作服务中心)编写项目五的任务一和任务三;陆飞杰编写项目六;刘军(长沙民政职业技术学院)、苏学愚(长沙民政职业技术学院)编写项目八;郭勇(重庆市渝中区慧灵职业康复训练中心)、孙秀莉编写项目九、项目十;黄文斌(上海城建职业技术学院)编写项目十一的任务一、任务二和任务三。

本教材在编写和修订过程中借鉴了相关教材及文献的研究成果，在此，向相关作者表示衷心感谢！北京大学出版社巩佳佳编辑对本教材的编写和修订提出了许多宝贵意见，并对本教材进行了认真、细致的编辑加工，在此谨致真诚的谢意！

社会组织在我国的发展时间还比较短，许多方面还有待进一步深化研究。同时，由于编者水平有限，书中难免有不妥之处，欢迎广大读者批评指正！

编　者

2023 年 10 月

本教材配有教学课件或其他相关教学资源，如有老师需要，可扫描右边二维码关注北京大学出版社微信公众号"未名创新大学堂"（zyjy-pku）索取。

- 课件申请
- 样书申请
- 教学服务
- 编读往来

目　　录

项目一　社会组织概述 ……………………………………………………………（1）
    任务一　剖析社会组织的概念及基本属性 ……………………………………（2）
    任务二　寻觅社会组织产生及发展的原因 ……………………………………（7）
    任务三　探讨社会组织的分类 …………………………………………………（11）
    任务四　分析社会组织的角色定位与功能 ……………………………………（16）

项目二　社会组织发展现状 …………………………………………………………（21）
    任务一　了解国际视野下社会组织的发展历程 ………………………………（22）
    任务二　剖析世界主要国家社会组织的发展状况 ……………………………（27）
    任务三　熟知我国社会组织的发展历程与现状 ………………………………（32）
    任务四　理解我国社会组织发展面临的机遇与挑战 …………………………（40）

项目三　社会组织孵化与培育 ………………………………………………………（45）
    任务一　认识社会组织孵化与培育 ……………………………………………（46）
    任务二　掌握社会组织孵化与培育的模式 ……………………………………（52）
    任务三　理解社会组织孵化与培育的内容 ……………………………………（58）
    任务四　了解社会组织孵化器 …………………………………………………（64）

项目四　社会组织战略管理 …………………………………………………………（71）
    任务一　了解社会组织战略管理的特点和作用 ………………………………（72）
    任务二　熟知社会组织战略管理的层次和任务 ………………………………（76）
    任务三　掌握社会组织战略管理的过程 ………………………………………（79）

项目五　社会组织党建工作 …………………………………………………………（91）
    任务一　了解社会组织党建工作的必要性与基本原则 ………………………（92）
    任务二　熟知社会组织党建工作的目标和主要任务 …………………………（96）
    任务三　探析社会组织党建工作存在的问题与思路 …………………………（103）

项目六　社会组织人力资源管理 ……………………………………………………（109）
    任务一　了解社会组织人力资源的构成及管理特征 …………………………（110）
    任务二　熟知社会组织员工管理的内容与方法 ………………………………（114）
    任务三　熟知志愿者的招募与管理 ……………………………………………（125）
    任务四　掌握社会工作督导的基本内容 ………………………………………（129）

项目七　社会组织财务管理 (135)
　　任务一　理解社会组织财务管理的特征与目标 (136)
　　任务二　熟知社会组织财务管理的基本功能与基本原则 (140)
　　任务三　掌握社会组织财务管理的内容 (143)
　　任务四　剖析我国社会组织财务管理的问题与对策 (151)

项目八　社会组织项目管理 (155)
　　任务一　了解社会组织项目与项目管理 (156)
　　任务二　熟知社会组织项目设计与项目计划书的撰写 (162)
　　任务三　掌握项目申请的基本流程与技巧 (167)
　　任务四　社会组织项目实施与管理 (170)

项目九　社会组织营销 (179)
　　任务一　了解社会组织营销的概念、特点、作用及营销环境分析 (180)
　　任务二　熟悉社会组织营销规划 (184)
　　任务三　掌握社会组织营销的基本方式 (188)

项目十　社会组织筹款 (193)
　　任务一　了解社会组织筹款的概念、理念和原则 (194)
　　任务二　熟悉社会组织筹款的基本方式 (198)
　　任务三　掌握社会组织筹款的基本策略与技巧 (202)

项目十一　社会组织评估 (211)
　　任务一　了解社会组织评估的内涵、功能及特点 (212)
　　任务二　理解社会组织评估的理论基础、设置社会组织评估指标体系的原则
　　　　　　及我国社会组织评估指标体系 (216)
　　任务三　掌握社会组织评估的程序和常用方法 (223)
　　任务四　熟知我国社会组织评估的实践成效、挑战及对策 (228)

参考文献 (236)

项目一

社会组织概述

项目概述

本项目主要介绍社会组织的概念及基本属性、社会组织产生与发展的原因、社会组织的领域及分类和社会组织的定位与功能。学完本项目后,应重点掌握社会组织的概念及基本属性,知晓社会组织产生的社会背景,并能理解社会组织在社会发展中的角色定位与功能。

引言

20世纪70年代以来,随着英、美等发达国家和第三世界的社会组织及跨国性的社会组织的蓬勃发展,发生了一场范围广泛的所谓"结社革命",即"第三部门"运动。伴随着全球化的浪潮,中国的社会组织也开始迅速发展起来,并逐渐在人们的社会生活中扮演着不同的角色,发挥着不可替代的作用。那么,究竟什么是社会组织?社会组织与政府、企业有什么区别?社会组织主要出现在现实生活中哪些领域?社会组织有哪些类型?它们在新时代社会发展中扮演什么角色?发挥什么作用?具有怎样的定位与功能呢?希望同学们通过对本项目的学习,能够找到答案。

任务一　剖析社会组织的概念及基本属性

S 情境导入

由于强调的角度与重点不同，再加上文化上的差异，目前国际上对社会组织有不同的称谓，如"第三部门"（the third sector）、"独立部门"（independent sector）、"慈善组织"（charitable sector）、"志愿组织"（voluntary sector）、"免税组织"（tax-exempt sector）、"非政府组织"（non-government organization）、"社会经济"（social economy）、"非营利组织"（non-profit organization）等。

根据你的理解，请判断下列组织中哪些属于社会组织的范畴：中国红十字会、中国残疾人联合会、中国宋庆龄基金会、中华全国总工会、中华全国妇女联合会、重庆市救助管理站、中国乡村发展基金会、南都公益基金会、海尔集团、自然之友、中国社会工作联合会、湖南涉外经济学院、重庆市火锅协会、中国社会学会。

T 任务目标

（1）认识社会组织与政府、企业之间的区别。
（2）理解社会组织与"非营利组织"等相关概念之间的差异。

K 知识链接

一、社会组织的界定

"社会组织"是自党的十六届六中全会开始才正式使用的一个中国式概念。它与国际上惯常使用的"非营利组织""非政府组织""第三部门"等概念非常相似，却又不完全相同。

1. 与社会组织相关的几个概念

（1）非营利组织

"非营利组织"这个概念来自美国，是指不以营利为目的，主要开展各种志愿性的公益或互益活动的社会组织，强调与企业等营利组织的区别。美国税法对非营利组织的定义为：非营利组织本质上是一种组织，其净盈余的分配，包括给任何监督与经营该组织的人（如组织的成员、董事或理事等）的报酬，都受到限制。美国税法还列出了非营利组织必须符合的条件：该组织的运作完全是为了从事慈善性、教育性、宗教性和科学性事业，或者是为了达到该税法明文规定的其他目的；该组织的净收入不能用于使私人受惠；该组织所从事的主要活动不是为了影响立法，也不干预公开的选举。美国税法规定凡是符合以上条件的组织都是非营利组织。

（2）非政府组织

非政府组织被界定为政府之外的民间组织，强调与政府的不同。联合国自20世纪60年代开始邀请著名的非政府组织出席联合国经济及社会理事会的活动，并赋予特定非政府组织以咨商地位。于是，这种与政府组织相对应的称呼便逐渐固定和沿用下来。1995年，在北京召开的世界妇女大会对"非政府组织"这一概念在我国的传播具有里程碑作用，会议期间媒体大量报道并使用"非政府组织"一词，官方文件中也陆续出现"非政府组织"和"民间组织"等词语。

（3）第三部门

"第三部门"这个概念最早是由美国学者西奥多·莱维特于1973年提出的。他认为，实际上在政府和私人企业之间有大量的组织从事着政府与私人企业不愿意做或做不了、做不好的事情，他将这类组织称为第三部门。美国管理学大师彼得·德鲁克也提出：知识社会必然是由三大部门组成的社会：一为公共部门，即政府；二为私人部门，即企业；三为社会部门。[①] 由于"第三部门"这个概念过于宽泛，因此在我国使用较少。

此外，社会组织在不同的语境下还被称为"志愿组织""公益性组织""免税组织""慈善组织"等。志愿组织主要是指那些由志愿者参与，以向社会提供志愿服务为宗旨的公益性组织，强调社会组织的志愿性特征。公益性组织特指以实现社会公益为宗旨，为不特定多数受益者提供服务的组织。免税组织是指在税收制度上可享受优待的组织。慈善组织特指致力于为困难人群提供各种捐赠、支持与帮助的公益性组织。在我国，要根据《慈善组织认定办法》（中华人民共和国民政部令第58号）第四条有关规定来对慈善组织进行认定。

2. 社会组织的定义

社会组织作为一个正式的、官方的概念始于2004年3月国务院政府工作报告。2006年10月党的十六届六中全会审议通过的《中共中央关于构建社会主义和谐社会若干重大问题的决定》第一次阐述了社会组织的相关思想，明确提出要健全社会组织，增强其服务社会的功能。党的十七大报告提出："发挥社会组织在扩大群众参与、反映群众诉求方面的积极作用，增强社会自治功能。"党的十八大报告继续要求："加快形成政社分开、权责明确、依法自治的现代社会组织体制。"党的十九大报告提出："加强社区治理体系建设，推动社会治理重心向基层下移，发挥社会组织作用，实现政府治理和社会调节、居民自治良性互动。"党的二十大报告提出："引导、支持有意愿有能力的企业、社会组织和个人积

[①] 彼得·德鲁克. 大变革时代的管理[M]. 赵干城, 译. 上海：上海译文出版社, 1999：201.

极参与公益慈善事业。"可见，自党的十六届六中全会以来，"社会组织"这一概念在我国已逐渐取代其他一些相关概念，并在我国的有关政策及理论研究层面得到广泛应用。

对于什么是社会组织，我国尚没有统一的说法，这一方面是由于社会组织兴起的历史不长，另一方面则缘于不同学者具有不同的社会文化背景。本书倾向于清华大学公共管理学院王名教授的界定。王名教授基于政府、市场以及社会这三方之间存在着相互交集、彼此覆盖的部分，将我国的社会组织分为狭义的社会组织和广义的社会组织。①

（1）狭义的社会组织

狭义的社会组织主要是指根据现有的法律制度和行政管理实践，在各级民政部门登记注册的社会团体、基金会和社会服务机构。② 其中，社会团体是指由中国公民自愿组成，为实现会员共同意愿，按照其章程开展活动的非营利性社会组织。它是以人及其社会关系为基础而形成的会员制组织。基金会是指利用自然人、法人或者其他组织捐赠的财产，以从事公益事业为目的，按照其章程开展活动的非营利法人。它是以财产及其公益关系为基础而形成的财团性组织。社会服务机构是指自然人、法人或者其他组织为了公益目的，利用非国有资产，按照其章程提供社会服务的非营利法人。它是以提供各种直接社会服务为基础的实体性组织。

（2）广义的社会组织

广义的社会组织包括国家与社会彼此覆盖的人民团体和事业单位，社会与市场彼此覆盖的中介组织和社会企业，以及社会部门中除狭义社会组织之外的社区基层组织和工商注册非营利组织。其中，社区基层组织也称社区社会组织，是指由社区居民发起成立，在城乡社区开展为民服务、公益慈善、邻里互助、文体娱乐和农村生产技术服务等活动的社会组织。例如，在城市社区基于共同兴趣爱好成立的"兴趣协会"等基层组织，以及在农村社区基于互助性、兴趣性、公益性等动机而成立的"红白理事会"等基层组织。工商注册非营利组织是指按工商企业形式登记注册，但主要从事各种非营利性社会活动的社会组织。这类社会组织往往兼具公益性和经营性双重特征，其资金来源既有公益资助，也有市场收益。

本书讨论的社会组织主要是王名教授界定的狭义的社会组织，即在民政部门登记注册的社会组织，主要包括社会团体、基金会和社会服务机构。

二、社会组织的基本特性

对于社会组织的特性，不同学者也有不同的见解。例如，美国学者莱斯特·M.萨拉蒙和海尔姆·安海尔就根据社会组织的结构和运作特征，将其特性归纳为正规性、私立性、非利润分配性、自治性、志愿性和公益性。日本学者重富真一结合亚洲国家的国情，

---

① 王名. 社会组织概论 [M]. 北京：中国社会出版社，2010：8-9.
② 社会服务机构以前被称为民办非企业单位，2016年9月，《中华人民共和国慈善法》颁布后，社会服务机构取代了民办非企业单位的称呼。

提出社会组织应该具有非政府性、非营利性、自发性、持续性、利他性、慈善性等基本特性。我国学者王名结合我国社会组织的特点，将社会组织的特性归纳为非营利性、非政府性和志愿公益性（或互益性）三点。① 在这里，我们重点介绍王名教授的观点。

1. 非营利性

非营利性是社会组织的第一个基本特性，是社会组织区别于企业的根本特性。在市场经济环境下，企业千差万别，但都以获取利润（即营利）为目的，不存在非营利的企业。与企业不同，社会组织具有非营利性。社会组织的非营利性主要体现在以下三个方面：

一是不以营利为目的。企业的宗旨尽管表述各不相同，但都离不开营利这一本质，所以营利是企业的根本宗旨。社会组织的宗旨也可以有不同的表述，但不以营利为目的则是一切社会组织的根本宗旨。即社会组织不是为了获取利润并在此基础上谋求组织自身的发展壮大，而是为了实现整个社会或一定范围内的公共利益。

二是不能进行剩余收入（利润）的分配（分红）。社会组织可以开展一定形式的经营性业务，如重庆慧灵智障人士服务机构开展的手工艺品义卖活动，这些业务往往会产生一定的超出经营总成本的收入（即剩余收入）。所不同的是，企业高于经营成本的收入会被作为利润在投资者之间进行分红；而社会组织则不能将经营所得的剩余收入作为利润在成员之间进行分配，只能将其用于社会组织所开展的各种社会活动以及社会组织自身的发展。

三是不得将社会组织的资产以任何形式转变为私人财产。企业的资产归企业所有者所有，其产权界定是明确的。社会组织的资产严格地说不属于社会组织所有，也不属于捐赠者所有，从一定意义上说这些资产是公益资产或互益资产，属于社会。如果社会组织解散或破产了，其资产不能在成员之间进行分配，而只能被转交给其他公共部门（政府或其他社会组织）。

2. 非政府性

非政府性是社会组织区别于政府的根本特性。相对于企业来说，社会组织和政府都属于社会公共部门，但社会组织不是政府机构或其附属部分，具有非政府性。社会组织的非政府性主要体现在以下三个方面：

一是社会组织是独立自治的组织。政府作为统一完整的国家政权，其各个部门与机构只具有相对的独立性，而不是完全独立的，否则就难以发挥国家的职能。而社会组织则不同，各个社会组织是相互独立的自治组织，有独立的判断、决策和行为的机制与能力。

二是社会组织是自下而上的民间组织。政府作为国家政权的组织形式，其基本的组建原则和权力行使方式是自上而下的，形成的是大大小小的金字塔结构。社会组织依靠的是

---

① 王名. 社会组织概论 [M]. 北京：中国社会出版社，2010：12-14.

广大民众,它是通过横向的网络联系与坚实的民众基础动员社会资源,从而形成的自下而上的民间组织。

三是社会组织属于竞争性的公共部门。政府作为以政权为基础的公共部门,无论是资源的获取,还是公共物品的提供,其基本方式都是垄断性的。社会组织则不同,它没有政权的力量,只能采取各种竞争性的手段,来获取各种必要的社会资源,并提供竞争性的公共物品或服务。

3. 志愿公益性（或互益性）

志愿公益性（或互益性）是社会组织区别于企业、政府的显著特性,即社会组织的内在驱动力不是利润动机,也不是权力原则,而是以志愿精神为背景的利他主义和互助主义。与企业是组织化的资本,政府是组织化的权力类似,社会组织是组织化的志愿精神。社会组织的志愿公益性（或互益性）主要体现在以下三个方面：

一是志愿者和社会捐赠是社会组织的重要社会资源。企业以资本的形式获取社会资源,政府通过税收的形式集中社会资源,而社会组织主要依靠志愿者的捐赠来获得社会资源。这种社会捐赠也是志愿精神货币化或物质化的一种表现。

二是社会组织的活动具有社会公开性和透明性。企业作为独立的实体,其活动具有一定的内部性或排他性,政府则不可避免地要面临安全和保密等问题,但社会组织使用的是社会资源,提供的是公共服务或社会公共物品,所以其运作过程和开展的各种活动都要向社会公开,保持透明,并接受监督。

三是社会组织提供的是竞争性的公共物品。企业提供的是私人物品,政府提供的是垄断性的公共物品,而社会组织提供的是竞争性的公共物品（包括公益性公共物品和互益性公共物品两种）。公益性公共物品提供给整个社会不特定的多数成员,比如植树造林、公害治理等；互益性公共物品提供给特定的某些社会成员,比如行业互助、会员福利等,互益性公共物品有时也被称为"准公共物品"。

 拓展训练

小明：学了任务一,我对社会组织的概念和基本特征有了一定了解,可我对我们国家的社会组织还是有点分不清楚。比如,中华全国总工会、中国科学技术协会等人民团体,中国文学艺术界联合会、中国法学会、中国作家协会等群团组织是社会组织吗？

讨论问题

1. 人民团体、群团组织是不是社会组织？为什么？
2. 我国具体有哪些人民团体和群团组织？

项目一 社会组织概述

任务二 寻觅社会组织产生及发展的原因

S 情境导入

2016年8月21日,中共中央办公厅、国务院办公厅印发的《关于改革社会组织管理制度促进社会组织健康有序发展的意见》指出:以社会团体、基金会和社会服务机构为主体组成的社会组织,是我国社会主义现代化建设的重要力量。改革社会组织管理制度、促进社会组织健康有序发展,有利于厘清政府、市场、社会的关系,完善社会主义市场经济体制;有利于改进公共服务供给方式,加强和创新社会治理;有利于激发社会活力,巩固和扩大党的执政基础。各地区各部门要站在战略和全局高度,充分认识做好这项工作的重要性和紧迫性,将其作为一项重要基础性工作来抓,主动适应新形势新任务要求,全面落实相关政策措施,扎扎实实做好各项工作。

T 任务目标

(1)分析我国社会组织产生的原因。
(2)了解政府在我国社会组织发展过程中发挥的作用。

K 知识链接

社会组织的产生不是偶然的,而是历史发展的必然结果,它的兴起有着一定的经济、政治和社会等方面的背景。美国学者萨拉蒙认为,社会组织的产生大致有三方面的原因:一是历史原因,即国家形成之前人们具有自愿集结的传统;二是市场缺陷;三是政府缺陷,即作为公共物品提供者的政府具有内在局限性。归纳起来,本书认为社会组织的产生及发展主要有以下五个方面的原因。

一、历史原因

1. 自由结社的传统

从史料来看,国外民间社会组织大约产生于古代各文明国家的奴隶制社会晚期。在希腊,一些反映奴隶主阶级民主派思想的哲学家先后诞生,他们为了宣传自己的观点与学说,和自己的信徒一起建立了最早的学术组织。在古埃及,生产力已得到一定程度的发展,还出现了城市,城市中的手工业生产达到很高的水平,在阿赫米姆、孟菲斯等一些纺织生产中心出现了纺工和织工自己组成的组织,这是古埃及最早的行业组织。

随着封建制度的逐步形成和城市经济的日趋繁荣,以行会和行业组织为代表的民间社会组织也有了较大的发展。14—15世纪时,欧洲几乎所有城市中的手工业和商业都成立了自己的行会组织。例如,在法国巴黎,当时就有300多家行业组织;英国10个城市有手工业协会。① 作为行业组织,行会强调成员之间的团结互助,并建立互助基金,开展救济工作和慈善事业。

15—16世纪,新兴资产阶级为了摆脱封建统治,发起了直接反对教会专制的"宗教改革"运动,并从古希腊和古罗马文明中寻找到反封建的武器,大力倡导文艺复兴。他们不但以人性反对神性,以人权反对神权,以个性自由反对宗教禁锢,而且还大力倡导自由平等的思想。在"自由、平等、博爱"的口号下,英国学者托马斯·霍布斯、法国学者孟德斯鸠和卢梭等资产阶级思想家,不断把"自由"具体化,继提出言论自由、集会自由之后,又提出结社自由,从而把民间社会组织的发展推进到一个新阶段。

1789年,法国颁布的《人权宣言》,对于保障公民在法律面前一律平等做了规定。第二次世界大战后,各国民主力量不断增强。1948年,联合国大会通过了《世界人权宣言》,包括结社自由在内的人权问题受到了国际社会的重视。至此,结社自由的原则被世界各国普遍接受。

2. 致力慈善的传统

慈心是动机,善行是结果,慈善是一种美德,是人类最需要、最应当具备的基础性道德。在民族国家出现之前的社会中,由于生产力比较低下,人们过着共同劳动、相依为命的群体生活,这时,扶老携幼、互助共济就成为人们生活和生产最初的保障。在民族国家形成的初期,由于财力不足等因素,无论是西方宗教组织开展的救灾济贫活动,还是古代中国历代统治者开展的救灾济贫活动,抑或是民间自发开展的救灾济贫活动,都只取决于举办者的意愿与财力,并非为满足社会成员的需要,从而只是一种随机的、临时的、比较落后的救助活动。

从史料看,有组织、有规模的民间慈善事业大约是在中世纪以后出现的。例如,1657年,波士顿出现了由27位苏格兰人发起的苏格兰人慈善会,开展多种济贫活动。在中国,宋代范仲淹的"义田"、朱熹的"社仓"、刘宰的"粥局"、熊希龄的香山慈幼院等,均是被史学家关注的慈善典型。

此外,以互助为基本特征的社会性救助活动开始出现,这成为慈善事业的重要补充。例如,中世纪德国的"基尔特"(即手工业者互助基金会),以及18世纪英国的"友谊会",都开展具有互助性质的救助活动。在当今世界各国或地区的社会组织中,慈善组织和医疗、教育机构都占了很大的比重,慈善事业对社会组织的发展产生了较大的影响。

---

① 吴东民,董西明. 非营利组织管理[M]. 北京:中国人民大学出版社,2003:15.

二、市场失灵

所谓市场失灵，主要是指因完全竞争市场所假定的条件得不到满足，导致市场在配置资源时缺乏效率或造成经济波动，以及按市场原则进行收入分配而出现的不公平现象。根据王名的理解，与社会组织相关的市场失灵情形主要有三种，即信息不对称、公共物品问题和不完全市场。这三种情形的市场失灵使得服务需求得不到满足，于是社会组织进行了弥补。①

1. 信息不对称导致的市场失灵与社会组织的产生

在美国学者汉斯曼看来，社会组织的出现是由于在某些物品方面，营利性的生产者与消费者之间出现了信任中断。在信任不足而又信息稀缺的时候，如果服务由营利组织提供的话，它们很可能利用自己在信息不对称关系中所占据的优势地位欺骗消费者，谋求自己利润的最大化。与营利组织追求投资回报不同，社会组织在市场上的功能是为组织成员提供服务，提供利他性服务，提供令人信任的产品，提供营利组织无法在数量和质量上满足公众要求的各种产品。这样一来，社会组织的出现正好解决了因信息不对称带来的市场失灵问题。

2. 公共物品问题导致的市场失灵与社会组织的产生

公共物品的一个根本特征是不具排他性，即难以将某些人排除出去，不许他们使用。公共物品的这一特征带来了所谓的集体行动难题和"搭便车"问题，即任何一个个体，如果不被严格监督和有效激励，那么他们往往会坐享他人之成，继而会形成"一个和尚挑水喝，两个和尚抬水喝，三个和尚没水喝"的局面。为了预防这种局面的出现，一种有效的对策就是建立一种合作、自律组织，通过它来协调诸个体的行动。在市场体系中，这类组织包括在生产组织中建立起的行业协会等经济类社团，在劳动者中建立起的工会与职业联盟，以及由消费者群体组成的消费者协会等。

3. 不完全市场导致的市场失灵与社会组织的产生

不完全市场是指市场竞争性均衡的基本性质得不到满足，要么买主稀少，要么卖主稀少。其结果可能是穷人的需求被忽视，因为他们的购买能力有限，不能为营利组织提供足够的营利来源，这将导致相应的产品和服务供给不足。此时，市场在保证社会公正性方面出现失灵，而以救助穷人为目的的社会组织可解决因不完全市场导致的市场失灵问题。

三、政府失灵

政府失灵是指政府机制存在缺陷，导致无法将资源配置效率达到最佳的状况。在现代社会中，政府服务的推行应该使所有符合条件的人受益。但是，因为区分的成本过高，使

---

① 王名. 社会组织概论[M]. 北京：中国社会出版社，2010：39.

得一些人额外受益,而应该受益的另一部分人却被排除在外。另外,政府服务讲求普遍性,但是公众因收入、宗教信仰、种族背景、受教育程度等方面存在差异,所以往往会产生不一样的需求。普遍性的服务无法满足每一个人的需求,从而造成"政府失灵"。① 出现政府失灵后,消费者可以寻找私人营利组织的产品加以替代,也可以通过社会组织来解决。营利组织可以提供的物品是那些能够私有化的物品,如将政府提供的洁净的空气这样的公共物品转化为空气净化器。但还有一些物品不能转化为私人物品,这些物品就只能依靠社会组织来提供了。

此外,社会组织还可以在一定程度上缓解政府部门的效率问题。例如,政府部门垄断性地提供公共物品,缺乏竞争机制。社会组织则可以在准市场中去运作,通过竞争使市场产生活力。因此,近些年来,社会发展趋势要求政府退出服务尤其是社会服务的领域,许多公共机构因此而将服务以契约的形式交给社会组织来完成。

四、内在动机

如果说市场失灵、政府失灵是社会组织产生的外在促进因素的话,那么内在动机则是社会组织产生的内部促动力。组织非营利活动的团体或个人有各式各样的动机,归纳起来主要有三类:第一类是通过非营利活动谋取个人或团体的私利(包括金钱、地位、荣誉、权力等);第二类带有利他主义色彩,但也期望获得某种回报,包括精神上的快慰,如有些人就认为自己有义务为慈善事业和公益事业做出贡献;第三类是纯粹的利他主义,这些组织或个人往往把事业当成一种使命,不遗余力地为之努力,用自己的行为带动更多的人变成慈善和公益事业的支持者和参与者。

五、社会因素

除了以上的各种原因之外,社会组织的产生及发展还与复杂的社会因素分不开,如政府对发展社会组织的支持(包括政策、财政等)程度,公民参与意识和参与程度的提高、自我权利保护意识的提高,自治环境等。这里需要强调的是,自治环境在其中非常重要,因为社会组织的兴起基本上是人们的自觉行动,是以人们的自治精神为基础的,自治的原则能确保社会组织独立于政府且履行提供公共产品或公共服务的职能。社会组织能在西方社会首先盛行,与这些国家的社会自治环境是密切相关的。

拓展训练

2021年4月,《中共中央、国务院关于加强基层治理体系和治理能力现代化建设的意见》发布。该文件指出,要发展公益慈善事业,完善社会力量参与基层治理激励政策,创

---

① Weisbrodd Burton A. Toward of the voluntary Nonprofit Sector in a Three—Sector Economy. In: Rose-Ackerman S. (ed.). *The Economic of Noprofit Institutions*. New York: Oxford University Press, 1986. 26.

新社区与社会组织、社会工作者、社区志愿者、社会慈善资源的联动机制,支持建立乡镇(街道)购买社会工作服务机制和设立社区基金会等协作载体,吸纳社会力量参加基层应急救援。完善基层志愿服务制度,大力开展邻里互助服务和互动交流活动,更好地满足群众的需求。

讨论问题

社会工作者、志愿者、社会组织、慈善组织如何融合发展?

任务三　探讨社会组织的分类

情境导入

中国社会工作学会成立于 2015 年 5 月,是经国务院批准成立,在民政部登记注册的社会工作领域国家一级学术团体。学会的业务主管部门是民政部慈善事业促进和社会工作司,会员由来自社会工作专业教育研究、社会工作行政管理、社会工作实务,以及关心、支持社会工作事业发展的组织和个人组成。

自成立以来,中国社会工作学会秉承党建为引领,以推动建设中国特色社会工作理论体系、话语体系、人才评价体系和标准体系为己任,坚持"服务大局、专业为本、行业为基"的原则,主动作为,致力于成为组织健全、运行高效、声誉良好的学术研究团体,为推动我国社会工作事业健康发展提供更加有力的人才支撑。学会主要业务包括:承接全国社会工作者职业水平评价工作、推动全国慈善事业和社会工作标准化建设、社会工作政策研究和咨询、开展境内外学术交流等。

任务目标

(1) 了解主要发达国家社会组织的分类。
(2) 了解社会组织在我国的分类情况。

知识链接

分类是对社会组织进行统计考察的基础。不过,由于社会组织的发展是深深根植于各国的政治制度、经济条件以及文化传统背景的,再加上社会组织的活动领域和组织结构形式又非常繁杂多样,因此,对社会组织的分类是一个比较含糊又难以统一的问题。在这里,我们主要从国际和国内两个视角来介绍社会组织的分类。

一、国际分类体系

总体而言,社会组织的国际分类主要以经济活动领域为标准,并形成了下列几种分类体系。

一是国际标准产业分类体系(the International Standard Industrial Classification System, ISICS)。为了统一各国的经济活动数据,该体系将各种组织的主要经济活动划分为17大类、60个小类。社会组织是17大类中的一类,共包括教育、健康与社会工作、其他社区社会与个人服务活动3小类,共15项经济活动。

二是欧洲统计局一般经济活动产业分类体系(Eurostat's General Industrial Classification of Economic Activities)。该分类体系是对国际标准产业分类体系的改进,主要根据社会组织的运作是否依靠捐赠的标准将其划分为教育、研究与开发、医疗卫生、其他公众服务、休闲与文化5类,共18项经济活动。

三是非营利组织国际分类体系(the International Classification of Non-profit Organization)。该分类体系由美国学者萨拉蒙与安海尔提出,并在他们主持的约翰斯·霍普金斯大学的非营利部门国际比较项目中得到了实际应用。目前,该分类体系因其简洁、全面和系统性而得到了学术界与实务界的普遍认可。该分类体系主要根据经济、显著性、精确性、完整性及组织的力量这五条标准,将社会组织划分为12个大类,共27个亚类(如表1-1所示)。

表1-1 非营利组织国际分类体系

大类		亚类
第一类	文化和娱乐	1. 文化和艺术
		2. 体育
		3. 其他娱乐和社交俱乐部
第二类	教育和研究	1. 初等教育和中等教育
		2. 高等教育
		3. 其他教育
		4. 研究
第三类	卫生保健	1. 医院和健康
		2. 护理中心
		3. 心理健康和危机干预
		4. 其他卫生保健服务
第四类	社会服务	1. 社会服务
		2. 应急和救济
		3. 收入支持和维持

续表

大类		亚类
第五类	环境	1. 环境 2. 动物保护
第六类	发展和住宅	1. 经济、社会和社区发展 2. 住宅 3. 就业和培训
第七类	法律、倡导和政治	1. 公民和倡导性组织 2. 诉讼和法律服务 3. 政治组织
第八类	慈善中介和志愿促进	
第九类	国际	
第十类	宗教	
第十一类	商业、专业协会和工会	
第十二类	其他组织	

二、主要发达国家对社会组织的分类

由于历史、文化等因素的差异，不同国家对非营利组织的分类也不尽相同。这里我们主要介绍美国、英国、德国和日本等主要发达国家对非营利组织的分类。

1. 美国

美国的社会组织数量众多、种类繁杂。为了统计方便，美国国家慈善统计中心提出了免税团体分类体系。该体系依据各类社会组织的不同税收地位和活动性质，将社会组织划分为教育、健康、心理健康、疾病控制、医学研究、犯罪法律、就业、食物健康、住宅安置、公司安全与灾难准备、娱乐活动、青年发展、人力服务、艺术文化、环境、动物相关、国际、民权宣导、社区改进、慈善、自然科学研究、社会科学研究、宗教服务、互益服务、其他公益活动等25大类。

2. 英国

英国的社会组织没有单一的分类标准。英国慈善救助基金会主要根据社会组织的活动领域将其分为包括动物、艺术、社区进步、教育、就业、一般福利、住宅、国际救援、医疗与健康、环境促进、休闲娱乐、宗教与心灵改造、青少年发展等内容在内的13类。

3. 德国

德国是世界上社会组织最多的国家之一，社会组织和立法、司法、行政、媒体共同构成德国民主制度的五大支柱。德国的社会组织有三种法律形式可以选择，分别是社团、财团（基金会）、公司。社团又可分为公法社团和私法社团两类。公法社团一般由政府组建，承担一定的行政职能,如德国工商会。私法社团由公民个人、商业组织或其他社会组织自愿设立。财团也可以分为公益财团和以私人目的为宗旨的财团两类,财团的创立和活动由各州的财团法规定。目前德国的财团95%以上都是公益性的。此外,德国的社会组织也可以采取公司的形式,即注册为有限责任公司,由公司法和慈善团体法来共同规范。

4. 日本

依据不同的法律规制,日本的社会组织被分为公益法人、社会福利法人、学校法人、宗教法人、医疗法人、特殊法人、公益信托基金、共同组合以及市民团体等9类。其中,公益法人是指按照1898年《日本民法典》的要求,与崇拜、宗教、慈善事业、科学、艺术相关,或以其他形式与公益相关,且不以获利为目的的社团或财团。日本的大多数民间组织、慈善组织都是以这种身份注册的。1998年,日本出台的《特定非营利活动促进法》规定了日本非营利组织的活动领域,包括健康和福利、城镇建设、社会教育、艺术、文化和体育推广、环境、救灾、地域安全、人权与维护和平、国际援助、性别平等、增进儿童健康、发展信息社会、振兴科技、搞活经济、消费者保护、就业培训以及与上述内容有关的咨询活动等。

三、国内的实践与探索

在我国,对社会组织的分类主要包括以民政部门为主体的官方分类和从事社会组织研究的学者的分类两种。

1. 官方的分类

在我国,登记注册的社会组织通常按其依法登记的形式分为社会团体、基金会和社会服务机构三大类别,然后这三类社会组织又具体分为相应的类型。例如,社会团体又分为学术性社会团体、行业性社会团体、专业性社会团体和联合性社会团体四种类型;基金会又分为公募基金会和非公募基金会两种类型;社会服务机构又分为教育、卫生、文化、科技、体育、劳动、民政、社会中介服务业、法律服务业、其他等十种类型。除了在民政部门注册的三类社会组织以外,我国的社会组织还有在工商部门注册的社会组织、境外在华的非政府组织和未登记的草根组织(如社区基层组织、农村专业协会)等。值得注意的是,随着市场经济的发展和行政管理体制改革的进行,我国的一部分事业单位也逐步开始改革,越来越具有社会组织的属性和特点。

2006年以来,为规范和统一社会组织的统计管理,民政部借鉴和参考联合国推荐的非营利组织国际分类体系,并结合我国社会组织的发展特点,从社会组织的活动领域视角,将社会组织分为科技与研究、生态环境、教育、卫生、社会服务、文化、体育、法律、宗教、工商业服务、农业及农村发展、职业及从业组织、国际及涉外组织、其他等14类。

2. 学者的分类

伴随我国社会组织的发展，我国学者也从不同视角对社会组织的分类进行了研究。在这里，我们重点介绍清华大学王名教授的分类。王名教授从规范的视角将社会组织分为会员制组织和非会员制组织两大类。①

根据所体现的公益属性，会员制组织又分为公益型组织和互益型组织。根据是否在民政部门登记注册，公益型组织又可分为免登记公益性社会团体（人民团体）和一般公益性社会团体。根据所体现的经济社会关系的性质，互益型组织又可分为互益性社会团体和互益性经济团体（行业协会、商会）。

根据组织的活动类型与功能，非会员制组织又可分为基金型组织和实体型组织。基金型组织以基金形式存在，并主要通过接受捐赠、资助和运作项目开展公益活动。实体型组织则主要通过自身的经营与运作，直接开展各种公益服务。

这个分类（如表 1-2 所示）已得到我国广大学者的认可。

表 1-2　王名对社会组织的类型划分

社会组织	会员制组织	公益型组织	免登记公益性社会团体（人民团体）
			一般公益性社会团体
		互益型组织	互益性社会团体
			互益性经济团体（行业协会、商会）
	非会员制组织	基金型组织	慈善募捐协会
			公募基金会
			非公募基金会
		实体型组织	民办非企业单位
			事业单位

拓展训练

2017 年 12 月 27 日，民政部发布《民政部关于大力培育发展社区社会组织的意见》（民发〔2017〕191 号），指出社区社会组织是由社区居民发起成立，在城乡社区开展为民服务、公益慈善、邻里互助、文体娱乐和农村生产技术服务等活动的社会组织。培育发展社区社会组织，对加强社区治理体系建设、推动社会治理重心向基层下移、打造共建共治共享的社会治理格局，具有重要作用。力争到 2020 年，社区社会组织培育发展初见成效，实现城市社区平均拥有不少于 10 个社区社会组织，农村社区平均拥有不少于 5 个社区社会组织。再过 5 到 10 年，社区社会组织管理制度更加健全，支持措施更加完备，整体发展更加有序，作用发挥更加明显，成为创新基层社会治理的有力支撑。

---

① 王名. 社会组织概论［M］. 北京：中国社会出版社，2010：19.

讨论问题

1. 社区社会组织与狭义社会组织有何区别和联系？
2. 我国应如何发挥社区社会组织的作用？

任务四　分析社会组织的角色定位与功能

情境导入

2017年12月印发的《国务院扶贫开发领导小组关于广泛引导和动员社会组织参与脱贫攻坚的通知》（国开发〔2017〕12号）强调，社会组织是我国社会主义现代化建设的重要力量，是联系爱心企业、爱心人士等社会帮扶资源与农村贫困人口的重要纽带，是动员组织社会力量参与脱贫攻坚的重要载体，是构建专项扶贫、行业扶贫、社会扶贫"三位一体"大扶贫格局的重要组成部分。参与脱贫攻坚，既是社会组织的重要责任，又是社会组织服务国家、服务社会、服务群众、服务行业的重要体现，更是社会组织发展壮大的重要舞台和现实途径。该文件进一步明确了社会组织重点参与产业扶贫、教育扶贫、健康扶贫、易地扶贫搬迁、志愿扶贫等领域，要求充分发挥全国性和省级社会组织的主力军作用，确定了各相关部门和单位的职责以及扶持政策，为进一步广泛引导社会组织参与脱贫攻坚提供了制度保障和政策指导。

任务目标

社会组织在国家治理体系中发挥着哪些作用？

知识链接

改革开放以来，我国社会组织稳步发展，整体素质不断提高。社会组织作为与政府、企业并列的第三部门，近年来在激发社会活力、促进社会公平、倡导互助友爱、舒缓就业压力、反映公众诉求、推进公益事业、化解社会矛盾、解决贸易纠纷、促进科教兴国等方面发挥了很重要的作用。党的十八届三中全会强调：创新社会治理，必须着眼于维护最广大人民根本利益，最大限度增加和谐因素，增强社会发展活力，提高社会治理水平，维护国家安全，确保人民安居乐业、社会安定有序。要改进社会治理方式，激发社会组织活力，创新有效防范和化解社会矛盾体制，健全公共安全体系。实践证明，社会组织已经成为党和政府联系人民群众的桥梁和纽带,成为推进国家现代化建设的一支重要力量。

一、社会组织的角色定位

新时代我国社会主要矛盾已经转化为人民日益增长的美好生活需要和不平衡不充分的发展之间的矛盾,我国国家战略正在引导经济、政治、社会、文化、生态等方面更加均衡和全面地可持续发展,在国家战略方向的引导下,新时代社会组织的角色定位主要体现在以下三个方面。[①]

1. 社会组织是新时代党的各项建设事业的重要支撑力量

党的十九大报告提出统筹推进新时代"五位一体"总体布局,"五位一体"指的是经济建设、政治建设、文化建设、社会建设、生态文明建设五位一体。社会组织被纳入"五位一体"总体布局中。社会组织应在政治建设中全面发挥协商作用,在文化建设方面推进诚信建设、志愿服务制度化等,在社会建设方面全面参与打造共建共治共享的社会治理格局,在生态文明建设方面参与到美丽乡村、美丽中国等建设的环境治理体系中。

2. 社会组织的治理主体身份得到法治保障

从法律层面看,《中华人民共和国民法典》将社会团体、基金会、社会服务机构这三类社会组织连同事业单位一并纳入非营利法人类别。明确社会组织的非营利法人地位,有利于社会组织参与提供服务的公平竞争,有利于社会组织实现依法管理和依法自治,也有利于实现国家治理和社会治理的衔接,形成政府治理为主,行业自治为辅的良性互动关系。

3. 社会组织已成为国家机构改革统筹谋划的一部分

2018年2月28日,党的十九届三中全会通过《中共中央关于深化党和国家机构改革的决定》,将社会组织列入党和国家机构改革的内容之一。在我国,社会组织首次被纳入国家最高层面的机构改革设计体系中,与人大、政协和司法机构改革,群团组织改革,事业单位改革进行同级论述。另外,2018年3月,第十三届全国人大一次会议第四次全体会议表决通过设立全国人大社会建设委员会,说明社会组织在国家治理体系中的重要性进一步凸显。

二、社会组织的功能

社会组织在国家治理和社会治理体系中主要发挥着以下几个方面的功能。

1. 提供服务

在政府的培育和扶持下,社会组织根据社会成员的要求可以为大家提供具有公益性质的社会服务和产品。随着我国经济发展水平的不断提高和社会利益关系的日益复杂,社会

---

① 程建平. 新时代社会组织的功能定位与发展路径探讨 [J]. 人力资源开发, 2019 (22): 30.

成员的社会需求呈现出多样性、多层次和个性化的特点，政府采用唱"独角戏"的社会管理模式已无法为社会成员提供更多更好的社会服务和产品。社会组织可以利用自身在机制、资源、人才等方面的优势，在公共服务的提供上为政府、市场机制发挥拾遗补阙的作用，在政府和市场所不能或不愿做的领域提供社会服务，积极参与市场解决不了、政府力不从心的一些社会问题的解决。在建立社会主义和谐社会的进程中，我国政府逐步向公共服务型政府转变，社会组织还可以通过接受委托、参与招标等方式承接一些社会治理和社会服务工作。实践证明，社会组织在满足特殊群体、困难群众需求，解决社会问题方面具有独特的优势。

2. 反映诉求

社会组织能够实事求是地，通过合法渠道反映特定群体的利益和诉求。社会组织以组织成员的共同利益为存在基础，维护组织的共同利益，从而达到维护成员利益的目的，这是制度化反映利益诉求的重要形式。在日常工作中，社会组织紧密联系公众，了解社会各阶层的不同需求，通过有组织、有目的地进行社会动员，整合和影响组织成员的价值观及利益表达方式，维护自身的合法权益；同时，社会组织为公众的利益表达提供了多种渠道与合法的表达方式，进一步保障公众利益表达的畅通。此外，社会组织还具有智囊团、思想库的功能。社会组织积极与政府有关部门沟通协调，参与涉及相关领域的决策、立法的论证咨询，为政府关乎国计民生的宏观决策与微观政策提供必要的智力支持和事实依据。社会组织透过合法渠道规范化表达利益诉求，在有秩序的前提条件下参与社会问题的解决，有助于减少公众自发行动给社会带来的对立、排斥、冲突，使整个社会更加成熟、理性，使民众参与社会生活的范围和深度进一步扩大，可增强政府与民众之间的相互沟通、协调和融合，促进社会的和谐发展。

3. 规范行为

社会组织通过加强自律、倡导诚信等引导公平竞争，促使公众按照正确的政治方向和国家法律法规实施自身经济社会行为，参与到和谐社会建设中去。一方面，社会组织可以以桥梁、纽带身份把党和政府的方针政策上情下达，能进行不同群体的利益协调和对话，通过行业自律、公共道德等方式规范、约束公众的行为。另一方面，社会组织可以通过对志愿精神、非营利原则的践行，引导、推动公众主动参与社会公益和志愿活动，通过倡导合作、信任、互惠，宣传对社会要肩负起码的道德责任并自助、互助和助他，成为一个公众学习和接受社会主义核心价值观的重要课堂，从而为社会主义精神文明建设注入新的活力，为构建社会主义和谐社会，实现国家的长治久安奠定良好的基础。

4. 动员资源

相对于企业和政府而言，社会组织有一个重要的社会功能，就是能更有力地动员社会资源。这主要集中体现在两个方面：一是通过各种慈善性、公益性募款活动筹集善款和吸纳各种社会捐赠，动员社会的慈善捐赠资源；二是发动来自社会各个方面的志愿者参与到各种慈善公益活动或互助公益活动中，动员社会的志愿服务资源。通常情况下，慈善捐赠和志愿服务并不是企业和政府所能动员的社会资源。企业的营利性活动能够创造财富并以雇佣劳动的形式大规模吸纳就业，政府的管理体制能够强制纳税并形成庞大的社会管理体系，而社会组织则依靠其富于公益、志愿、博爱、慈善的宗旨和理念感动社会，通过其独特的社会功能影响社会。社会组织的这种资源动员既不同于政府和纳税人之间的强制关系，也不同于生产者和消费者之间的交换关系，而是建立在社会成员对社会组织所倡导的公益理念的社会认同基础上的一种"信托"关系。

 拓展训练

2023年7月28日，民政部、农业农村部国家乡村振兴局召开全国性社会组织、东部省（直辖市）社会组织与160个国家乡村振兴重点帮扶县结对帮扶工作推进会，主要任务是深入贯彻落实习近平总书记关于巩固拓展脱贫攻坚成果同乡村振兴有效衔接的重要指示精神，组织部分全国性社会组织、东部省（直辖市）社会组织与160个国家乡村振兴重点帮扶县结对帮扶，助力乡村振兴工作取得新成效。

会议指出，160个国家乡村振兴重点帮扶县绝大部分都是原深度贫困县，各方面基础都比较薄弱，巩固脱贫攻坚成果、全面推动乡村振兴任务艰巨。全国性社会组织、东部省（直辖市）社会组织与160个国家乡村振兴重点帮扶县结对帮扶，是勇于担当、服务党和国家中心大局的生动案例。会议强调，坚持量力而行、尽力而为，在弄清160个国家乡村振兴重点帮扶县需求的基础上开展精准对接，是社会组织参与结对帮扶取得实效的前提。会议要求，各级民政部门、乡村振兴部门要搞好服务管理，为社会组织参与结对帮扶创造有利条件；要推动社会组织与挂职干部、驻村干部联系，形成帮扶合力；要完善对接平台，实现规划政策、发展需求、项目对接等信息共享，促进社会组织资源供给与帮扶地区发展需求精准有效对接；要建立激励保障机制，对工作实效突出、促进农村地区发展、助力群众增收的社会组织，通过选树典型、案例示范等方式，加大宣传力度，营造良好氛围，把社会组织参与结对帮扶持续引向深入。

讨论问题

1. 社会组织如何助力乡村振兴？
2. 社会组织在乡村振兴中能发挥什么作用？

项目二

社会组织发展现状

项目概述

本项目主要介绍国际视野下社会组织的发展历程、世界主要国家社会组织的发展状况、我国社会组织的发展历程与现状、我国社会组织发展面临的机遇与挑战。学完本项目后，应重点掌握我国社会组织发展的现状、机遇和挑战，了解国内外社会组织发展的情况，并能理解和学习国外社会组织的发展经验。

I 引言

通过项目一的学习，我们了解到社会组织是对应于政府和市场两种机制之外的一股强大的社会力量，它广泛活跃在社会生活的各个领域（包括教育、医疗、经济、文化、卫生等），成为人们生活中不可或缺的一部分。我们探讨了社会组织产生的原因，了解到它也经历了一个漫长的发展历程。这一历程是如何发生的？在全球化环境下，当前国内外社会组织的发展现状如何？我国的社会组织应如何顺应时代、继往开来走好前进的道路？这些问题我们将在本项目中一一探讨。

任务一　了解国际视野下社会组织的发展历程

情境导入

近年来，为推动农牧民产业结构调整，提高社区收益，着力探索一条以生态优先、绿色发展为导向的高质量农牧业发展新路，内蒙古赤峰市巴林左旗与美国大自然保护协会签署《关于气候智慧型农业项目合作框架协议》，合作实施"深度贫困村脱贫巩固提升暨乡村振兴探索项目"。项目根据巴林左旗未来气候变化的干暖化趋势及干旱缺水生态脆弱的特点，采取通过植树造林、草地恢复等措施提高水源涵养能力，提高了当地植被覆盖率，改善了土地沙化、水土流失现象。项目通过采取沟壑生态治理、河岸带恢复等集水截留措施，提高当地适应气候变化的能力，同时通过旱作农业、节水技术推广、牲畜配方饲养及舍饲技术推广等方式降低农牧民对自然资源的依赖，逐渐实现生态与生产的相互促进。巴林左旗政府工作人员表示："该项目进一步改善了巴林左旗的生态环境，推动了全旗农牧业供给侧结构性改革，打造出一个集生态、绿色、现代化农牧业为一体的样板。"[1]

任务目标

了解国际社会组织的发展历程，谈谈其对我国社会组织发展有哪些启示。

知识链接

一、国际社会组织的发展历程

西方国家的社会组织起源于慈善工作，其存在历史可以追溯到资本主义制度出现以前。早期的慈善工作与基督教的"感恩""回馈"等价值观念有密切的关系。基督教鼓励人们要对穷人慷慨。在资本主义产生以前，基督教组织在救济穷人、帮助病者、关照老人和儿童等公益事业中扮演着重要的角色。近代以后，随着资本主义制度的建立和发展，社会组织的力量逐渐壮大，并随着国际社会变化和经济政治形势的发展而不断转型和发展。

---

[1] 美国大自然保护协会与内蒙古赤峰市巴林左旗合作开展生态农业项目 [EB/OL]. (2016-01-14) [2022-05-16]. https://ngo.mps.gov.cn/ngo/portal/view.do?p_articleId=605599&p_topmenu=3&p_leftmenu=1.

1. 资本主义早期的社会组织雏形

（1）公民自治组织的兴起与发展

近代资本主义始于17世纪的英国，随着圈地运动等活动的开展，资产阶级和自由产业工人队伍逐渐形成。资产阶级新贵族寻求经济自由和个人自主空间，要求结盟，反对专制统治；失去土地的农民和产业工人，受到剥削压迫，频频掀起社会运动，并逐渐建立起各种自发的组织，希望通过政府以外的力量保障自己的权利。这些权利相关的组织反映了资本主义追求个人权利、自由、民主、自治等价值取向。

从历史渊源来看，基督教超越世俗国家而构成的双重中心权力结构很早就在西方社会埋下了权力分立、有限国家的理念种子。17世纪英国的资产阶级革命实践了民主、共和的理念，18世纪60年代英国的工业革命使资本主义作为一种基本的生产方式和社会经济制度逐渐走向成熟，这些都为社会组织的产生提供了良好的经济基础和制度土壤。17世纪后期到18世纪，随着资本主义的发展，个人自由和社会自治的要求不断增长，国家政治秩序之外的公民自治组织秩序逐渐显现。这些独立于宗教、国家秩序之外的公民自治组织就是今天社会组织的雏形。

（2）继承宗教慈善精神与公益传统的公益慈善组织也得到了迅速发展

文艺复兴与宗教改革以后，许多慈善机构脱离了教会的管理和控制，转入世俗社会，它们不得不重新考虑机构的资金与运作机制，寻求社会资本的力量介入，以保持机构的运作和发展。此时，私人慈善机构得到发展壮大。英国1601年颁布了《慈善法》和《济贫法》，鼓励支持开展慈善救济等社会公益活动的社会组织发展，加上英国社会由来已久的慈善传统，富裕起来的部分资产阶级兴办了大量的慈善组织和公益团体。美国在独立战争前的17世纪成立了哈佛大学等，同时，大量非营利社团陆续在美国出现。

公益活动的兴起促使更多人投入到慈善助人的领域中来。19世纪初期，由于资本主义的经济危机和政府未提供足够保障等原因，许多工人在因经济危机而失业的情况下食不果腹。为应对这一情况，许多以募捐济贫为目标的慈善组织纷纷建立，它们主张改善穷人的生活，免费为其提供粮食及住所。但由于各组织之间缺乏联系，步调不一，导致服务混乱，亟待协调。为此，英国牧师亨利·索里于1869年在伦敦成立了"组织慈善救济及抑制行乞协会"，后来该协会易名为"慈善组织会社"（Charity Organization Society），作为中心管理及联系机构，该协会主持救济分配工作。1877年，曾到英国考察慈善组织协会的美国牧师韩福瑞·哥尔亭，在纽约布法罗建立了美国第一个慈善组织会社。其后，以有效济贫、协调各救济机构为目标的慈善组织会社运动风行于欧美各国。1884年，英国人塞缪尔·巴尼特在伦敦创建了世界上第一个社区分社——汤恩比馆（Toynbee Hall）（今天遍布全球的社区服务中心的前身）。该馆作为纪念物，至今仍然矗立在伦敦，用以纪念热忱济贫的志愿者汤恩比，它以纪念汤恩比的名义，在社会工作史上首次号召知识青年要志愿为贫民服务。

这些组织除救济贫民、协调各慈善机构外，还开创了社会工作的基本方式和方法。作为一种组织创新模式，这些组织被迅速推广到欧洲和北美各国。资本主义工业在带来工业化、城市化和大量的移民的同时，也产生了社会福利、教育、公共健康、住房等各种社会问题。为解决这些社会问题，适应社会需要，当时产生了许多公民慈善组织。例如，在19世纪的英国出现了一大批关注教育的慈善基金，对学校和学生进行教育资助，有的基金甚至拥有数千捐助人。这些蓬勃发展的慈善团体标志着慈善工作走上了组织建制的道路，慈善不再仅仅是简单的利他主义，它还探讨一种有助于解决社会问题的科学方式。

2. 资本主义成熟时期不断转型发展的社会组织

19世纪末，随着资本主义进入新的发展阶段，社会组织的发展也呈现出不断转型发展的趋势。

（1）致力于社会变革、社会改造的工人团体涌现

第二次工业革命中，大量新技术、新发明被用于工业生产，迅速提高了生产力，机器生产取代了人工操作，出现了大批的失业工人。同时，资本家为了赚取更多的利润，采取了降低工人工资、增加劳动强度、延长劳动时间等手段。为了反抗资本家的剥削和压迫，维护自身权益，西方国家的工人开始进行反抗斗争，涌现了许多致力于社会变革和社会改造的工人团体。1881年6月，伦敦的一些激进团体联合组成民主联盟，为英国工人争取独立劳工代表权而斗争。1883年俄国工人成立了劳动解放社，它是俄国工人运动同国际工人运动交流经验、加强团结的纽带。这些工人团体中的一部分和马克思主义相结合，成为社会主义运动的重要力量。

（2）致力于社会公益事业的基金会和慈善机构蓬勃发展

随着现代资本主义大工业的兴起，大富豪的财富也给私人慈善领域注入了新鲜血液。19世纪末，一批受慈善理念影响的工业巨头开始考虑结合历史悠久的慈善信托方式和近代法律框架，创造一种公司形式的慈善基金会，又称现代基金会。他们的努力在20世纪初获得了重要成果，如洛克菲勒基金会、卡内基基金会相继创立。

慈善基金会改变了慈善的传统组织模式，因为捐赠出去的私有财产既保持其私有属性，又具备法人治理结构的特征。慈善基金会由理事会或董事会负责决策。这样的组织形式不仅适用于基金会，而且适用于一切愿意采用法人治理结构的非营利机构，如医院、大学、养老院、研究院等。这些基金会有明确的目标，其管理方式是私有性的，而其使命却是服务公众，可以用所掌握的大量受托财产去建立或支持其他服务性机构。19世纪90年代以来，慈善人士在慈善事业方面进行了一系列探索，建立了许多慈善机构，设置了很多基金会，也成立了许多理事会、委员会。现代基金会以服务公众为使命，实现了组织宗旨和组织形式的社会化，展现了现代社会组织的慈善精神和社会公益精神。

(3) 致力于科教文卫等公共生活领域的社会组织开始出现并不断发展

19世纪末至20世纪初，西方各国的资本主义民主政治建设基本成形，市场经济也普遍为人们所接受，国家和市场成为满足人们利益需求的两大机制。但19世纪20年代末期开始不断出现的经济危机和第二次世界大战使资本主义国家的政府认识到市场失灵的存在，从而开始承担起补充市场不足、提供社会福利的职责。人们也开始意识到传统的社会组织形式和公益方式已不能满足当时社会发展的需求，开始在市场交换和国家提供公共物品两种方式之外寻求更好的满足自身利益的方式。一些社会组织开始关注公共生活领域。例如，在教育领域，在以市场规则运作的"教育产业"和国家主办的"教育事业"之间仍有很大的空缺需要第三种力量来填补，各国出现了一些私立师范学校和民办学校。在科学领域，最著名的事件是诺贝尔基金会的成立，该基金会用以鼓励国际上对于物理、化学、生理、医学、经济、文学和促进世界和平等有重大贡献的人。在卫生领域，许多国家均出现了慈善性的医院，一些公益服务机构也在此期间陆续成立并不断发展。

(4) 致力于战场救护和人道主义救护的社会组织开始出现并不断发展

第一次世界大战和第二次世界大战期间，出现了许多慈善救济组织和志愿者组织，这些组织与当时已经创立的国际红十字会一起积极为战争受害者提供人道主义救援与保护，对缓解战争给人类生命带来的摧残起到了重大作用。

3. 第二次世界大战后全球广泛发展的社会组织

第二次世界大战后，工业化、全球化进程加快，许多国家和地区的经济得到快速发展，许多国家（包括发展中国家）和地区都涌现出大量的社会组织，其成员遍布社会各个阶层。非营利组织、非政府组织等社会组织概念得到广泛传播。"广泛性"是这一时期社会组织发展的重要特征，这种特征主要体现在两个方面：一是发达国家的一些社会组织开始介入国际事务，逐渐成为国际社会组织，这标志着社会组织在向全球进行扩展；二是发展中国家的社会组织在本国不断发展壮大，成为一股重要的社会力量。

(1) 国际社会组织开始出现并不断发展，社会组织开始登上国际政治经济舞台

1945年，全世界50个国家的近300名代表汇聚美国旧金山召开大会，签署通过了《联合国宪章》，并宣布成立联合国。《联合国宪章》规定：联合国经济及社会理事会作为负责协调经济和社会活动的联合国机构，在提出建议和开展活动时，须与有关非政府组织进行磋商。

随着联合国体系的建立，致力于全球范围内的慈善救助、灾后重建等诸多公益性事业的组织（如致力于战后恢复和贫困救助的慈善类组织、人权非政府组织、环境保护非政府组织等）迅速发展。1919年在英国成立的救助儿童基金会最初的使命是帮助在战争中失去父母的孤儿，第二次世界大战后其使命增加了为发展中国家的儿童谋取福利。1942年于英国牛津成立的乐施会（Oxfam），它起初主要参与海外紧急援助，随着时间的推移，它的注意力更多地集中在扶贫济困等长期发展项目上。1950年，世界宣明会成立，旨在

帮助世界各地的穷人特别是贫困儿童。

环境问题在第二次世界大战后备受关注,1948年由政府和非政府组织组成的世界自然保护联盟在法国枫丹白露成立,之后,世界自然基金会、地球之友等环保组织相继成立。1972年,在瑞典首都斯德哥尔摩召开了联合国人类环境大会,其间,举行了历史上第一次非政府组织的国际会议——环境NGO论坛。这标志着社会组织开始介入国际重大事务的决策,逐步成为国际上的一支重要力量。

（2）发展中国家的社会组织逐渐崛起,成为其国内一股重要的社会力量

第二次世界大战之后,许多殖民地国家独立;20世纪60年代和70年代早期,全球性的经济增长为第三世界国家造就了颇具规模的中产阶级;20世纪70年代至80年代兴起的通信革命,将全世界（包括最偏僻的地方）都连在一起;第三世界成人教育水平和识字率有了显著提高。这些因素使得组织动员民众比以往容易得多,为发展中国家社会组织的发展提供了大量空间。例如,1994年,南非政府奉行和解、稳定和发展的政策,全面推行社会改革,经过十多年发展后,南非各类社会组织总量接近15万个,其中经过正式登记的社会组织超过4.7万个。① 20世纪70年代后,菲律宾政府通过立法承认社会组织地位,鼓励社会组织发展,1948—1995年,菲律宾的社会组织数量由23 800个增至70 200个。② 在马来西亚,社会组织以社会团体和慈善团体的形式飞速发展,1990年已超过14 000个。③ 巴西、印度、匈牙利、波兰、罗马尼亚、越南等国家也都涌现出一大批社会组织。

二、国际社会组织的发展现状

20世纪80年代以来,在以美国、英国为代表的西方国家,社会组织继续呈蓬勃增长之势,已覆盖了社会服务、医疗健康、公共安全、教育和研究、环境与动物保护、文化艺术、体育竞赛、扶贫和弱势群体保护、宗教事务等非常广泛的社会领域。

进入21世纪后,社会组织已经成为全球环境中的重要社会经济力量,不仅为人类提供了大量的社会服务,维护了社会的道德与价值,促进了社会的公平与和谐,而且在政府关注的经济发展和创造就业机会方面也扮演了越来越重要的角色。

近年来,全球社会组织的发展也呈现出一些新的特点。

第一,从第一代社会组织过渡到四代社会组织并存,第一代社会组织主要致力于传统的扶贫济困;第二代社会组织致力于在扶贫济困的同时,助人自助与推动社区可持续发展;第三代社会组织致力于某项政策的倡导;第四代社会组织致力于推动社会的体制改革与制度变迁。

第二,社会组织分化为基层组织与基层支持性组织,并形成纵横交错的基层组织网

---

① 孙伟林,臧宝瑞. 南非社会组织考察报告[J]. 社团管理研究,2007（03）:31.
② 杨超. 菲律宾的非政府组织[J]. 东南亚纵横,2011（7）:75-79.
③ 甘燕飞. 东南亚非政府组织:源起、现状与前景——以马来西亚、泰国、菲律宾、印度尼西亚为例[J]. 东南亚纵横,2012（3）:72-73.

络、基层支持性组织网络和综合性网络。

第三，随着社会组织之间的竞争以及这些竞争的日益激烈，社会组织也出现了整合、联盟的趋势，一些老牌、知名的社会组织不断扩张，形成遍布全球的伞状型组织。

第四，基金会的影响力越来越大，成为推动社会变革与进步的重要力量，特别是在美国，这一趋势更为明显。

第五，跨国社会组织在推动全球发展过程中扮演了越来越重要的角色。

第六，有宗教背景的社会组织由于在公信力、筹款等方面具有优势，发展更迅猛。

第七，为了增强可持续发展能力，服务收费收入占社会组织总收入的比例日益提高。

拓展训练

2019年以来，欣欣教育基金会在湖南省永州市祁阳、蓝山、江华、江永等多个县区10余所农村中小学开展欣欣校园、欣乐成长、欣新建校等活动，捐赠教学设备，修缮校园，修建体育场地，积极为孩子们营造良好的学习氛围和学习环境。该基金会为学校文体基础设施和信息化教学设备等方面提供一揽子计划，通过启动电路改造、重建校园等工程，改善当地学校的教学环境；通过捐赠信息化教学设备，推动教师教学质量的提高；通过加快校园图书角建设、捐赠图书，培养孩子们热爱阅读、探索知识的浓厚兴趣；通过捐建篮球场、乒乓球台等体育场地和运动器材，丰富孩子们的课余体育活动，激发他们对体育运动的热情，进而增强他们的身体素质。这一系列操作在改善永州农村学校师生的学习生活条件、丰富基础教育设施和教育资源、推动乡村教育资源发展等方面取得了良好的成效。①

讨论问题

欣欣教育基金会是一个什么样的社会组织？

任务二　剖析世界主要国家社会组织的发展状况

情境导入

青海作为国家重要的生态安全屏障，是世界上高海拔生物多样性最集中的地区，也是青藏高原重要的生态与物种宝库，复杂的地形地貌和自然气候孕育了丰富多样的野生动物

---

① 欣欣教育基金会在湖南永州开展农村教育资助项目［EB/OL］.（2013-04-21）［2023-05-16］. https://ngo.mps.gov.cn/ngo/portal/view.do?p_articleId=664923&p_topmenu=3&p_leftmenu=1.

物种。为进一步加强一线工作人员野生动物救助能力，提升青海地区野生动物保护成效，2023年5月，在青海省林业和草原局指导下，国际爱护动物基金会会同青海野生动物救护繁育中心、北京猛禽救助中心举办了2023年青海省猛禽救助交流培训班。来自青海省林草系统及保护区的40余名从事野生动物管理与救助工作的人员参加了此次交流培训。此次交流培训拓展了青海省一线救助人员猛禽救护相关知识，为他们做好野生动物野外医疗救助、野化放归等相关工作提供了良好的理论参考和实践借鉴，将对青海省野生动物保护事业发展发挥有益作用。①

任务目标

了解世界主要国家社会组织的发展状况。

知识链接

随着现代社会的发展，社会组织获得了充分的发展空间。20世纪见证了社会组织在发达国家发展壮大的历史与繁荣，也见证了社会组织在发展中国家或地区的出现和成长，21世纪社会组织进入一个更好的时代。下面将对世界主要国家社会组织的发展状况，以及社会组织在这些国家的社会、经济、文化等方面的作用和贡献进行介绍。

一、英国的社会组织

英国早在12—13世纪就出现了约500多家民间志愿性的公益慈善组织。1601年，英国颁布了世界上第一个有关民间公益组织的法规《慈善法》，该项法规不仅划定了慈善组织的范畴，强调这类组织所具有的公益性、慈善性和民间性等，而且提出了政府鼓励和支持民间慈善事业的法定框架，明确了进行各种形式的社会募捐和筹措公益资源的法律依据。

英国是社会组织发展程度较高的国家之一。据英国慈善委员会统计，2000—2018年，英格兰和威尔士正式注册的、处于活跃状态的慈善机构随着时间变化和经济形势变化呈波动曲线发展。2006年，由于修订后的《慈善法案》将登记门槛由1000英镑调整为5000英镑，并取消了固定捐赠或拥有土地这一条件，按照新的《慈善法案》登记的慈善组织数量有所减少。2018年，英格兰和威尔士的慈善机构总数接近16.8万家，年度总收入约为266亿英镑。

英国的社会组织在教育科研、文化娱乐、社会服务这三个领域中最为活跃，在社会服务、国际救助以及为工薪阶层提供住房等方面扮演重要角色。在资金来源上，英国的社会

---

① 国际爱护动物基金会在青海举办猛禽救助交流培训活动［EB/OL］．（2023-04-21）［2023-05-16］．https://ngo.mps.gov.cn/ngo/portal/view.do?p_articleId=664917&p_topmenu=3&p_leftmenu=1.

组织对政府资助和服务收入都比较重视，文体休闲组织和专业团体的活动在很大程度上靠收费支撑，英国私立大、中、小学收入近67%来自政府拨款。政府拨款与服务性收费收入占英国社会组织总收入的近90%，民间捐款占10%，民间捐款最集中的领域是环境保护、动物保护、医学研究、儿童福利和贫困救济等。

二、美国的社会组织

美国是世界上社会组织数量最多的国家。美国国家慈善统计中心的统计数据显示，2021在美国注册的社会组织超过180万个，其中包括约150万个公共慈善机构、13万多个私人基金会以及其他类型的社会组织，包括商会、兄弟会组织和公民联盟。年支出超过2.46万亿美元，但大多数社会组织规模较小，近100万个社会组织的年收入低于5万美元，超过6万个社会组织的年收入在100万美元至490万美元之间。

美国社会福利的一半是由社会组织提供的，覆盖医疗、卫生、救助等不同领域。美国社会组织支出中用于提供服务或支持项目的部分占比较高。在资金来源上，美国社会组织的主要收入来自捐助和服务收入。

广泛开展的志愿公益活动为美国社会组织的发展提供了助力。在美国，有25%~30%的人经常参加志愿活动，60%以上的人有参加志愿活动的经历。在美国的教育体系中，公益志愿教育占有很高比重，有参与志愿活动的经历是升学和就业中备受重视的因素。

三、法国的社会组织

法国更多地用"社会团体"而不是"非营利组织"来指称社会组织。法国的社会组织主要包括互助组织、社团组织和信用合作社（或合作银行）等不同类型。

互助组织是法国最古老的社会组织形式。现在，法国互助组织的目的主要是弥补社会保险的不足，在整个法国约有10万名志愿者经营地方互助社。法国的互助社还提供如开办诊所、医院、药房、托儿所、老人院、残疾人服务中心等服务。法国的社团组织包括不在册社团、在册社团、公益社团和基金会四种类型，其数量庞大，内容涉猎广泛，一半左右的法国成年人至少属于一个社团。

社会服务和教育科研是法国社会组织中最大的两个分支，两者加起来占到整个法国社会组织运营支出的一半左右，从业人数也占法国社会组织就业人口的一半左右。而法国医疗卫生方面的社会组织则比较少，法国的基金会和慈善组织的规模也相对较小，因为法国政府长期以来对此类组织管理十分严格。

工人委员会是法国特有的社会组织，法国相关法律要求凡是50人以上的企业必须建立工人委员会，其负责人由工人选举产生。工人委员会负责工人福利，如食堂、托儿所、休假中心、文体活动等。

就收入结构而言，法国社会组织的收入更多地依赖政府的资助，私人捐赠的比重较低。如何确保与政府的密切关系，同时建立更加牢固的民间支持基础，是未来法国社会组织面临的挑战。

四、德国的社会组织

德国有着悠久的结社传统，早在12世纪就出现了市民自发结社进行自我管理的行会。20世纪50年代以后，随着经济的发展，德国的社会组织发展迅速、公信度高、凝聚力强，不仅满足着人们的各种需要，而且对德国的经济发展做出了重大贡献。20世纪七八十年代以来，德国实行高度分权的社会福利政策，社会组织辅助政府发展的社会福利事业，成为德国社会福利体系的重要组成部分。

德国的社会组织主要集中在医疗卫生和社会服务两个领域。其中，医疗卫生类社会组织的员工数接近社会组织雇员总数的34%，社会服务类社会组织的员工数接近社会组织雇员总数的33%。

德国的社会组织从政府获得的资助比例较高，约三分之二的收入来自政府（其中，近一半来自社会保障部门和公共医疗保险计划所提供的第三方付款），仅有4%左右的收入来自私人捐款，来自会员费和服务收费等私人付费的收入约占总收入的28%，并且也集中在文化娱乐、环境保护、住房开发等政府资助比较少的领域。

从国际经验来看，与政府的伙伴关系在哪个领域得到强化，哪个领域的社会组织就会发展迅速，成为重要的社会力量，反之则无足轻重。

五、日本的社会组织

在亚洲国家中，日本社会组织的发展较为突出。日本的社会组织主要在社会福祉、文化教育和体育、国际交流和国际协作、环境、医疗保健、消费者利益保护、人权维护及女性权益等领域开展有关活动。

总体上看，日本的社会组织规模庞大、分布广泛。虽然社会组织发展良好，但日本政府对社会组织的设立限制却比其他国家更为严格，行业法规将社会组织分割到了具体而分散、功能相对单一的领域。日本的社会组织分为共同利益法人（又称中间法人）、广义的公益法人及任意团体三大类。共同利益法人类似于我国的行业协会、商会、联谊会等互益性组织。广义的公益法人包括10种：社团法人、财团法人（以上两种法人既有"公益法人"，也有"一般法人"）、特定非营利活动法人（含"认定NPO法人"）、社会福利法人、医疗法人、学校法人、宗教法人、职业训练法人、改造保护法人（对原服刑者实施改造保护）、任意团体（指无法人资格，但具有公益性、非营利性的团体）。

在日本，社会组织贴近民众，融入民众日常生活，政府对社会组织的信赖程度较高。经济领域的行业协会与政府之间的关系尤为密切，这类社会组织对日本的经济政策和宏观调控影响较大。教育科研和医疗卫生是日本社会组织活动的重要领域，两者的运营支出之和占日本整个社会组织总经费的67%。在日本，绝大多数大学和一些中小学都属于社会组织。在医疗领域，社会组织一般通过医院、诊所及附属机构提供医疗服务。尽管日本政府对社会组织控制严格，但政府不是社会组织的主要收入来源。日本社会组织约60%的收入来自私人付费。但日本政府对医疗卫生和社会服务领域的社会组织支持力度较大。对这两个领域的社会组织而言，政府是其收入的主要来源。民间捐赠对日本的社会组织显得微不足道，日本社会组织的收入中，仅1%来源于民间捐赠，原因是日本政府对捐赠没有优惠政策，且对接受捐赠的机构有严格的限制，只有少数特殊公益促进法人才有资格接受捐赠。

六、俄罗斯的社会组织

苏联解体后，俄罗斯出现了许多社会组织。但作为转型期国家的俄罗斯，其社会组织的发展并不是一帆风顺的，而是经历了十分曲折的过程。

从1991年开始，俄罗斯的社会组织的成立由原来的行政授权变更为法律登记。从此，结社成为公民的一项权利和自由，社会组织开始在俄罗斯发展起来。1995年，俄罗斯相继出台了《非营利组织法》《慈善团体和慈善活动法》等相关法律，这为俄罗斯社会组织的活动提供了更多的法律规范和法律保障，从而使俄罗斯的社会组织的活动更加活跃起来。

1997年，受亚洲金融危机的影响，俄罗斯国内发生了政治危机和经济危机，这对社会组织来说无疑是沉重的打击，因为不论是国内的资助渠道还是国外的资助渠道都被阻断了，俄罗斯的社会组织遭到了重创，几乎处于停滞状态。2001年6月，俄罗斯总统普京会见了民间组织和非商业组织的代表，鼓励民间组织在公共生活中发挥积极作用，并建立了"公民组织议院"。2002年，普京倡议组织"公民论坛"，广泛吸收社会组织与政府管理部门就某些问题进行讨论；此外，俄罗斯还颁布了《政党法》，审议了《非政府组织法》，成立了社会院以采纳民意。在普京的倡导和政府的积极推动下，俄罗斯的社会组织的数量不断增多，到2003年，俄罗斯注册登记的社会组织数量至少达到了57万个，社会组织在俄罗斯迎来了发展的春天。

2003年冬至2005年春，格鲁吉亚、乌克兰等国爆发了"颜色革命"。在这种国际背景下，出于维护国家安全的考虑，避免"颜色革命"在俄罗斯境内发生，俄罗斯当局对社会组织加强了戒备，进而采取立法手段对其加以控制。2006年，俄罗斯对《非营利组织法》的修改使得对外国组织身份的合法性审查、登记程序、活动及资金的监管都更加严格，俄罗斯社会组织的活动大大减少。

2009年，梅德韦杰夫就任总统后充分认识到了社会组织在社会发展和民主法治进程中发挥着重要推动作用。梅德韦杰夫在2009年国情咨文中指出：我们将继续支持那些帮助国家解决复杂社会问题的非营利性公益组织，将修订法律，简化那些从事公益活动、帮助社会弱势群体的非营利组织的工作程序。在这一思想的指导下，2009年下半年，俄罗斯的《非营利组织法》得以再次修订，简化了非营利组织的注册程序，减少了审查报告，不允许国家部门任意检查他们的税务等有关文件。这些举措使得俄罗斯的社会组织获得了"自由化"发展。

2012年年初，国家杜马选举和总统选举，以及之后发生的多次大规模游行集会引发了俄罗斯政局动荡。这些事件使得重新执政后的普京对西方国家通过社会组织搜集情报并伺机制造"革命"再次表示担心。因此，他坚决反对国外势力资助俄罗斯的社会团体，这直接导致了对《非营利组织法》的再次修订，以达到严格控制社会组织的目的。这次修订后的《非营利组织法》新增了"外国代理人"这一类别，规定俄罗斯的任何社会组织只要符合受到境外资助和从事政治活动这两个特征，就将被列入其中。这类社会组织须在司法部履行特别的注册手续，还要每半年提交一次资金来源和使用情况报告，并接受其他特别检查。修订后的《非营利组织法》对其他类别的社会组织也实行了更加严格的年度必审和随机抽查等监督方式，并且强化了对社会组织的违法行为的处罚规则等。这些规定使俄罗斯的社会组织的发展再次受限。

拓展训练

2023年2月26日，中纺圆桌论坛第十七届年会在北京举行。年会以"聚力纺织现代化产业体系新开局"为主题，邀请纺织企业、纺织服装高等院校、科研机构等方面代表，共同探讨纺织行业加快建设现代化产业体系的目标和路径。中国纺织工业联合会会长孙瑞哲在会上表示：近年来我国纺织行业顶住大宗原料价格上涨等一系列风险挑战，产销规模稳中有进，2022年纺织品服装出口总额达3409.5亿美元，同比增长2.5%，规模再创历史新高，展现了强大的发展韧性和自我修复能力。今年我国经济加快恢复发展，纺织行业须积极加强创新要素投入，提升产业链、供应链韧性和安全水平，着力回归稳定运行轨道。

讨论问题

1. 社会组织在经济发展中有何作用？
2. 如何推进社会组织开展国际合作与交流？

任务三　熟知我国社会组织的发展历程与现状

情境导入

《民政部 国家乡村振兴局关于动员引导社会组织参与乡村振兴工作的通知》（民发〔2022〕11号）指出：参与乡村振兴，既是社会组织的重要责任，又是社会组织服务国家、服务社会、服务群众、服务行业的重要体现，更是社会组织实干成长、实现高质量发展的重要途径和广阔舞台。

项目二 社会组织发展现状

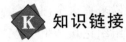 任务目标

(1) 了解我国社会组织的发展历程。
(2) 了解我国社会组织的发展现状。

K 知识链接

一、我国社会组织的发展历程

近代意义上的社会组织在我国的发展虽然起步晚，也与西方发达国家存在一定的差距，但慈善、助人和互助是我国从古代传承至今的优秀传统文化精神。在历史上，我国的民间结社组织和民间公益活动源远流长，也有过发展高潮。例如，我国先秦时代就有"会党""社会"之说，民间结社在春秋战国时期颇为盛行。宋代时民间出现了各种互助性、慈善性的"合会""义仓"。慈善团体、互助合会、工商行会、文化学会，各种民间活动形式层出不穷，在我国历史舞台上大放异彩。

在我国，"社会组织"一词最早出现于 2004 年 3 月的国务院政府工作报告中。与"非营利组织"和"非政府组织"相比，"社会组织"可谓是一个更具有灵活性、变通性，含义更宽泛的概念。新中国成立前后，我国对社会组织的管理比较严格，社会组织的发展处在一个曲折起伏的状态。1978 年改革开放以来，我国的经济形态、社会理念、政府认识、制度环境出现了迅速而持续的发展变化。社会主义市场经济逐步取代计划经济的过程，既带动了社会的转型，也促使政府与市场关系、政府与社会关系做出适应性调整，由经济建设和社会转型需要所推动的我国各类社会组织逐步恢复生机，并蓬勃发展起来。在这里，我们根据历史事件将改革开放 40 多年来我国社会组织的发展历程划分为以下四个阶段。

1. 初步恢复阶段（1978—1991 年）

在此之前，按照 1950 年政务院制定的《社会团体登记暂行办法》和 1951 年内务部制定的《社会团体登记暂行办法施行细则》，我国对前期的社会组织（当时称为"社会团体"）进行了社会主义改造，将社会团体主要区分为人民群体团体、社会公益团体、文艺工作团体、学术研究团体和宗教团体五类。到 1965 年，全国性的社会团体由解放初期的 44 个增加到近 100 个，地方性社会团体发展到 6000 多个。1966—1978 年，由于"文化大革命"的影响，社会组织发展基本处于停滞状态。随着 1981 年中国少年儿童基金会，以及 1984 年中加贸易理事会北京代表处等的设立，国务院先后发布了《基金会管理办法》和《外国商会管理暂行规定》。1989 年 10 月，国务院又发布了《社会团体登记管理条例》。这三个法规的颁布代表了我国社会组织发展的初步恢复。

之后，受益于思想解放和改革开放的良好环境，我国社会组织的发展经历了第一个长达10年之久的增长期。1989年，我国已经发展出1600家全国性社会团体和20万家地方性社会团体（包括30多家全国性基金会和180多家地方性基金会，以及170多家全国性行业协会）。1991年年末，经过民政部门复查登记的全国性社会团体共82 814个。

2. 稳步发展阶段（1992—2002年）

1992年邓小平南方谈话以后，民政部召开了中华人民共和国成立以来首次全国社会团体管理工作会议。1995年世界妇女大会在北京召开，其中的非政府组织论坛产生了特别大的社会影响。1996年7月，中共中央政治局常委会专门研究了民间组织工作。1997年10月，党的十五大报告提出要培育和发展社会中介组织，并以此作为促进经济和政治体制改革的一项重要措施。随着国家政策的引导，社会组织建设进入新一轮快速发展阶段。① 截至1997年年底，全国登记注册的社团达到181 318个，比1991年年末增加了119%。

这一阶段我国社会组织发展的主要特点是社会组织的影响力渗透到政治、经济和社会各个领域。第一，具有官方背景的社会组织开始形成有力的资源动员，一批有影响力的大型公益活动，如"希望工程""春蕾计划""幸福工程""烛光工程"等在社会上引起重大反响，推动我国的民间公益活动不断发展。第二，草根社会组织开始起步，如"自然之友""地球村""绿家园"等环保组织诞生。第三，律师、会计师、评估师等各类中介组织如雨后春笋般设立，行业协会、商会等各类工商行业组织迅速发展。第四，伴随着城市单位体制的逐步解体和社会福利服务社会化改革的深入，民办非企业单位开始出现并迅速发展。第五，一大批国际社会组织进入我国开展多重公益活动。

3. 战略发展阶段（2002—2012年）

我国正式提出建设服务型政府。2004年，国务院颁布了《基金会管理条例》并于同年6月正式施行，基金会从社会团体中独立出来，成为社会组织中的一个独立类型。2007年党的十七大报告中明文使用了"社会组织"一词，提出在基层民主政治建设中要"发挥社会组织在扩大群众参与、反映群众诉求方面的积极作用，增强社会自治功能"，为社会组织的发展提供了政治保证，并将社会组织的发展提到了战略高度。这意味着以社会组织为重要载体的"社会治理"理念在中国特色社会主义现代化建设中的地位和作用得到了认可和重视。我国社会组织的建设进入战略发展阶段。

这一阶段我国社会组织发展的特点是社会组织新形式的初步摸索和试点运作。一是加大公益捐赠财税优惠措施，给予公益性社会组织扣除减免和优惠。二是初步探索政社分开，推行行业协会改革。三是试点突破双重管理旧制，减少登记审批手续。四是将社会组织人才建设纳入规划，2008年，全国首届社会工作师和助理社会工作师水平考试

---

① 谢菊，马庆珏. 中国社会组织发展历程回顾[J]. 云南行政学院学报，2015, 17 (01): 36-37.

开考，2010年6月，《国家中长期人才发展规划纲要（2010—2020年）》把鼓励社会组织人才发展政策作为国家十项重大政策之一，明确指出要把社会组织人才开发纳入各级政府人才发展规划。五是购买服务成为政府和社会组织合作的一个亮点，2010年7月，北京市召开政府购买社会组织公益服务项目推介大会，为社会组织搭建服务民生行动平台。六是各地对社会组织的扶持政策陆续展开，通过孵化基地、公益招标创投、财政资助和补贴、政府购买服务、专项发展基金等方式来帮助社会组织发展。七是通过实验，以点带面打造模范，民政部在不同类型的地区和城市建立社会组织建设和管理的"观察点"向全国示范。

4．高质量发展阶段（党的十八大以来）

党的十八大以来，党中央、国务院高度重视社会组织高质量发展。习近平总书记多次作出重要指示批示，强调要推进社会组织党的建设，加强对各类社会组织的规范和引导，严厉打击整治非法社会组织，推动社会组织发挥积极作用。2015年，中共中央办公厅印发《关于加强社会组织党的建设工作的意见（试行）》，2016年，中共中央办公厅、国务院办公厅印发《关于改革社会组织管理制度促进社会组织健康有序发展的意见》。这两个文件就加强党对社会组织的领导、积极引导和严格依法管理社会组织发展作出全面部署。党的十九届五中全会和《中华人民共和国国民经济和社会发展第十四个五年规划和2035年远景目标纲要》对经济、科技、教育、卫生、文化、社会、生态文明建设等领域发挥社会组织作用进行了全面安排。《"十四五"民政事业发展规划》设立"推动社会组织健康有序发展"专节，将"社会组织专职工作人员数量"纳入14项发展指标，将"社会组织孵化基地建设"纳入10项重大工程。我国社会组织正从"数量增长"转向"质量提升"，进入了质量、结构、规模、速度、效益、安全相统一的高质量发展期。

在这一阶段，社会组织党的领导不断加强，制度改革不断深化，监管执法不断强化，扶持政策不断完善，发展成效不断显现。民政部发布的《"十四五"社会组织发展规划》指出，截至2020年年底，全国社会组织固定资产4785.5亿元，吸纳就业1061.8万人；各类社会组织广泛参与脱贫攻坚，实施扶贫项目超过9.2万个，投入各类资金1245亿元；中央财政设立支持社会组织参与社会服务项目，累计投入资金15.8亿元，直接受益对象1300多万人次。

二、我国社会组织的发展现状

1．党的领导不断加强

（1）指导思想更为明确

习近平总书记多次就社会组织工作作出重要指示批示。中国共产党全国代表大会和中国共产党中央委员会全体会议多次对社会组织工作作出明确部署。2015年，中共中央办公厅印发《关于加强社会组织党的建设工作的意见（试行）》，明确指出社会组织已成为党的工作和群众工作的重要阵地，要加强社会组织党建工作，引领社会组织正确发展方向。2016年，中共中央办公厅、国务院办公厅印发了《关于改革社会组织管理制度促进社会组织健康有序发展的意见》，明确指出社会组织是我国社会主义现代化建设的重要力量，要建立政社分开、权责明确、依法自治的社会组织制度，努力走出一条具有中国特色的社会组织发展之路。

（2）党对社会组织的领导不断加强

中央对建立社会组织工作协调机制提出明确要求。截至2021年年底，山西、天津等19个省份建立了党委常委或政府分管负责同志牵头的社会组织协调机制，河北、山东等5个省份建立了民政部门负责同志牵头的社会组织协调机制。各地党委政府高度重视社会组织及其工作，天津、山西等20多个省份将社会组织工作列入了地方党委政府绩效考核内容或社会治安综合治理考评体系。①

（3）社会组织党建工作体系逐步完善

目前，社会组织党建工作初步形成了组织部门、党建工作机构、业务主管单位、行业管理部门、登记管理机关相互配合的工作体系。全国性社会组织党建工作归口中央和国家机关工委、国资委党委统一领导和管理。地方社会组织党建工作实现分级统一领导和管理，一般由组织部门牵头抓总，建立"两新组织"（新经济组织和新社会组织）工委，同时在社会组织较多的部门建立社会组织党建工作机构。民政部门一般负责自身业务范围的社会组织党建工作和直接登记社会组织的党建工作，城乡社区社会组织党建工作由街道社区和乡镇村党组织兜底管理。

（4）社会组织党的建设不断加强

各级民政部门在登记、年检、评估工作中同步推进党建工作。坚持和加强党的全面领导要求被写入社会组织章程。社会组织党的组织和党的工作覆盖率不断提升，截至2021年年底，全国共建立了社会组织党组织17.1万个，社会组织领域党组织的战斗堡垒作用和广大党员的先锋模范作用得到有效发挥。

2. 制度改革不断深化

（1）法规制度建设不断完善

在法律层面，全国人大及其常委会制定了《中华人民共和国慈善法》（2016年）、《中华人民共和国民法典》（2020年），修订了《中华人民共和国民办教育促进法实施条例》（2021年）、《中华人民共和国企业所得税法》（2018年）、《中华人民共和国红十字会法》（2017年）。上述法律有关条款明确了社会组织的地位作用和权利义务。在行政法规层面，国务院制定了《志愿服务条例》（2017年），修订了《宗教事务条例》（2017年），明确了志愿服务组织、宗教场所法人登记等事项。

---

① 民政工作这十年·社会组织篇［EB/OL］.（2022-09-12）［2023-05-16］. https://baijiahao.baidu.com/s？id=1743744158890599995&wfr=spider&for=pc.

(2) 登记审批改革稳步推进

我国基本确立了行业协会商会类、科技类、公益慈善类和城乡社区服务类社会组织实施直接登记,其他社会组织实施双重管理的混合型登记管理制度。落实"放管服"改革部署,2013年我国取消了社会团体、基金会分支机构和代表机构的登记审批和商务部对外国商会的前置审批,2015年取消了全国性社会团体筹备的审批。

(3) 行业协会商会脱钩改革基本完成

按照党中央、国务院决策部署,我国积极稳妥、扎实有序推进行业协会商会与行政机关脱钩改革。2015—2018年,我国先后开展了三批试点,2019年全面推开脱钩改革,到2021年年底,我国已推动实现729家全国性行业协会商会和69 699家地方行业协会商会脱钩改革,"五分离、五规范"任务基本完成,行业协会商会内在活力和发展动力明显增强。①

3. 扶持政策不断完善

(1) 资金支持力度持续加大

国务院建立了政府购买服务改革工作领导小组,2016年,财政部、民政部联合印发了《关于通过政府购买服务支持社会组织培育发展的指导意见》。中央财政设立支持社会组织参与社会服务项目,2012—2021年累计投入中央财政资金16.37亿元,支持3658个项目,直接受益对象1283多万人。据统计,仅2020年度,全国性行业协会商会就承接了1297项政府购买服务项目,累计资金约5.6亿元。②

(2) 税收优惠政策逐步完善

财政、税务、海关、民政等部门出台了非营利组织免税资格认定、公益性捐赠税前扣除、公益股权捐赠、会费免征增值税、捐赠票据使用等政策。

(3) 转移职能稳妥推进

一些行政机关加快转移适合由社会组织承担的职能,如工业和信息化部将行业统计调查、行业评价、技能培训等基础性工作交由行业协会商会承担。一些地方积极探索推进政府转移职能,比如广东省探索将职称评定等职能委托给社会组织承担,海南省制定了赋予行业组织更大自主权事项指导清单。

(4) 社区社会组织发展得到大力推进

中央政法委设置社区社会组织参与"平安建设"工作指标。民政部印发《民政部关于大力培育发展社区社会组织的意见》《培育发展社区社会组织专项行动方案(2021—2023年)》。北京、上海、广东等地出台了加快发展社区社会组织的实施意见或发展规划;浙江省印发了《关于推进和规范社区社会组织参与基层社会治理的决定》。

---

① 民政工作这十年·社会组织篇[EB/OL].(2022-09-12)[2023-05-16]. https://baijiahao.baidu.com/s?id=1743744158890599995&wfr=spider&for=pc.

② 同上。

4. 监管执法不断强化

(1) 完善监管制度

国家发展改革委、民政部等10部门联合出台《行业协会商会综合监管办法（试行）》，构建了多维度的立体监管框架。通过制定《社会组织信用信息管理办法》《社会组织登记管理机关行政执法约谈工作规定（试行）》，丰富了信用监管、执法约谈等监管措施。通过出台《社会组织抽查暂行办法》《社会组织登记管理机关受理投诉举报办法（试行）》等政策文件，完善了抽查和投诉举报等监管流程。通过出台《民政部关于加强和改进民政部业务主管社会组织管理服务的意见》等文件，明确了部管社会组织的相关行为准则。

(2) 健全监管机制

一是建立了民政部门会同有关部门的联合执法制度，严厉查处社会组织的违法违规行为；二是建立了民政部门牵头，财政、税务、审计、金融、公安等部门参加的资金监管协调机制；三是建立了覆盖全国的社会组织管理信息系统，通过"中国社会组织政务服务平台"实时公开全国社会组织的登记信息，并逐步实现部门、地区间信息共享。

(3) 加大执法力度

借鉴监督执纪的"四种形态"，探索形成执法监管的"四道防线"：让事先预防成为常态（第一道防线），行政告诫、责令整改等柔性执法成为大多数（第二道防线），对违法行为作出行政处罚成为少数（第三道防线），涉嫌犯罪移交司法成为极少数（第四道防线）。截至2021年年底，民政部作出行政处罚80件，没收违法所得1800余万元，连续曝光6批涉嫌非法社会组织300多个，持续曝光13批共1287个"离岸社团""山寨社团"，先后两次组织开展打击整治非法社会组织专项行动。特别是2021年，民政部会同中共中央宣传部、中央政法委等18个部门在全国范围内开展为期三个半月的进一步打击整治非法社会组织专项行动，共核查涉嫌非法社会组织线索5660条，处置非法社会组织3400多家，关停230家非法社会组织网站及新媒体账号，曝光141批次1196个涉嫌非法社会组织名单。中央媒体对此广泛宣传报道，获得社会关注和各方认可。

5. 社会组织作用发挥突出

(1) 积极参与经济建设

各级行业协会商会发挥贴近一线、了解企业的优势，在配合行业管理部门推进行业立法、规划编制、标准制定、数据统计、评估评价、诚信体系建设等方面积极作为，在加强行业管理、促进产业转型、推进供给侧结构性改革中发挥作用。据不完全统计，截至2021年年底，仅全国性行业协会商会就参与制定2499项国家标准和364项国际标准，公布2996项团体标准和2066项行业自律制度。[①]

[①] 民政工作这十年·社会组织篇［EB/OL］．（2022-09-12）［2023-05-16］．https://baijiahao.baidu.com/s?id=1743744158890599995&wfr=spider&for=pc．

（2）有效提供公共服务

各类社会服务机构有效扩大公共服务供给，比如，截至2021年年底，民办学校占全国各类学校总量的35.37%，在校生占全国总量的19.5%；非营利性民办养老机构占全国养老机构总量的44.7%。各类社会组织广泛参与脱贫攻坚，实施扶贫项目超过9.2万个，引导投入各类资金1245亿元。①

（3）参与创新社会治理

广大社会组织，尤其是城乡社区社会组织，在促进居民参与、提供社区服务、丰富社区文化、化解基层矛盾等方面发挥积极作用，已成为促进社区共建共治共享的重要载体。比如，截至2021年年底，北京市协作者社会工作发展中心为困境人群提供专业服务共计100多万人次；北京致诚农民工法律援助与研究中心为农民工提供免费法律援助共计60多万人次，有效化解了社会矛盾。②

（4）积极开展对外交往

我国的社会组织还积极促进国际经济交流，推广中华传统文化，参与全球治理，有效提升了我国的国际影响力。

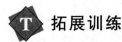 拓展训练

2022届普通高校毕业生规模、增量创历史新高，就业形势复杂严峻。为进一步落实党中央、国务院"稳就业""保就业"决策部署，民政部和教育部着力动员和引导社会组织参与高校毕业生就业工作。多家行业协会积极响应，充分发挥与企业联系紧密的优势，整合提供行业岗位资源，共同助力高校毕业生就业工作。

民政部社会组织服务中心作为指导单位，动员中国保险行业协会、中国软件行业协会、中国建筑防水协会、中国石油和化学工业联合会等多家行业协会参与"24365"校园招聘服务行业专场招聘活动。

参与活动的行业协会一致表示，人才是第一资源，企业发展要靠持续不断的人才供给，为企业搭建平台吸引高素质人才是行业协会服务行业的具体体现，配合做好高校毕业生就业工作更是行业协会拓展服务的有益尝试。行业协会将紧盯双向需求，集成供需信息，畅通毕业生选岗就业渠道，解决实际问题。

讨论问题

1. 社会组织应如何助力高校毕业生就业工作？
2. 高校毕业生如何应聘社会组织中的岗位？

---

① 民政工作这十年·社会组织篇[EB/OL].（2022-09-12）[2023-05-16］. https://baijiahao.baidu.com/s?id=1743744158890599995&wfr=spider&for=pc.

② 同上。

任务四　理解我国社会组织发展面临的机遇与挑战

情境导入

2021年4月发布的《中共中央 国务院关于加强基层治理体系和治理能力现代化建设的意见》指出：培育扶持基层公益性、服务性、互助性社会组织。支持党组织健全、管理规范的社会组织优先承接政府转移职能和服务项目。完善社会力量参与基层治理激励政策，创新社区与社会组织、社会工作者、社区志愿者、社会慈善资源的联动机制。

任务目标

（1）了解我国社会组织发展面临的机遇。
（2）理解我国社会组织发展面临的挑战。

知识链接

一、我国社会组织发展面临的机遇

改革开放以来，我国社会组织已取得了良好的发展，在社会生活中发挥着越来越大的作用。新时代背景下，我国经济保持持续稳定增长，社会转型也在全面展开，社会组织将会迎来发展的重大机遇。概括起来，这些机遇主要包括以下几个方面。

1. 全面深化改革为社会组织的发展带来了更多的创新空间

随着改革的逐步深入，政府在职能转变的过程中会为各个层面的社会组织腾出一部分原为政府所占有的资源，各级政府在管理机制和运作机制等方面的深入改革过程中也会为社会组织参与公共管理和公共服务提供更多的机会。各级政府在改革实践中已摸索出许多与社会组织合作的创新模式（如政府购买公共服务），并将继续加大这方面的探索和创新。

2. 经济持续稳定增长为社会组织的发展打下了坚实的基础

国民经济保持良性的发展，人们闲暇时间的增加、受教育水平的提高、社会信息量的空前增长，以及先进信息技术的广泛应用等，都为社会组织的发展奠定了物质基础。在社会主义市场经济走向成熟的过程中，各种商会、行业协会迅速成长起来，它们在降低交易成本、规范市场秩序、抗衡反倾销浪潮等方面发挥了重要作用。同时，市场体系下的利益

制衡机制亟待完善，除了政府之外，还需要有相应的社会团体分别代表不同利益群体进行谈判、互动和制衡，以及影响公共政策，从而实现市场经济中的各种利益均衡。

经济快速发展也造就了一大批成功的企业家，企业家的社会责任感促使他们在追求市场利益的同时越发关注社会公益，一批富有社会责任感的企业家成为推动社会组织成长壮大的积极力量。社会组织作为各个社会阶层表达意愿、维护权益、参与治理、协调互动乃至彼此博弈的组织和制度形式日渐发挥作用。近年来，异地商会、车友俱乐部、打工者协会、外来人口协会等各种形式的社会组织纷纷发展起来，成为社会组织发展中的新兴力量。

3. 人民日益增长的美好生活需要为社会组织的发展提供了广泛的服务领域

党的十九大报告指出，中国特色社会主义进入新时代，我国社会主要矛盾已经转化为人民日益增长的美好生活需要和不平衡不充分的发展之间的矛盾。在财富不断增长和积累的同时，我国人民对美好生活的需要和向往愈发强烈。当前我国经济社会存在发展不平衡、不充分的现状，整个社会在实现增长和效率的同时越来越呼唤平等和公正。这为致力于社会公益事业、谋求社会公正的各种社会组织提供了广泛的服务领域和发展机遇。

4. 社会组织法制建设逐步完善为社会组织的发展提供了法律制度保障

与社会组织相关的法律法规逐步完善起来。近年来，非营利立法问题在相关政府部门、学术界、社会组织及媒体间展开了深入的研讨，对推动相关立法工作起到了积极的作用。近年来出台的基金会专项法规和关于捐赠及社会组织减免税的相关规定是这方面积极探索的结果。各级政府都在积极探索和推进有关分类管理、统一监管、政府采购服务等制度化的政策措施，法治化的外部环境正在逐步形成，社会组织的健康发展将获得制度方面的积极保障。

5. 公民意识的觉醒为社会组织的发展注入活力和动力

在经济市场化和社会多元化的进程中，我国公民自由、自主、自治和志愿服务的意识逐步觉醒，公民参与社会组织建设的热情越来越高。随着全面深化改革，我国公民通过各种形式参与经济、社会乃至政治活动的机会越来越多，热情越来越高，自治机制得到培育，志愿服务的社会风尚逐渐形成，这些都为社会组织的发展注入了活力和动力。

6. 全球化趋势为社会组织的发展带来了国际机遇和挑战

我国坚持改革开放，坚持引进来与走出去相结合：一大批境外商会、行业协会纷纷进入中国，不仅带来了适应市场经济的新理念和新机制，也将促使相关法律法规不断完善。同时，随着中国企业走向世界，我们的商会、行业协会也走出国门，到所在国去开拓市场、整合资源。中国在国际舞台上越来越重要的地位呼唤着我国的社会组织更多地参与国际公共事务，在包括联合国在内的国际决策体系中发挥更大和更加主动的作用。全球化趋势也向我国的社会组织提出了许多挑战，例如，外来竞争者的出现给我国的社会组织带来了竞争压力，使国内的社会组织对专业化能力的要求不断提高，对适应国际惯例和参与国际竞争的转型需要越来越迫切，对组织能力建设和走向联合与互律的要求日益紧迫。

二、我国社会组织发展面临的挑战

近年来，党和国家高度重视社会组织在社会服务、民主协商、建言献策中的积极作用，先后推出社会组织扶持发展专项、政府向社会组织购买服务、公益创投等政策项目，积极推动社会组织繁荣发展。但我们也要看到，我国的社会组织在焕发了社会活力的同时，也面临不少新的挑战。

1. 理论创新方面的挑战

传统的西方社会组织理论不符合我国的社会实际，中国特色的社会组织理论需要处理好立足国情和学习借鉴的关系。目前社会组织研究中经常引用的西方理论，常常将国家与社会二者之间的关系看作压制与反抗的关系，不利于形成政府与社会组织之间良性的互动关系。我们需立足中国文化和国情，探索具有中国特色的、中国自主的社会组织理论体系。

2. 管理思想方面的挑战

在管理思想上，政府的行政主导与社会组织的自治诉求存在一定的冲突，需要更好地处理维护社会稳定与激发社会活力之间的关系。我国社会组织是在党和政府的制度安排下成长起来的，特别是近年来党和国家积极推进事业单位和社会组织改革，为促进社会组织发展做了大量工作。随着去行政化、去垄断化改革不断推进，社会组织获得了越来越多的自主权，但同时也出现了价值观缺失、行为失范、道德滑坡等问题。社会组织发展陷入"一管就死、一放就乱"的管理魔咒。

3. 运行理念方面的挑战

在运行理念方面，有些社会组织缺乏信仰，出现利益至上的问题，需要处理好价值准则和社会责任的关系；有些社会组织登记注册是为了承接政府转移职能和购买服务项目，解决社会问题、提供社会服务对这些社会组织不再是头等大事。《2021年民政事业发展统计公报》数据显示，2021年，我国共查处社会组织违法违规案件8594起，行政处罚8024起。这些社会组织在运营中出现违法违规行为，长期从事经营性活动，严重背离社会组织的非营利属性和章程中规定的业务范围，暴露出运行理念方面存在的挑战。

4. 扶持发展方面的挑战

在扶持发展方面，需要警惕宗教和敌对势力的渗透，处理好"硬件"建设和"软件"建设的关系。"硬件"建设指政府向社会组织提供人力、物力、财力、办公场所等支持；"软件"建设指党对社会组织的思想引领。我国正处于大力发展社会组织的窗口期，敌对势力可能也会利用这一历史机遇。其惯用伎俩是利用国际组织在目标国设立分支机构或在当地直接发展社会组织，打着积极参与慈善公益活动的幌子，从事丑化目标国政府形象的工作，从而削弱目标国的政治凝聚力，搞乱社会舆论，危害社会稳定。这种渗透对国家安全的影响具有隐蔽性、迷惑性、欺骗性。这就需要我们做好"软件"建设，始终坚持党对社会组织的引领，持续加强社会组织党的建设。

拓展训练

2021年8月20日，民政部社会组织管理局召开行业协会商会乱收费专项清理整治工作调度电视电话会议。会议听取了31个省（自治区、直辖市）和新疆生产建设兵团行业协会商会乱收费专项清理整治前期工作开展情况，并对深入推进行业协会商会乱收费专项清理整治工作作出进一步部署。

会议要求，各地要同步抓好以下三项重点工作：一是持续推进打击整治非法社会组织工作。要从坚持总体国家安全观的高度深刻认识打击整治非法社会组织的长期性、复杂性和艰巨性，始终保持打击整治高压态势，决不允许非法社会组织死灰复燃、卷土重来。要借鉴和发扬专项行动期间的好做法、好经验，实现在常态化上下功夫、在法治化上做文章、在智能化上求突破、在社会化上见实效，持续推进打击整治非法社会组织工作深入开展。二是扎实推进"僵尸型"社会组织专项整治行动。各地要按照文件要求，聚焦整治范围，做好摸底排查，彻底搞清家底，确保不留死角。对梳理出的"僵尸型"社会组织，要根据实际情况，逐个明确整治措施并抓好落实。对有业务主管单位的"僵尸型"社会组织，要督促业务主管单位切实加强整治力度；对直接登记和脱钩行业协会商会，要积极争取党建工作机构、行业管理部门的支持，形成整治工作的合力；对连续未年检、不活动、失联的社会组织，可通过批次公示公告等手段，提高整治行动的震慑力。三是落实好中央关于深化校外培训机构治理决策部署工作。各地民政部门要从民办学校、校外培训机构入手，进一步完善社会服务机构登记管理流程，进一步研究加强社会服务机构非营利监管，进一步抓好中央精神传达和业务培训，一级抓一级，层层抓落实，切实将《中共中央办公厅 国务院办公厅关于进一步减轻义务教育阶段学生作业负担和校外培训负担的意见》明确的各项任务与社会组织登记管理工作紧密结合起来，为推进落实党中央关于教育领域重大决策部署作出应有贡献。①

讨论问题

1. 什么是"僵尸型"社会组织？
2. 如何推进整治非法社会组织工作？

---

① 民政部社会组织管理局召开行业协会商会乱收费专项清理整治工作调度电视电话会议［EB/OL］.（2021-08-21）［2023-06-10］. https://www.gov.cn/xinwen/2016-01/14/content_5032926.htm.

项目三

社会组织孵化与培育

项目概述

本项目主要介绍社会组织孵化与培育的基础知识、社会组织孵化与培育的模式、社会组织孵化与培育的内容和社会组织孵化器。学完本项目后,应了解社会组织孵化与培育的概念和必要性,掌握社会组织孵化与培育的模式和社会组织孵化与培育的内容。

引言

社会组织是人类文明发展到一定阶段的产物。作为提升社会组织整体实力的渠道,社会组织孵化与培育在社会组织数量的增加与质量的提升方面发挥着重要作用。伴随着社会发展和全球化的浪潮,我国的社会组织也开始迅速发展起来,并在人们的社会生活中扮演着越来越重要的角色,发挥着不可替代的作用。那么,为什么要开展社会组织孵化与培育?社会组织孵化与培育在社会治理中发挥着哪些重要作用?社会组织孵化与培育有哪些模式?社会组织孵化与培育包括哪些具体内容?社会组织孵化器是如何在社会组织孵化与培育中发挥作用的?本项目将会对这些问题一一进行解答。

任务一　认识社会组织孵化与培育

情境导入

　　从"和谐社会""社会建设"到"社会治理",是党和政府适应经济社会发展趋势而主动在社会领域实行的一系列改革创新,其内涵不断升华,其目标都是解决中国经济高速增长后出现的各类社会矛盾问题,实现经济社会协调可持续发展。在这个过程中,国家也越来越清晰地认识到,不能用传统的体制和手段去解决市场经济条件下产生的社会问题,中国社会建设和社会治理必须要有社会力量协同参与,而在所有的社会力量中,社会组织是一股重要的力量。社会组织也应作为社会建设的重要力量之一,参与社会建设和治理。同时,国家也意识到,改革开放以后,社会组织虽然有了很大的发展,但总体而言,社会组织还存在主体性不够,能力不足,难以适应社会建设、社会体制改革和社会治理的需要等问题。因此,国家既要释放社会活力,让社会组织得到发展,同时也要有意识地通过政策和资源配置,对能够促进社会建设、强化社会治理的社会组织进行主动培育。

　　2006年以来,我国对社会组织的政策导向的显著特征就是"主导培育和选择性发展",即不是无限度地对所有的社会组织加以扶持,而是明确地、有选择地培育和扶持,以促进社会组织发展,让其发挥积极作用。

任务目标

　　（1）了解什么是社会组织孵化与培育。
　　（2）认识开展社会组织孵化与培育的必要性。

知识链接

一、社会组织孵化与培育简介

1. 社会组织孵化与培育概况

　　孵化与培育,作为一种主动性的行为,致力于通过外部力量的引入来促使社会组织发展成熟。中国的社会组织孵化与培育是党和国家在社会转型时期做出的一项重大战略选择,是在建设服务型政府的决策下,在推进社会体制改革的过程中,实现公共服务方式创新,推动社会组织在公共服务社会化背景下有序发展的途径。在我国,社会组织还缺乏丰富的活动经验和一些必备的能力,因此,需要通过孵化与培育的形式为其提供助力,帮助新生的社会组织逐步走上正轨。

我国的社会组织孵化与培育在改革开放后大致经历了三个阶段。第一阶段是理念引入阶段,以本土社会组织的成立及相关培训课程建立为标志。第二阶段是发展阶段,以恩派(NPI)公益组织孵化器项目的出现为标志。这是一个多元手段并行的阶段。第三阶段是推广阶段,恩派公益组织孵化经验向全国多个城市扩展,以点带面,逐步发展、成熟,各地社会组织培育机构相继建立。

而相比于我国主动型的孵化与培育,在美国和欧盟等国家与地区,政府对社会组织主动孵化与培育的行为相对较少,更多的是通过支持型组织或桥梁型组织,为某一领域或某些领域的社会组织提供成长的环境与空间、服务与资源。

2. 社会组织孵化与培育的概念

关于社会组织孵化与培育的概念,目前学术界仍在探索中。我国学者徐家良认为,"社会团体培育"是指有权机关为了满足社会的公益需求和互益需求,提高社会团体的能力,促进社会团体的健康快速发展,而对社会团体采取特殊优惠和鼓励的法律、法规、政策措施的一系列活动。①

根据《辞海》的界定,"培育"本义是指对幼小生命体的培养,使其健康发育、成长和壮大。对生物体的培育过程包括六个环节:引导、指导、滋养、监控、反馈和调整。"孵化"本义是指动物在卵内完成胚胎发育后破壳而出的现象。在此,本书对社会组织孵化与培育的界定是:将需要孵化与培育的社会组织视为一个有机体,为其创造良好的成长环境,提供必要的成长条件,促使其从无到有、从弱到强、从"草根"到"枢纽"的过程。

二、社会组织孵化与培育的必要性

1. 宏观层面——社会环境的外在要求

(1) 服务型政府建设的需要

2004年,党中央和政府明确提出建设"服务型政府"的要求。服务型政府以服务为宗旨,这意味着政府与公众的关系将转化为服务供给者与消费者的关系。政府行使权力的目的,不再主要是管制,而是为公众提供更好的服务。

在各种社会问题不断出现、政府难以在公共服务领域满足群众多样化的需求时,国家提出了"建设服务型政府、强化社会管理和公共服务职能"的要求,明确由社会组织承接政府的部分公共职能,以缓解社会问题,满足通过市场机制满足不了或满足不好的社会公

---

① 徐家良. 社会团体导论[M]. 北京:中国社会出版社,2011:75.

共需要，包括为各种市场主体提供良好的发展环境与平等竞争的条件，为社会提供安全和公共产品，为劳动者提供就业机会和社会保障服务等，真正关注普通老百姓的利益、需要和愿望，使人民安居乐业、心情舒畅、生活幸福。

孵化和培育社会组织，也是转变政府职能的重要环节和必然要求。按照现代公共管理的理念，政府不是凌驾于社会之上的官僚机构，从某种意义上讲，更像是负有责任的"企业家"，公民则是其"顾客"。这里的"企业家"并非生意人，而是不断提高公共资源配置效率的人。服务型政府将以市场（即公众）需求为导向，因为只有"顾客"驱动的政府，才能提供满足人们合理、合法需求的公共服务，才能真正实现政治职能从"管制型"向"服务型"的转变。

在国际上，拥有社会组织的多寡已成为衡量一个国家和谐程度的重要标志。服务型政府强调政府与公民的良好互动与合作，但是这种合作必须依托一定的载体。社会组织正好可以充当这个载体，发挥政府与公民之间的中介桥梁作用。社会组织可以解决政府与公民之间交易成本高的问题，可以为双方的合作提供条件，间接或直接影响政府决策，推动政府改革。同时，社会组织还可以发挥其具有丰富专业知识的优势，逐步承担起政府智囊的角色，对政府的决策产生重要影响。可见，在构建服务型政府的过程中，需要对社会组织进行积极主动的孵化与培育。

（2）公共服务社会化的需要

公共服务是指由政府部门、国有企事业单位和相关中介机构履行法定职责，根据公民、法人或者其他组织的要求，为其提供帮助或者办理有关事务的行为。① 公共服务满足大众生活、生存与发展的某种直接需求，能使大众受益。

党的十八大以来，以习近平同志为核心的党中央顺应人民对美好生活的新期待，把提升公共服务质量摆到重要位置，不断完善体制机制，持续加大投入力度，使我国公共服务质量不断迈上新台阶。一是加强顶层设计。坚持以人民为中心的发展思想，制定《"十三五"推进基本公共服务均等化规划》，以普惠性、保基本、均等化、可持续为方向，健全国家基本公共服务制度，建立基本公共服务清单制。二是加强基本公共服务政策法规制度建设。除了出台《中华人民共和国公共文化服务保障法》，有关部门还制定了《公共服务质量监测技术指南（2016版）》《社会管理和公共服务标准化发展规划（2017—2020年）》等，注重从法律制度和公共政策层面保障和完善公共服务体系。三是优化公共服务机构设置和职能配置。以党和国家机构改革为契机，以改善民生为重点，整合公共服务部门，打造优化、协同、高效的公共服务机构职能体系。四是创新公共服务供给方式，适应政府职能转变和深化"放管服"改革需要，推行向社会组织购买公共服务、第三方评估、"互联网＋政务服务"等新方式。

---

① 顾平安. 推行公共服务便捷化，切实转变政府职能[EB/OL]. (2016-01-14) [2023-05-10]. https://www.gov.cn/xinwen/2016-01/14/content_5032926.htm.

党的十九届四中全会《决定》提出：创新公共服务提供方式，鼓励支持社会力量兴办公益事业，满足人民多层次多样化需求，使改革发展成果更多更公平惠及全体人民。深入贯彻落实这一要求，必将有力提升我国公共服务水平，不断满足人民日益增长的美好生活需要。人民的美好生活需要日益广泛，人民不仅对物质文化生活提出了更高要求，而且对民主、法治、公平、正义、安全、环境等方面的要求日益增长。要满足人民的美好生活需要，更需要为人民提供高质量的公共服务。现代社会，公共服务是人民群众获得感、幸福感、安全感的重要保障。

近年来，我国公共服务水平有了很大提升，基本公共服务均等化基本实现，为改善民生提供了有力保障。但同时，与人民日益增长的美好生活需要相比，公共服务仍然存在一些薄弱环节，公共服务供给总体上仍然不足，布局结构还不尽合理。因此，要在基本公共服务均等化水平不断提升的基础上，以人民群众的需求为导向，创新公共服务提供方式，更新服务理念，优化服务过程，完善服务体系，增强公共服务供给的针对性和有效性，使公共服务供给与人民群众个性化、差异化、多样化的需求更加匹配，让公共服务给人民群众带来更多获得感、幸福感、安全感。这都对社会组织的数量、质量、规模和能力提出了更高的要求，需要对社会组织进行必要的孵化与培育，以适应新形势下公共服务社会化的客观要求。

（3）创新社会治理的需要

改革开放以来，随着经济体制从高度集中的计划经济体制转变为充满活力的社会主义市场经济体制，我国社会发生了深刻变化，社会结构日趋复杂，人民群众的利益诉求日趋多样，城市和农村社会治理都面临一些新问题、新挑战。随着中国特色社会主义进入新时代，我国社会主要矛盾发生转化，这些都对加强和创新基层社会治理提出了新的、更高的要求。

顺应时代发展要求，我们党不断深化对社会治理的探索。从1993年党的十四届三中全会提出加强政府的社会管理职能，到2004年党的十六届四中全会提出加强社会建设和管理、推进社会管理体制创新，再到党的十八届三中全会基于推进国家治理体系和治理能力现代化，首次提出创新社会治理体制，强调激发社会组织活力，可见我国在认识上经历了从社会管理到社会治理的重要转变。之后，党的十九届三中全会提出激发群团组织和社会组织活力，作为社会治理重要主体的社会组织的重要性逐渐得到具体体现。

社会组织作为政府、市场和社会的桥梁和中介，可以为三者建立有序的供需机制搭建一个平台，可以促进多元行为主体之间形成密切的利益整合关系。原先由各级政府承担的责任逐渐由越来越多的各种社会组织、私人部门和公民志愿团体来承担。作为当代民主一种新的实现形式，社会组织更多地强调发挥多主体的作用，鼓励参与者自主表达、协商对话，并达成共识，从而形成符合整体利益的公共政策。

从"社会管理"到"社会治理"，虽然是一字之差，却是党的执政理念和政策思路在社会领域的一次全面提升，体现的是系统治理、依法治理、源头治理、综合施策，反映的是党对社会运行规律和治理规律认识的深化。创新社会治理，不仅需要高素质的人才，更需要社会组织的力量。

（4）社区治理与建设的需要

社会转型赋予社区前所未有的功能。1955年，联合国提出了"社会进步经由社区发展"的新理念，并逐渐得到了大多数国家的认可。中国要完成国家治理体系建设的各项目标和任务，不仅需要顶层的设计，也需要基层的落实。

传统的城市社区管理体制使本应发挥社区居民自治功能的社区居委会高度行政化，成为"政府在基层的腿"，在满足社区居民多元化需求方面缺乏足够的能力和资源。从事公益性服务的社会组织和专业社会工作人才进入社区，能够发挥实体化社会组织的优势和专业化人才的优势，有利于满足社区治理的需求。社会组织是促进社区自治和基层民主政治建设的重要协同力量，社会组织作为公共服务的一种新的供给力量，因其具有运作灵活和客观公正等特点，可以承担起政府和市场无力承担的公共服务。社会组织作为政府、市场和社区的桥梁和中介，在政府与市场、政府与社区，市场与社区之间传递信息，可以为三者建立有序的供需机制搭建一个平台，可以促使各个主体之间形成新的利益整合关系，从而有效地化解社区矛盾，稳定基层社会关系。

在"单位人"向"社区人"转型的过程中，社会组织既能引导公民进行社会参与，又能为各种社会群体提供参与公共事务的渠道；既能让社会参与的"社区人"具有一定的归属感，又能培养这些公民的责任感和共治意识，使公民具有较高的参与意识。[①]

2. 微观层面——社会组织的内在要求

（1）社会组织均衡发展的需要

截至2022年年底，我国共有社会组织约89.1万个，其中有基金会9319个，社会团体370093个，社会服务机构511855个，共吸纳社会各类人员就业1108.3万人。虽然全国的社会组织数量增长迅速，但是同发达国家相比，数量还偏少，规模还小。从全国范围来看，我国社会组织发展也呈现不平衡的现象。第一，地区发展不平衡，主要表现在发达地区与欠发达地区、沿海地区与内陆地区的不平衡。社会组织的发展与区域经济的发展相对应，大多数社会组织分布在经济发达的东部沿海一带和大中型城市，而城郊接合部和广大内地、乡镇社会服务需求大，社会组织数量却极少。第二，服务领域分布不平衡，结构不合理。虽然近年来我国社会组织数量激增，但多数是小型的、不稳定的社会组织，发挥的作用还很有限。在进入门槛较低的领域，社会组织已形成一定的规模，但在迫切需要大众参与且有一定资金要求和专业难度的领域，社会组织的数量却相对比较少。若想社会组织均衡发展，需要有针对性地开展社会组织孵化与培育工作。

（2）社会组织资源整合的需要

社会组织的人力资源与自身的发展和成长息息相关。当前，我国多数社会组织人才短

---

① 许芸. 社会治理视角下的社会组织培育与发展研究——以江苏省南京市为例 [D]. 南京：南京大学，2015.

缺，专兼职人员严重不足，有些社会组织人力资源流失严重，人才稳定性相对较差。在人力资源管理上，有些社会组织缺乏领军型人才，在提供服务的过程中，有些社会组织因成员出现理论与实践脱节的现象，未能形成科学化、可持续化的运作模式，不能优化自我的服务能力，严重影响了服务质量。

资金匮乏、来源单一，也是社会组织不容忽视的问题。在运行过程中，由于没有形成合力，与其他组织之间联系不密切，使得有些社会组织资源整合能力很有限，跟不上发展的节奏。通过孵化与培育，可以提高社会组织资源整合的能力。

（3）社会组织制度规范的需要

由于内部治理结构不健全，不少社会组织尚未有效建立和执行必要的规章制度，导致管理不规范，日常管理具有很大的随意性；在重大决策方面，有些社会组织缺少民主决策机制；在财务管理方面，有些社会组织存在财务不独立的现象，严重影响了社会组织的公信力；在运行过程中，由于对政府出台的政策不了解或缺少取得有效信息的渠道，有些社会组织无法及时获得政府提供的一些优惠政策。要想提高社会组织制度规范性，需要加大对社会组织的孵化与培育力度。

（4）社会组织影响力提升的需要

由于我国的社会组织有不少是自上而下发展起来的，例如，有的是由党政机关创办的，有的是从党政机关或事业单位直接转型而来的，这些社会组织与党政部门的关系一般都比较密切。因此，在资源供给、职能配置、活动方式和管理体制等方面，这些社会组织都严重依赖政府，行政色彩较浓，缺乏独立性，难以自治。而有些社会组织在参与社会治理和服务过程中积极性不高，往往是被动地响应政府的动员和组织。这一方面是因为在过去较长的时间内，政府没有真正转变观念，放手公共事务；另一方面是因为这些社会组织缺少参与的机会，实践经验或者资源不足，在提供公共服务方面能力得不到发展。要想提升社会组织的能力和影响力，对社会组织进行孵化与培育必不可少。

拓展训练

党的十八届三中全会指出：改进社会治理方式，激发社会组织活力。正确处理政府和社会关系，加快实施政社分开，推进社会组织明确权责、依法自治、发挥作用。适合由社会组织提供的公共服务和解决的事项，交由社会组织承担。这充分说明中央对发展社会组织的高度重视，提出了培育社会组织的方向性要求，也为社会组织突破现实困境，实现快速发展提供了难得的机会。

近年来，社会组织建设与管理工作以孵化培育发展为主线，取得了一定进展。社会组织在领域服务、人群服务中发挥着独特而重要的作用；在融洽关系、推进基层民主建设、维护社会和谐稳定等方面，发挥了非常显著的作用，成为经济社会发展中一支不容忽视的力量。但社会组织发展过程中的政社不分、发展不均、能力偏弱、扶持不力、监管缺位等问题依然严峻。把孵化、培育社会组织，引导社会组织参与社会治理和社会服务作为加强社会治理的重要领域和关键环节，在推进社会组织登记管理改革的同时，努力搭建平台、创新机制、加强培育，推进社会组织健康有序发展是今后工作的重点。随着我国政治、经济、社会体制改革的不断深入，各种性质和形式的社会组织在经济和社会领域扮演着越来越重要的角色，如何开展社会组织的孵化与培育，也成为目前政府与社会关注的一个重点领域与问题。

讨论问题

1. 如何理解社会组织逐年快速增长的现状？
2. 为什么要加大对社会组织孵化与培育的力度？

任务二　掌握社会组织孵化与培育的模式

情境导入

为贯彻落实中共中央办公厅、国务院办公厅《关于改革社会组织管理制度促进社会组织健康有序发展的意见》精神，推动社会组织培育机构建设，提升社会组织培育孵化工作规范化、专业化水平，要调动一切积极因素参与社会组织培育孵化机构建设。在政府的重视和支持下，我国社会组织不断发展，在促进经济发展、繁荣社会事业、创新社会治理、扩大对外交往等方面发挥了积极作用。同时我们也要看到，社会组织工作中还存在法规制度建设滞后、管理体制不健全、支持引导力度不够、社会组织自身建设不足等问题，从总体上看社会组织发挥作用还不够充分，一些社会组织违法违规现象时有发生。改革社会组织管理制度、促进社会组织健康有序发展，有利于厘清政府、市场、社会关系，完善社会主义市场经济体制；有利于改进公共服务供给方式，加强和创新社会治理；有利于激发社会活力，巩固和扩大党的执政基础。

虽然现在已经初步形成了一些社会组织培育的模式与机制，既有政府的政策、资金、管理等导向的作用，又吸纳了其他力量共同参与社会组织的孵化与培育过程，积累了一些经验，但是，面对社会组织发展的客观现实与实践推进情况，我们还需要从国家和社会组织关系的角度，加深对社会组织培育的认识和理解。探讨转型期中国社会组织孵化与培育的深层次原因、现实的培育模式与运行机制，这依然是一项非常重要的任务。

任务目标

（1）了解社会组织孵化与培育的三种主要模式。

(2) 理解三种社会组织孵化与培育模式的优缺点,以及三种模式的共同点与差异。

知识链接

《现代汉语词典》(第7版)将"模式"定义为"某种事物的标准形式或使人可以照着做的标准样式"。模式是建立在特定的基础上,由相互作用、相互联系的要素组成的系统。它是从客观事物具体的、分散的表象中总结归纳出来的抽象的、体系化的属性或规律。我们可以将模式理解为方法论,把解决某类问题的方法总结归纳到理论高度就是模式。

社会组织孵化与培育的核心就是"培育社会组织",培育的主体有哪些?培育的内容是什么?各培育主体的角色定位和关系如何?等等。这些构成了社会组织孵化与培育模式。根据培育主体和具体的运作方式,目前社会组织孵化与培育的模式大致有以下三种。

一、政府主导型模式

1. 政府主导型模式的概念

政府主导型模式,是指由政府直接或单由政府出面利用社会资源培育扶持社会组织,尤其是萌芽期和初创期的社会组织,并促进其发展的一种模式。该模式旨在积极解决社会组织发展中的困难和问题,充分发挥社会组织参与经济社会事务和加强社会建设、创新社会治理的作用。

在政府主导型模式中,社会组织进入培育机构一般需要经过组织申请—专家审核—培育—培育后评估—出壳几个流程。该模式重点以萌芽期和初创期的公益性社会组织为孵化培育对象,为它们提供场地、设备、小额补贴、注册协助等,同时还为它们提供组织规划、项目管理、教育培训、能力评估等一系列公益性服务,协助它们建立健全以章程为核心的信息披露、财务管理、内部治理等各项规章制度,加强规范化建设等。在该模式中,培育机构是作为社会组织的娘家而存在的。一方面,培育机构帮助被培育的社会组织获取资金、项目,解决各种问题,特别是身份问题,进驻培育机构的社会组织一般享有先备案再行注册的待遇;另一方面,培育机构为被培育的社会组织提供专业社会工作知识培训,提高它们的专业性,例如,培育机构邀请高校或公益机构的专家对社会组织进行能力培训等。[①]

2. 政府主导型模式的优点

(1) 培育理念有高度

在政府主导型模式中,培育机构开展培育工作的基本理念是着力培养能够承接政府职能的服务型社会组织,同时调控社会组织发展格局;通过民间社会组织建设,动员民间社

---

① 甄骁龙. 社会组织培育模式研究——以三个培育机构为例 [D]. 南京:南京大学,2012.

会力量，提供公共服务，以承接政府职能转移过程中转移出的政府服务职能，满足公众的基本需要。此外，通过直接参与社会组织的培育工作，政府也可以直接参与社会组织行业的建设，从而为政府管理社会组织，对社会组织发展进行调控创造良好的条件。

（2）资源获取有保障

政府主导型模式可以保证培育工作资源充足。在资金上，政府通过财政手段，可以采取直接补贴、提供场地、提供购买服务项目等多种手段对社会组织进行资金支持。社会组织在运作过程中如遇到问题，也可以通过政府的支持或帮助快速解决。

（3）专业支撑有保障

在政府主导型模式中，与培育工作相关的政策、资金等均来自政府，相关工作也由政府工作人员担任，培育机构实际等同于执行社会组织培育工作的政府分支部门，缺乏一定的独立性。但在此模式中，容易形成整个地区的社会组织培育格局，形成社会组织培育的专家团队，同时此模式有利于对培育工作进行整体规划和专业设计，并通过法律法规、政策等监督社会组织培育工作。

3. 政府主导型模式的缺点

从主体上看，在政府主导型模式中政府人员充当了培育的执行主体，他们既是"教练员"，又是"运动员"。培育经费由政府出，人员由政府安排，本质上仍然是政府直接承办的社会事务，容易产生资源垄断、效率低下和分配不公等问题。从培育效果来看，该模式用行政方式突击完成数量目标，达到了"生"的目标，但培育出的真正有生命力的社会组织相对较少，培育出的社会组织也有很强的行政色彩，它们对政府有很强的依赖，容易脱离服务对象的实际需求。

二、政社合作型模式

1. 政社合作型模式的概念

政社合作型模式是指在政府主导下，政府部门与某些社会组织合作，并委托某些社会组织为具体操作者，对其他社会组织进行培养和扶持的一种模式。在此模式中，社会组织既是培育对象，也是培育主体，作为培育主体的社会组织与政府一起共同完成对其他社会组织的培育工作。

在此模式中，政府提供政策支持、资金、场地等，作为培育主体的社会组织则开展组织规划、项目管理、教育培训、能力评估等一系列专业工作。

在政社合作型模式中，培育主体是政府和某些社会组织。首先，由政府部门发起建立社会组织培育机构；然后，政府通过契约的方式委托具备一定资质的社会组织承接具体培育工作。在两个主体中，政府是发起方，仍然处于主导地位。

在政社合作型模式下，政府除了运用行政手段外，还借助专业化的手段来开展培育工作。具备一定资质的社会组织作为培育主体之一，在具体实践中，一方面协助政府做好大量社会组织注册程序上的指导工作，另一方面更加注重实质性的服务指导，主要从服务目标的确定、项目的设计和人员的培训等方面提供实质性的服务。可见，政社合作型模式的目标并不是实现社会组织数量的增长，而是培育出一批能够切切实实地生存并发展起来的社会组织。

2. 政社合作型模式的优点

（1）培育目标明确

在政社合作型模式中，培育机构一方面从政府的角度出发，着力培养能够承接政府转移职能的服务型社会组织；另一方面，培育机构从社会组织角度出发，更加重视对民间社会组织的培养。

（2）专业水平有保障

在政社合作型模式中，培育机构本质上不具有独立性，但其专业性一般都能达到一定的水平，能够弥补政府部门在社会工作和社会组织建设方面专业性不足的问题。培育机构一般都配有专业的工作团队，工作团队成员一般都有社会工作、行政管理等相关专业背景，并能凭借各自的能力和资源优势逐步开发出一套社会组织培育的示范流程和培训课程。在培育过程中，培育机构能运用专业方法进行社会需求调查、社会组织发展评估、社会组织能力建设培训、公益项目创投等，从而在社会组织项目实施、社会组织评估等方面，给予被培育社会组织全方位、全过程的专业支持，体现了较强的专业性。

（3）支持力度大

在该培育模式中，培育机构开展培育工作所能获得的资源还是比较有保障的。政府可以为培育机构提供大量的项目资金和政策支持，被培育的社会组织可以获得应有的扶持和发展。

3. 政社合作型模式的缺点

在政社合作型模式中，培育机构自身也可能面临资源和能力受限的问题。在资源方面，培育机构一般仅靠政府购买服务开展培育工作，如果想要拓展空间，会面临资源受限问题。在能力方面，由于大多数培育机构开展社会组织培育工作时间也不长，处于初创期，经验不足，本身也需要成长和加强能力建设。此外，在政社合作型模式中，政府和社会组织培育机构采用的是签约方式，但是这样的合作会持续几年，政府一般并没有明确的规划，未来作为中间层的社会组织培育机构将会向哪个方向发展，值得认真探讨。

三、社会组织主导型模式

1. 社会组织主导型模式的概念

社会组织主导型模式是指在政府的支持下，由社会组织自主成立联合体，由比较成熟的专业社会组织为其他社会组织提供培育与服务的一种模式。该模式同样离不开政府的主导、支持和推动。在该模式中，资金一方面靠政府的支持，另一方面靠企业的资助和社会的捐助。

社会组织主导型模式将营造一个适合社会组织发展的社会环境作为工作目标，将被培育的社会组织和成熟、专业的社会组织相结合，通过为被培育的社会组织提供注册咨询、业务指导、平台搭建、获取资源等服务，最终实现社会组织间的互助互益和共同发展。

2. 社会组织主导型模式的优点

（1）资源配置多元

在实践中，制约社会组织发展的最重要的因素就是资源不足，而社会组织主导型模式比较突出的优势就在于强调社会参与，注重利用一切可以利用的资源。该模式有利于实现资源的开发与整合、置换与流动，有利于促进社会组织的成长与发展。

（2）自主性较强

在社会组织主导型模式中，培育机构对外界力量和资源没有太多依赖，培育主体具有相对较强的自主性。这就保证了其在发展过程中也能够维持自身的独立，而这同时也决定了被培育的社会组织能够沿着行业规律和自我设计的路径前进。

（3）专业性较高

社会组织主导型模式注重发挥专业人员的作用，同时注重利用高校资源，往往通过项目将高校资源引入社会组织培育过程。

3. 社会组织主导型模式的缺点

在社会组织主导型模式中，由于社会组织结构比较松散，社会的自网络不是很健全，因此工作机制还不是很完善，缺乏常态化的工作机制，不容易使相关工作规范化和常态化。此外，虽然能够获得多元的资源，但是，每个社会组织获得的来自政府的支持相对不足。

四、三种模式的共同点和差异

1. 三种模式的共同点

第一，从产生的背景来看，三种模式都是在加强社会组织建设，实现社会治理创新和社会建设的背景下产生的。

第二，从培育目的来看，三种模式都是为了培育出符合社会需求，能承担政府分流出来的社会职能的社会组织，从而健全社会服务体系。

第三，从主导力量来看，政府在三种模式中具有领导作用。不论是政府主导型模式、社会组织主导型模式，还是政社合作型模式，政府在整个培育工作大局上都处于领导地位。

2. 三种模式的差异

第一，三种模式中培育机构秉持的理念不同。政府主导型模式强调政府的引导和支持，突出政府的规划约束作用；政社合作型模式既注重政府的引导和支持，也注重培育工作的专业性；社会组织主导型模式则更多地强调工作的自主独立性和专业性。

第二，三种模式中工作独立性存在差异。在政府主导型模式中，资源几乎完全来自政府，工作独立性比较差；在政社合作型模式中，政府与社会组织共同推进培育过程，但政府与社会组织的力量各不相同，工作独立性也比较弱；在社会组织主导型模式中，由于培育机构对外界力量和资源没有太多依赖，因此，工作独立性较强。

第三，三种模式的工作专业化水平参差不齐。政府主导型模式由于缺乏专业人才直接介入，其专业化水平不太高；政社合作型模式由于有专业的社会组织参与培育工作，因此其专业水平有保障；社会组织主导型模式的发起者、实施者都是专业人士，因此其专业水平比较高。

第四，三种模式获取资源的能力存在差异。政府主导型模式能便捷地从政府部门获得资金、场地等支持；政社合作型模式既可以从政府获得资源，也可以通过项目投标、公益创投的方式争取外部资源；社会组织主导型模式在资源获取方面途径较多。

三种模式特色对比如表3-1所示。

表3-1 三种模式特色对比

培育模式	主体	专业性	资源获取能力	独立性	培育效果
政府主导型	政府	弱	强，但渠道单一	弱，政府主导	数量增长
政社合作型	政府、具有一定资质的社会组织、社会组织培育机构	较强	较强，渠道多元	较强	数量增长+质量提升
社会组织主导型	政府、社会组织培育机构、社会组织	强	强，渠道多元	强	质量提升

拓展训练

材料一：上海浦东非营利组织发展中心于2006年注册，是为中小型初创公益组织提供支持环境的新型社会组织。该中心可为中小型初创公益组织提供多方面的支持，如适当的场地、通信、网络与其他办公设备，系统的培训和咨询，以及社会推广等，从而降低中小型公益组织的创业风险和创业成本，提高其成活率和成功率。

材料二：张家港市公益组织培育中心于2011年3月正式成立，由张家港市社会工作者协会负责，张家港市社会工作者协会实际由张家港市民政局运作负责，该协会会长、秘书长等主要组成人员为民政局党组成员。因此，张家港市公益组织培育中心实际上是由张家港市民政局主导成立的。该中心秉持"政府引导支持、社会力量兴办、专业团队管理、社会各界监督、人民群众受益"的发展思路,重点以萌芽期和初创期的公益性社会组织为培育对象,为它们无偿提供场地设备、组织规划、项目管理、教育培训、能力评估等一系列公益性支持和服务,助力社会组织规范化建设,助推公益事业发展。因此,虽然张家港市的社会组织培育工作不是政府直接负责,但是整个培育工作的决策权和执行权实际上还在政府手中。

材料三:南京爱德社会组织培育中心由南京市民政局、南京市建邺区人民政府和爱德基金会联合筹办,由民政部门提供办公场所、资金、项目,由爱德基金会负责具体培育工作,搭建社会组织合作交流平台。该中心设有理事会,下设主任办公会,负责日常运作。该中心的工作人员均来自爱德基金会。该中心的日常工作由爱德基金会任命的主任负责,重大决策都由爱德基金会和市区民政局共同做出。因此,虽然该中心是一个在建邺区民政局注册的具有法人资格的社会组织,但在组织上,它基本是一个由爱德基金会负责社会组织培育工作的二级部门。

讨论问题

1. 以上三个材料中提及的三个社会组织培育机构分别属于哪种模式?
2. 政府主导型、社会组织主导型、政社合作型模式具体有何不同?

任务三　理解社会组织孵化与培育的内容

情境导入

材料一:在对社会组织的调查中,人们发现社会组织普遍存在人员流动性大的问题。人员频繁流动将影响社会组织的正常业务运行。而人员流动性比较大,一方面是由于这个行业本身就人才相对缺乏,另一方面是由于工作带来的成就感太小,福利待遇也不好,同时缺乏相应的激励制度。

材料二:在对社会组织工作人员进行访谈时,人们发现社会组织工作人员对社会组织能力提升有很高的需求。虽然目前有一些针对能力提升的培训课程,但那些培训课程缺乏吸引力,往往流于形式,没有真正从社会组织培育的角度出发,不能很好地满足实际需求。

材料三:有些社会组织在开展业务工作时,存在方式方法不恰当、创新不足、受政府的"行政化"影响比较大的问题。

任务目标

(1) 理解社会组织孵化与培育的具体内容。

（2）知道引导被培育社会组织做好项目工作具体要从哪几方面着手。

 知识链接

社会组织孵化与培育工作一方面可以对社会组织运行过程中的注册、规划、管理等工作进行引导，促进社会组织的发展和成熟；另一方面可以有针对性地培养社会组织开发公益项目的能力，从项目角度对一些需要的、能够培育好的项目优先扶持。

一、协助被培育社会组织进行申请注册

在社会组织孵化与培育过程中，对没有注册的社会组织，培育机构可进行社会组织类型、名称、注册资金、章程等介绍，并对名称预登记、业务主管单位前置审批、登记管理机关审批等进行详细介绍。

在社会组织名称方面，拟注册社会组织名称应符合"简洁、明确、具体、清晰、必要"的原则。在业务主管单位方面，不同的社会组织类型应填写相关的政府单位。申请时须填写住所证明的，如是培育机构的入驻孵化社会组织，应由培育机构出具住所证明；如是其他情况，则需要满足一定租房面积，并出具办公场所使用证明材料。此外，无论是民办非企业单位还是社会团体，在注册管理中都要明确内部权力机构、执行机构和监督机构之间的关系，各机构应相辅相成。

二、协助被培育社会组织明确战略规划

社会组织要发挥在创新基层社会治理中的积极作用，推动建立多元主体参与的社会治理格局，就要做好自身的战略规划。战略规划对于社会组织发展的重要性不言而喻。一个社会组织的战略规划是其发展的核心。多数社会组织初期的战略规划往往是模糊抽象的，处于兴趣爱好层面，未上升到专业角度，目标多为短期的，长期目标与规划较少。在被培育社会组织确定了自身的战略规划愿景之后，培育机构可引导其顺应变化，科学地制定中长期战略规划。战略规划一般应清晰、明确、可执行、可落实，并具有一定的灵活性。

同时，培育机构还应引导被培育社会组织做好价值和理念规划。价值与理念在社会组织成长中具有十分重要的作用，是其制定自身的运营和管理制度的主要依据，并且会对其提供服务的方式产生影响。

三、引导被培育社会组织优化组织内部治理机制

社会组织内部治理机制是社会组织自律的保障，也是社会组织实现内部管理的途径。要优化社会组织内部治理机制，首先，要完善社会组织内部的规章制度，要围绕章程建立配套的规章制度和工作规范。培育机构可引导被培育社会组织通过加强制度和行为规范建设，适度宣传，使政府、企业、公众和媒体对自身有更多的了解，从而提高公信力和社会

认可度，提高感召力和自身的治理能力，更有力地参与社会治理工作。其次，要完善社会组织内部的监督制度，目前，虽然有些社会组织内部设有监督机构，但这些监督机构的监督权有限，不能有效地进行实质性监督，因此，培育机构要引导被培育社会组织不断完善和加强内部的监督机制。再次，培育机构要引导被培育社会组织通过信息公开来强化外部监督和评估，只有信息公开，政府、媒体、企业和公众才能对社会组织进行客观公正的监督和评估。最后，培育机构要协助被培育社会组织明确、细化事务执行机构的职责，充分发挥各机构在治理过程中的作用。

四、引导被培育社会组织提高财务管理能力

社会组织财务公开透明与社会组织的生命力息息相关。培育机构要协助被培育社会组织加强项目预算管理能力，因为项目预算管理是项目能否顺利实施的关键；培养和提升被培育社会组织的筹款能力，如可为被培育社会组织提供筹款的平台和方式；此外，还要引导被培育社会组织不断提高财务内控及财务体系建设能力。

从发达国家社会组织发展历程来看，越是法制健全、监管严格的国家或地区，其社会组织自律性越强，发展越快，社会认可度也越高。为了促进社会组织的快速发展，发挥其社会服务作用，国家层面应制定完备的法律体系，规范社会组织的行为，使其在发展中逐步走向法治化、规范化和制度化；同时，应为社会组织财务制度的实施营造良好的法律以及制度环境，通过落实和完善税收优惠政策，提高社会组织的财务管理水平和积极性。培育机构要引导被培育社会组织负责人遵守财务纪律，高度重视财务管理；引导被培育社会组织的财务人员不断加强财务专业知识学习，加强职业道德建设，严格执行财务工作规定。此外，培育机构还要引导被培育社会组织强化财务管理内部监督制度，建立健全监督机制；同时，加强外部审计，提高外部监督力度。

五、引导被培育社会组织完善信息沟通渠道

信息是现代社会组织生存和发展的重要支柱，与人才、资金、设备具有同样的重要性。信息是现代社会组织进行决策、提供咨询的必备依据，更是社会组织内外进行交流必不可少的内容。在项目执行中，报告、计划、安排、执行文件、数据、会议、通知等与项目相关的各种信息，贯穿于社会组织计划、决策、组织、领导、控制等全过程。

按照信息正式与否，可以将信息沟通分为正式信息沟通和非正式信息沟通。按照信息沟通的方向，可以将信息沟通分为层级意义上从上到下和从下到上的纵向信息沟通，以及平级意义上的横向信息沟通。

在现实中，信息沟通总是受到各种因素的干扰，其有效性难免大打折扣。为了减少干扰因素对信息沟通的影响，培育机构可引导被培育社会组织从多方面完善信息沟通渠道，优化信息沟通的结构性因素。例如，提高信息发出者和接收者的技能，改善人际关系，选择适宜的媒介，强化沟通意识，优化组织结构设计，构建全方位的信息沟通网络，优化组

织领导和信息管理体制等。此外，培育机构可引导被培育社会组织搭建线上线下交流平台，增强各社会组织之间的信息交流与分享，促进彼此之间的协作和扶持。

六、引导被培育社会组织规范人员管理

专业人才是社会组织生存与发展的关键，而具备社会工作相关理论知识、方法技巧和实践经验的专业人才更是社会组织成功的关键。因此，引进高素质人才是社会组织发展的重点。培育机构可协助被培育社会组织制定人才引进优惠政策，创造良好的工作环境，制定完善的晋升机制。同时，培育机构还应引导被培育社会组织链接政府、高校和基金会等资源，并建立完善的人才培养机制。

除了对专业人才的管理，对志愿者的管理也是人才管理的一部分。培育机构要引导被培育社会组织规范志愿者招募、培训、管理、督导、评估、激励等一系列工作。

七、协助被培育社会组织提升自身能力

被培育社会组织的能力提升是体现孵化与培育工作成效的关键，也是培育机构自身能够长期发展的关键。因为孵化与培育工作不仅能提升被培育社会组织的专业能力，也能提升培育机构的专业能力。

第一，培育机构在被培育社会组织成立初期，可为其提供免费的办公场所、初始项目、初始资金、项目监督评估等资源，并积极链接外部资源，减轻被培育社会组织的负担，提升其竞争力。

第二，根据被培育社会组织的需求，培育机构可通过培训课程等帮助被培育社会组织在治理结构、专业技能、项目管理、人员管理等方面获得提升，使其获得正常发展的必备能力。然后培育机构可根据工作人员的优势，安排个性化培训。社会组织与个人一样，也具有生命周期，在不同发展阶段会面临不同的问题。因此，培育机构应针对不同被培育社会组织的具体情况，制订出不同的培育方案，真正帮助被培育社会组织解决问题，促进其发展。

第三，培育机构可引导、协调被培育社会组织与政府、企业、公众建立联系，并帮助协调各方关系。政府方面，培育机构可为相对成熟的被培育社会组织获得合法身份提供机会；企业方面，培育机构可设法促进企业直接或间接地通过资金、项目等方式向被培育社会组织提供资源；公众方面，培育机构可设法引导被培育社会组织面向公众进行积极宣传。

八、协助被培育社会组织拓展资源对接渠道

资源作为社会组织开展工作的有力保障，能推动社会组织的有序发展。培育机构为被培育社会组织提供资源，开展支持性建设，除了一定程度上为其提供资金、人力的支持外，还应引导被培育社会组织与各种信息平台进行资源对接，联合各方力量，同时，可引

导被培育社会组织积极协调社会公益服务提供方与服务需求方之间的关系，促进公益资源和力量的有效配置。

此外，培育机构还应引导被培育社会组织在资源拓展和对接中形成资源链条，在资源充足的前提下开展高质量服务，形成自身品牌，提高社会影响力，以便承接更多的服务项目，进而打通以项目特色拓展资源的渠道。

九、创新教育培训方法

每家被培育社会组织的背景、发展状况、项目开展情况都不尽相同，培育机构对其进行统一化的培训容易导致个性化需求得不到满足。因此，培育机构可为不同被培育社会组织开展个性化培训。

第一，可以开展线上＋线下的培训课程。培育机构要引导被培育社会组织积极主动地参与，并思考理论与实践的结合，杜绝敷衍的做事态度和方法。

第二，通过项目培训、工作坊、沙龙等方式开展合作与交流，与高校、研究所、协会、企业建立联系，开展社会组织内外的合作，形成合力。

第三，举办创新大赛，用比赛的方式促进被培育社会组织在竞争中不断提高项目管理能力。项目策划书是项目执行的基础，培育机构可带领被培育社会组织从项目背景、研究问题、方法、项目内容等细节进行聚焦，为每家被培育社会组织提供个性化答疑服务，也可以用策划一场活动、进行经验分享等方式提高被培育社会组织的参与度和积极性。

十、引导被培育社会组织做好项目相关工作

1. 项目申请与设计支持

社会组织为了实现其宗旨，常通过申请项目的形式获取资金、人力等社会资源，然后对所获得的资源进行有效的组织和利用，以优化资源的配置，最大化地发挥其效用。

培育机构对被培育社会组织开展项目申请与设计支持，首先要让被培育社会组织的成员了解相关项目并参与到项目启动过程中，接着，引导相关工作人员进行项目计划的设计。项目计划是社会组织为了完成项目目标而对项目所需的人力、物力、财力资源和宣传活动、实施环节等进行合理安排的全部内容。项目计划主要回答以下几个问题：项目应当完成哪些工作（what）？为什么要做这些工作（why）？在哪里做这些工作（where）？如何做好这些工作（how）？何时开始和何时结束（when）？由谁去做这些工作（who）？有多少资源、预计会花费多少资金（how much）？遇到突发状况如何处理（how to do）？①

---

① 王力平，沈奕斐，姜至涛. 社会组织的孵化与培育［M］. 上海：上海三联书店，2018：261.

2. 项目管理支持

社会组织项目管理，是社会组织在实施特定的社会服务项目中通过计划、组织、领导和控制等手段，合理充分地利用各类资源，以实现社会组织的功能和宗旨的过程。

在我国社会组织的成长过程中，很多社会组织都是以项目的形式开展活动的。然而，不少社会组织在项目管理过程中还存在诸多问题，为了更好地促进被培育社会组织做好项目管理工作，培育机构可以从如下几个方面入手对被培育社会组织进行项目管理支持。

第一，引导被培育社会组织设计简单而高效的规范化项目管理流程，再依据不同项目的特点，设计一套操作性强的项目管理模式，还可以建立项目管理规范手册，确定项目中哪些事可以做，哪些事不可以做，可能遇到哪些风险及如何规避等。在条件允许的情况下，也可以开发一套适合本组织项目特点和管理环境的项目管理软件系统。

第二，引导被培育社会组织依据事先制订的项目计划和确定的各项指标，定期或不定期地对项目实施的所有环节进行调查、分析，若发现项目实施中具体实施与工作标准之间有偏离，及时分析原因，研究纠偏措施，并提出可行的实施方案。

第三，为被培育社会组织提供项目运行过程中筹款、项目管理人员引进与培训等支持，提升其服务能力。

3. 项目评估支持

由于社会组织开展项目工作的主要目的是实现其宗旨，而不是通过项目来获得利益，因此，无论是在项目前期的可行性分析中，还是在项目后期的评估中，培育机构都应引导被培育社会组织少用各种与经济效益有关的评价指标，而要注意多用各种与社会效益有关的评价指标。

总体来说，项目评估可以从以下几个维度开展：项目目标与组织切合度评估、项目目标实现程度评估、项目预算评估、项目成果评估、项目组织和管理能力评估、项目受益对象参与度评估。项目评估的总体流程包括项目评估组织安排、项目评估资料收集、项目审查分析和项目评估报告的编写等。

 拓展训练

小王于三年前发起成立一家社会组织。该社会组织除了小王和另外两名主要发起人外，没有其他专职工作人员，平时也没有什么项目可参与。三年来，该社会组织一直处于不温不火的状态，小王自嘲地称此组织为"僵尸社会组织"。但小王对公益事业有情怀，他也不愿意结束此社会组织。

讨论问题

1. 请结合上述材料，帮小王分析下一步的工作思路。
2. 如果针对小王成立的这个社会组织开展培育工作，可以从哪些方面入手？

任务四　了解社会组织孵化器

情境导入

我国社会组织孵化器最早起步于 2006 年。近年来，相关的法律法规等在不断完善，符合各地民情的孵化机构在不断建设中，孵化机构的发展模式也在不断探索、创新中。L 市民政局在综合改革示范区建设了建筑面积 5000 平方米的社会组织孵化中心，用以加大社会组织孵化与培育的力度，增强社会组织能力，提高本地区社会组织的服务技术和质量，提升服务效果。

任务目标

（1）了解社会组织孵化器的孵化流程。
（2）了解社会组织孵化器能从哪些方面对入孵社会组织提供支持和帮助，效果如何。

知识链接

一、社会组织孵化器的概念

"孵化器"一词源于"企业孵化器"，产生于 20 世纪 50 年代的美国。国外在社会组织孵化器研究方面的代表人物是美国哈佛大学的戴维·布朗，他通过对相当数量的社会组织孵化器的研究，对社会组织孵化器进行了概念界定。根据他的结论，社会组织孵化器是一种特殊的社会组织支持型组织，该类组织是一种有价值取向的机构，其主要任务是为其他各类社会组织提供广泛的支持性活动，提升社会组织的专业能力和服务社会的专业性，以使社会组织在脱离孵化器之后能够生存。[①]

社会组织孵化器的概念在国内最早源于中山大学公民与社会发展研究中心。2006 年，上海恩派公益组织发展中心提出了"公益孵化器"这一概念。截至 2022 年年底，该中心已孵化超过 1000 家社会组织和社会企业，培训公益人才数万人。随着社会组织孵化器在我国的发展，我国不少学者也开始对其概念进行研究。

我国学者王世强认为，社会组织孵化器是为支持社会组织而生的，不仅为社会组织提

---

① Davie Brown, Archana Kalegaonka. Support Organizations and the Evolution of the NGO Sector [J]. Nonprofit and Voluntary Sector Quarterly, 2003 (31): 239.

供个性化能力和建设支持、专业培训和资金支持，还为社会组织提供活动场所和办公场地，促进社会组织服务社会的专业性。[①]

我国学者吴津和毛力熊认为，社会组织孵化器是在支持型组织理论指导下，通过借鉴企业孵化器的发展模式，根据中国公益组织发展的状况和特点，联合政府和民间组织的力量，有针对性地为刚刚起步及处于转型期的公益组织提供各项支持和帮助，从而降低公益组织的创立风险和创立成本，提高公益组织的成活率和成功率的机构。[②]

我国学者孙燕认为，社会组织孵化器是借鉴企业孵化器的相关理论而建立的一种组织形态，旨在为初创期和中小社会组织提供服务场所和资金项目等全方位支持的机构，一般由专业团队运营。[③]

本书编者认为，社会组织孵化器是指为那些正处于筹建阶段、已经完成组织申请却没有资源项目、组织运行有困难等的社会组织提供场地、设备等硬件支持，以及能力提升、资源链接与整合、专业化培训、项目管理等软件支持，以帮助社会组织有序运行、高质量发展的平台。

二、社会组织孵化器的功能

社会组织孵化器作为一个支持型组织，是一个综合性系统，不管是民间力量主导型，还是政府力量主导型，均在促进社会组织成长，推动社会公益事业发展方面发挥着重要作用。社会组织孵化器主要具有以下几个功能。

1. 提供基础支持

这是社会组织孵化器最直接的一个功能。处于初创期的社会组织和中小型社会组织普遍面临缺少办公场地和办公设施，没有创业资金支持等问题，社会组织孵化器可以为其提供软硬件支持，帮助这些社会组织应对各种困难，减少风险与阻力，为这些社会组织的发展创造良好的环境与空间。

2. 加强能力建设

一个社会组织要想获得发展，能力的培养和提升是关键。但是，处于初创期的社会组织和中小型社会组织在运作过程中常会出现管理不规范、人员分工不明确、工作效率低下等问题，归根结底是能力欠缺问题。社会组织孵化器在社会组织能力提升方面可以发挥很大作用，为了帮助这些社会组织提升自身能力，社会组织孵化器可为其提供战略规划、项目设计、项目管理、领导力及组织评估等支持，并通过组织课程培训、举办交流活动、定期进行专业评估等多种方式为其提供针对性服务，可以使这些社会组织在架构与规划、项

[①] 王世强. 非营利组织孵化器——一种重要的支持型组织 [J]. 成都行政学院学报，2012 (05)：85.
[②] 吴津，毛力熊. 公益组织培育新机制——公益组织孵化器研究 [J]. 兰州学刊，2011 (06)：46-53.
[③] 孙燕. 社会组织孵化器——实现公益事业可持续发展的助推器 [J]. 社团管理研究，2011 (06)：48-51.

目与人力资源管理、服务与资源获取，以及自身营销等方面得到不同程度的提升，为这些社会组织将来独立、顺利地运作和发展打下坚定的基础。

3. 建立信息平台

社会组织孵化器一般与政府部门、企业之间建立有良好的关系，在获取信息方面具有一定的优势，能够及时、准确地收集到来自政府、企业以及其他社会组织的最新信息，并将这些信息分享给所孵化的社会组织。

4. 搭建互助平台

在社会组织孵化器中，往往同时会有不同成长背景、项目背景的社会组织，社会组织孵化器可以将这些社会组织联结起来，形成互助平台。面对社会组织发展过程中的种种困难，这些社会组织可以一起交流、互相鼓励、互相支持、互相监督，从而克服困难，获得更好的发展。

5. 创造就业机会

社会组织孵化器可以对现有的、分散的力量进行整合，形成更加规范化、体系化的社会组织，从而为越来越多的人提供就业机会。

三、社会组织孵化器的孵化流程

1. 孵化前

在该阶段，社会组织孵化器要对申请的社会组织进行考察和筛选，经过筛选确定可以入壳接受孵化的社会组织，并组织相关专家、机构对这些社会组织进行入壳评估，针对其孵化需求制订出相应的孵化方案并开始着手相关工作。这个阶段一般为3～6个月。

（1）招募

在众多社会组织中考察和筛选有持续发展能力、有社会需求和发展前景、符合社会组织孵化器宗旨的社会组织"入壳"，是社会组织孵化器在孵化前的工作重点。当筛选标准确定后，即可公布孵化招募公告，接受申请。

（2）筛选

社会组织提出申请，必须向社会组织孵化器提供本组织的基本情况（如社会组织登记证书、法人材料、财务年度报表等）、入驻申请书（包括申请使用面积、服务对象、服务内容和入驻后作用发挥的预期情况等）、组织章程和主要成员名单等。

对提出申请的社会组织进行筛选时，首先要看该社会组织是否向社会公众直接提供公共服务，力图解决的社会问题和主要的受益人群，现阶段或未来可能产生的社会推动作用，以及可能对公众产生的影响。其次，要看该社会组织的运作模式是否具有可持续性、可复制性、社会认同度和资源吸引力。最后，要看该社会组织的运作情况、战略规划能力，如创始人的使命感、远见，团队管理能力，专职人员的综合素质等。

社会组织孵化器一般会要求提出申请的社会组织进行答辩，这些社会组织可以从愿景、发展历程、服务内容、服务潜力等方面进行阐述，由现场评委打分。此外，社会组织孵化器还会对申请入驻的社会组织从人员构成、运营情况、主要项目等方面进行跟踪考察和辅导，最后形成评估报告。社会组织孵化器最终将与通过筛选和评估的社会组织签订孵化协议。

2. 孵化中

签订孵化协议后，被孵化社会组织即顺利"入壳"。在该阶段，"入壳"的社会组织会得到关键性的支持，如场地设备、系统能力培训、资金支持、信息共享等，同时也会得到资源拓展、财务托管、协助注册、管理咨询、人事托管、成长评估等拓展服务。这一系列服务可以有效帮助被孵化社会组织获得专业的培训与指导，并大大减少它们在后勤、办公等方面的实际困难，为它们赢得成长时间和机会。在获得支持的同时，被孵化社会组织要接受社会组织孵化器的统一管理和监督。此阶段一般为1~1.5年，在此期间，社会组织孵化器还会对被孵化社会组织进行中期评估，检验孵化效果，确保方案的顺利实施。

3. 孵化后

该阶段是社会组织"出壳"之后的后续服务阶段。社会组织孵化器建立有一套流动的进驻和输出机制。当被孵化社会组织达到一定的标准或条件时，社会组织孵化器会建议该社会组织走出孵化器，并对其后续的工作给予指导和帮助。第一，在完善内部治理结构方面给予出壳社会组织指导；第二，在组织建设规范方面给予出壳社会组织支持和帮助；第三，在提高工作绩效方面给予出壳社会组织引导和帮助，第四，在持续发展方面给予出壳社会组织指导和帮助。

四、社会组织孵化器发展面临的问题与应对策略

社会组织孵化器目前已经开始展现出它的重要作用，但是社会组织孵化器不是万能的，它在发展过程也会暴露出一些不成熟和需要改进、完善的地方，也会面临各种问题。

1. 面临的问题

(1) 总体数量和规模都比较小，服务质量有待提高

在我国，社会组织孵化器产生的时间比较短，在数量和规模上都处于起步阶段。虽然各地正在推动社会组织孵化器建设，但是总体来说，发展较好、较成熟的社会组织孵化器的数量仍然比较少，而且现有社会组织孵化器的规模都比较小，各方面经验比较缺乏，提供的服务质量也有待提高。

(2) 目前国内尚没有与社会组织孵化器相关的法律法规，社会组织孵化器缺少法律和政策的支持与保护

虽然各地政府部门已经认识到社会组织孵化器的作用并给予了相关的支持，但是目前我国没有正式的法律法规及政策方面的支持和保障，致使社会组织孵化器在开展一些工作时遇到阻碍。

(3) 人才储备不足，缺少高素质人才，尤其是专业人才

由于人才短缺，人力资源储备不足，导致社会组织孵化器的业务范围和服务内容受限，这是目前社会组织孵化器的发展短板。①

2．应对策略

(1) 优化政策环境

第一，加快立法进程，应尽快出台与社会组织孵化器发展有关的法律法规，从根本上为社会组织孵化器业务开展和自身发展提供法制保障。

第二，完善评估机制，加强政府对社会组织孵化器的政策指导和宏观调控及引导，不断完善考核评估机制，既要保证政府对社会组织孵化器的政策指导，又要给予社会组织孵化器一定的空间。

(2) 健全制度体系

第一，加强社会组织孵化器制度建设，建立社会组织孵化器自身制度体系，完善其管理机制，这是实现和促进社会组织可持续健康发展的根本之策。社会组织孵化器应逐步建立规范的管理制度，如日常管理、财务管理、项目管理、人力资源管理等方面都应形成一系列规范化、系统化的管理文件，从而实现对各项工作的有效管理。

第二，加强社会组织孵化器的内外交流。社会组织孵化器应积极引导并促进内部被孵化社会组织之间的交流，使各社会组织相互扶持、资源共享；同时，社会组织孵化器还应加强与政府、企业、其他孵化器之间的交流，实现机构之间的优势互补、共同成长。

第三，完善孵化模式。目前，社会组织孵化面向不同领域，其服务对象不同，业务模式也不尽相同。在孵化过程中，不同社会组织会有不同的需求。这就要求社会组织孵化器要量体裁衣，根据实际孵化需求做出有针对性的方案，因此，孵化模式也应不断完善。

第四，强化人才队伍建设。首先，要健全社会组织内部人才结构；其次，要以系统的激励机制和完善的问责制度，激发动力，明确每个人的职责；最后，要通过提供广阔的发展平台、优厚的晋升发展空间，以及更新理念、拓展思路等方式吸引更多的优秀人才，逐渐从培养人才转向吸引人才。

---

① 张林菁. 公益组织孵化器对实现社会工作专业化的效果研究——以北京市 C 区社会组织培育基地为例 [D]. 北京：首都经济贸易大学，2012.

(3) 探索能力提升方式

社会组织孵化器应在为被孵化社会组织提供硬件支持的基础上，优化能力培育结构。一方面，可以从社会组织的生长周期考虑，设置合理的课程体系，从不同的阶段入手，设置不同的能力培育内容。另一方面，可以从社会组织的服务领域入手，以小组的形式，让有经验的带无经验的，成熟的带不成熟的，开展"一对一""一对多"的帮带学习。

拓展训练

在社会组织孵化器孵化社会组织的流程中，孵化环节是最重要的阶段，它决定着社会组织能否被孵化成功。为让大家更深入了解孵化环节的主体内容，现将孵化环节的硬件服务内容与软件服务内容列举如下。

硬件服务内容：① 对于社会组织而言，资金是其生存和发展的关键，社会组织孵化器对社会组织提供财务托管的服务内容，可以使社会组织在前期把精力放在系统运营、基础建设和项目开发等工作上，有利于社会组织争取更大的生存机会。② 在财务托管辅助下，社会组织孵化器同时自上而下提供信息共享和创业基金服务。信息共享包括政府服务项目信息的通知，也包括其他社会组织的信息。创业基金服务是社会组织孵化器鼓励初创期社会组织发展的服务内容，可以减少社会组织的生存压力，使之在初创期更好地去做有竞争力的服务项目。③ 社会组织孵化器可在能力范围内开放办公场地和办公用具，满足入驻社会组织在入驻期间的硬件需求。

软件服务内容：一流的服务能力和有竞争力的服务产品是一个社会组织能够持续运营的核心竞争力。服务能力不是一种简单能力，社会组织在运营过程中，一方面要与政府进行服务项目的沟通，另一方面要联系大众，将服务落到实处。通过社会组织孵化器的资源链接，被孵化社会组织可以接触到不同的社会组织、行业内的优秀管理者以及其他资源，从而实现自身能力的提升。能力不断提升的同时，被孵化社会组织不断积累运营管理方面的知识。社会组织孵化器可为面临不同压力的社会组织提供一对一的管理咨询服务，为这些社会组织对接可供其使用的管理方法或者管理人才，入驻社会组织孵化器的社会组织一般分为在民政局注册的和没有注册的两种。没有注册的社会组织中就包含了很多处于萌芽期和初创期的社会组织。这些社会组织服务热情很高，但其服务资质、服务水平有限，组织结构还没有成形，最基本的注册需要的一些条件还没有达到。这时社会组织孵化器则会助力这些社会组织完成注册。社会组织孵化器还会对被孵化社会组织进行评估，得到社会组织成长数据，判断其优缺点，从而对其进行有针对性的扶持。评估数据也可以反映出社会组织孵化器整个服务的成效，使社会组织孵化器进一步明确工作方向。除了对社会组织进行评估外，还要对社会组织服务项目进行评估，弄清楚哪些项目更具有竞争力；哪些项目是其品牌项目，值得更深层次的挖掘；哪些项目在服务大众时满意度不高,被视为鸡肋。通过对项目进行评估,就可以判断出项目的优劣,针对不同项目可以去粗取精。①

讨论问题

1. 社会组织孵化器的主要功能有哪些?
2. 根据上述材料,思考如何为社会组织开展孵化工作。

---

① 刘叶.公共服务社会化背景下社会组织孵化模式研究——以武昌区社会组织孵化基地为例[D].武汉:华中师范大学,2016.

项目四

社会组织战略管理

项目概述

本项目主要介绍社会组织战略管理的特点和作用、社会组织战略管理的层次和任务、社会组织战略管理的过程等知识。学完本项目后,应重点掌握社会组织战略管理的过程,了解将战略管理应用于社会组织管理的意义,理解战略管理在解决社会组织管理及发展中所起到的重要作用。

引言

近年来,国家制定和颁布了很多发展社会组织的政策性、纲领性文件,目的在于不断加强各类社会组织建设,改革各类社会组织管理制度,激发社会组织活力,促进社会组织健康有序发展。可见国家对社会组织的发展非常重视,同时也为各类社会组织高质量发展提出了具体要求和发展路径。社会组织在扶贫济困、环境保护、教育文化、卫生保健、儿童救助、长者关爱、社区服务、政策建议等领域的需求量不断上升。然而,随着社会组织市场需求的扩大,社会组织面临的困难和挑战也越来越多。实施战略管理可以使社会组织由被动转为主动,由消极转为积极,由盲目转为有计划,从而适应内外部环境的变化和挑战。美国学者乔尔·罗斯认为,一个机构没有战略就好像一条船没有桅杆,只能原地打转,不知往何处航行。所以,社会组织要思考如何更好地为社会提供优质的服务,如何制定有效的战略以适应内外部环境因素带来的影响,如何利用机会、降低风险,如何进行有效管理,从而在建立和谐社会的过程中继续发挥作用,成为社会建设和社会治理的重要力量。

任务一 了解社会组织战略管理的特点和作用

S 情境导入

"战略"一词最早用于军事领域,主要是指战争中的敌我双方通过收集对方在军事、政治、经济、社会等领域的信息,然后加以分析和研究,从而对战争的整体状况作出科学的判断,制定出有利于自己的作战步骤和相应的部署。之后"战略"一词逐渐被运用于管理领域。在一般管理领域,战略就是一个组织的总目标,它涉及一个时期内带动全局发展的方针、政策、任务的制定。加拿大管理学大师亨利·明茨伯格对战略的概念做过系统论述,他提出著名的战略 5P 模型,他认为战略即计划、计谋、模式、定位、观念。

T 任务目标

(1) 了解社会组织战略管理的特点。
(2) 理解社会组织战略管理的作用。

K 知识链接

在社会组织的学科体系中,战略管理具有特殊的地位和价值。战略管理立足于社会组织的使命和愿景,以提高社会组织对内外部环境的适应性,使社会组织可持续发展为目的,以系统的视角和思维研究社会组织各种互动因素之间的关系,以专业的工具和方法开展管理活动。

一、战略管理的特点

1. 决策主体的高层性

战略制定必然有主体。这个主体既可以是组织的高层管理者(最高管理者个人或整个高管层),也可以是组织的中层甚至底层人员,还可以是各层次人员的结合。在这些主体中,由于职责和权限的关系,最高层管理者对组织的情况了解更全面,对信息的解读、判断和评价更准确,所以对战略规划和实施起主导作用。同时,战略规划和实施是一个带有主观影响的过程,决策主体的价值观、愿景必然会影响战略规划和战略实施。

2. 管理过程的动态性

战略管理是一个过程管理，是一个不断循环、没有终点的运动过程。每一次循环，都要对前一次战略进行必要的修正，以确保战略目标的实现。既无起点又无终点是战略管理与一个独立事件管理的根本区别所在。

3. 管理活动的情境性

战略行动离不开组织所处的特定情境，同时也随着情境的变化而变化。这里的情境包括组织的内部环境和外部环境。战略管理着眼于组织的长期、健康、稳定发展，因此要求管理者对未来生存环境和自身状况有足够的前瞻性，通过不断调适与环境的关系来帮助组织实现战略目标。

4. 管理对象的全局性

战略管理以组织的整体为对象，根据组织的愿景和使命而制定、实施和监测战略规划及具体实施过程。战略管理以整个组织的生存和发展为关注重点，虽然在某些特定的时期，战略管理可能关注某些对全局具有重大影响的局部问题，但从根本上说，它关注的是组织的整体运行。从整个组织管理的角度来看，战略管理的重要性和高层次性在于管理者的其他职能活动都应服从于战略管理并与之相协调。

5. 管理框架的层次性

战略管理可分为总体战略管理、职能战略管理和项目战略管理三个层次，这三个层次相互联系，构成一个实现整体战略目标的完整框架。

二、社会组织战略管理的特点

社会组织自身的特点决定了社会组织战略管理具有特殊性。一些适用于营利组织的规律在社会组织管理中可能变得无效。社会组织战略管理的特点主要表现在以下几个方面。

1. 战略目标的公益性

战略目标的公益性是指社会组织以最大限度地满足社会各种群体的利益需求和公共利益需求为目标。社会组织作为弥补市场失灵和政府失灵的产物，不能赚取利润，也不能为单一部门利益服务。虽然社会组织也有提高运作效率的目标，但其战略目标具有公益性，强调公平，甚至为此要求社会组织牺牲利润和效率。

2. 战略规划受一定约束

战略规划受一定约束主要是指社会组织在法律规制、资金运用等方面受到一定的约束。

作为带有公益性质的公共组织，社会组织必然受到相应法令、章程等的制约，其自主性和灵活性将受到一定限制，这就导致社会组织在增加或减少服务方面的自由度较少。社会组织的性质决定了其资金运用也具有局限性。一般情况下，社会组织提供的服务是免费的或者象征性地收取仅够补偿所提供服务的部分成本的费用，社会组织的运作资金主要来自个人或者组织的捐赠，以及政府购买服务的资金，这些都无法形成严格的资金循环系统。

3. 战略受托责任的重要性

社会组织本身的特点决定了其需承担法律责任和"追求对社会公共利益有利的长期目标"的义务。社会组织提供的服务将对社会产生重大的影响，而社会发展同样对社会组织的生存与发展、平衡与管理产生制约作用。社会组织战略受托责任的重要性一方面表现在唤醒公众的责任意识，激发担当精神，推动社会和谐、协调发展，提升社会建设水准；另一方面表现在社会组织内部需要制定一套有效的问责机制，理事会和管理层制定战略时需要就职责和权力、财务运行状况、决策行为以及承担失职的责任等方面对利益相关者做出回应。

4. 战略管理的创新性

社会组织提供的服务相对稳定并且难以量化，不存在核心科学技术的竞争，因此较容易被模仿和替代。战略管理的创新性，即通过新的视角和新的方式，满足服务对象不断变化的需求。

比如，以前大家对慈善的理解就是给钱给物，授人以鱼。1995年1月，上海市慈善基金会和上海第二工业大学联合成立了上海市慈善教育培训中心，通过知识扶贫、就业技能培训帮助下岗失业人员实现再就业。这就是战略管理创新性的表现。①

三、战略管理的作用

美国管理学学者格林利认为，战略管理具有如下作用：一是帮助识别、优先考虑和寻求机会；二是为战略管理问题提供客观的视角；三是为增进协调和活动控制提供框架；四是将不利条件和变化的影响降到最低；五是使重要决策更好地支持已经树立的目标；六是将时间和资源更有效地分配于已经得到确认的商机；七是将组织稀缺的资源和时间用于纠正错误或者投向特别的决策；八是构建员工内部沟通体系；九是帮助将个人行为整合成全体的努力；十是为明确个人职责提供帮助；十一是鼓励超前思维；十二是提供对问题与机会的协作性、整合性和积极性方法；十三是鼓励对变革持积极态度；十四是加强组织管理的纪律性和程序性。

---

① 徐本亮. 社会组织管理精要十五讲［M］. 上海：上海社会科学院出版社，2018：190.

四、社会组织战略管理的作用

社会组织战略管理主要具有如下几个方面的作用。

1．有助于明确社会组织发展的方向和目标

对于一个社会组织而言，使命是非常重要的，它反映了社会组织存在的理由、奋斗的目标和梦想。美国著名管理学大师彼得·德鲁克指出：使命如此独特，以至于成为影响一个组织经营成败的关键因素，他还指出社会组织的使命陈述是其有效管理的基础。

通过战略管理，社会组织可以确定自身的使命，制定战略目标和战略计划，明确取得成功所必须付出的成本，对最终可能出现的结果做出预判，从而确保在取得短期成绩的时候兼顾长远利益。

2．有助于增强社会组织对外部环境的适应性

现代社会，各种组织面临的外部环境越来越复杂，社会组织也不例外。战略管理将社会组织的成长和发展置于变化的环境之中，以未来环境的变化趋势作为决策基础，这有助于引导管理者们重视对社会组织发展环境的研究，把握环境变化，从而给社会组织带来发展的机会，同时分析、预测当前和将来的外部环境，积极预防来自环境的潜在威胁。

3．有助于优化各种资源并提升协同效果

任何组织的资源都是有限的，因此，如何将人、财、物等有限的资源运用于关键领域是十分重要的问题。社会组织战略管理是把规划出的战略付诸实施，战略的实施与日常的计划执行与控制是结合在一起的。这样就能把近期目标与长远目标/战略性目标结合起来，从而分清主次，明确未来各个阶段的工作重点和资源需求，对社会组织发展的重要领域和关键领域加强资源投入，避免次要事情的干扰，将资源集中于最迫切的事情上，实现资源的优化配置。

4．有助于增强社会组织创新意识

战略管理不仅分析"我们正走向何处"的问题，还要确定淘汰哪些陈旧过时的东西，并以"计划是否继续有效"为原则对战略进行评价与完善。社会组织通过战略管理，可以创造一个清楚畅通的沟通机制和决策渠道，在广泛收集各类不同意见的基础上，鼓励内外部人士参与，提出并讨论各项议题，促使社会组织在分析和诊断组织发展中存在问题的过程中，有序地推动制度创新，不断地在新的起点对外界环境和组织战略进行连续性探索，主动采取行动，从而促使社会组织把握自身的命运，主动创造自己的未来。

5．有助于调动社会组织内部成员的积极性和创造性

良好的沟通是成功的战略管理的关键。通过参与整个战略管理过程，社会组织管理者和其他成员承担起了支持组织的职责，同时，社会组织内部所有成员都能充分理解组织的发展使命、任务以及各个发展时期的具体目标。在成员互相理解的基础上，能形成一个有吸引力的愿景，从而激发成员的使命感，唤起他们的奉献精神，激发他们的积极性和创造性，使他们更加愉快地工作，并愿意主动承担支持组织发展的责任。

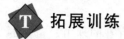

小李：学了本项目的任务一后，我对社会组织战略管理的特点和作用有了一定了解，可我仍然有一个疑问：什么情况下社会组织是处于风险中的？例如，许多社会组织经常事到临头才想到战略规划。只有遇到突如其来的危机（如支持资金突然锐减、客户大量减少或主要执行领导离开），这些社会组织才会想到要进行战略规划。

讨论问题

思考并判断下面几种情况是不是战略管理：
1. 只关注局部而不关注全局，只关注眼前而不考虑未来。
2. 缺乏独立判断，跟进大势，人云亦云。
3. 脚踏溜冰鞋，"溜"到哪儿算哪儿，因为烦冗的事务性工作而成为"大忙人"，以至于无暇顾及社会组织的任务、发展方向及战略目标。
4. 使命和愿景模糊不清，口号盛行，经不起竞争的考验。
5. 缺乏对环境的分析，总想找捷径。

任务二　熟知社会组织战略管理的层次和任务

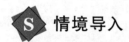

某社会服务机构以项目化管理为其管理模式，在区域战略规划（项目集）中设定了三项战略目标，分别为：战略一：了解困难群体的需要，制订长期跟进方案，定期向相关部门提出回应困难群体需要的服务建议。战略二：对各被服务群体的需要进行分层管理，以项目形式介入，重点为：中小学生性教育、家庭关系促进、残障人士社区适应及长者居家养老。战略三：整合资源，充分利用志愿者资源，与地区社会组织建立合作网络。该区域战略规划下设四个项目，分别为：社工服务中心项目（覆盖全镇十个村落）、社区社工站项目（覆盖全镇五个村落）、居家养老项目（覆盖全镇有居家养老服务需要的长者）、残障综合服务中心项目（覆盖全镇残障人士）。该区域战略规划指导下属项目和子项目，层次图如图 4-1 所示。

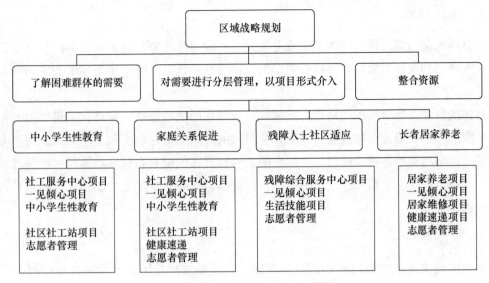

图 4-1 某社会服务机构区域战略规划层次图

 **任务目标**

（1）了解社会组织战略管理的三个层次。
（2）了解社会组织战略管理三个层次的具体任务。

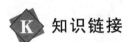 **知识链接**

一、社会组织战略管理的层次

1. 总体战略

总体战略是社会组织一切行为的最高行动纲领，它是根据社会组织的使命和目标制定的，解决的是社会组织长远发展和竞争力提升问题。从社会组织的发展方向到社会组织各职能部门之间的协调，从资源的充分利用到整个社会组织的价值观念和组织文化的建立，都是总体战略的重要内容。具体而言，总体战略包含的内容有：社会组织发展的方向和领域，社会组织发展的目标以及实现目标的具体方法、途径，社会组织各职能部门需要遵守的原则，社会组织可能面临的风险及应对方法。

总体战略是社会组织具体发展战略的总纲和指引，是社会组织各个职能部门保持发展一致性，相互配合，合理配置资源的重要保证。但总体战略的制定受社会组织内外部环境影响（如经营的项目范围、类型、层次、数量，以及所处的政治、经济、文化、技术、生态环境等）。

2. 项目战略

项目战略是构成总体战略的基本业务单元。所谓项目战略，即各项目部门根据自己独立的服务项目和服务对象，以及社会组织的总体战略，针对不断变化的环境制定的各自的战略。

总体战略涉及社会组织全局性、整体性、长期性的战略计划，将对社会组织的长期发展产生深远影响，因此总体战略主要由社会组织的最高层参与制定和组织实施。而项目战略着眼于社会组织的各项目部门，只能影响某一类具体的服务和领域，是局部性的战略决策，只在一定程度上影响总体战略的实现，因此项目战略的制定者主要是具体的项目部门领导层或决策层。

3. 职能战略

职能战略又称职能部门战略，是为贯彻、实施和支持总体战略与项目战略而在社会组织特定的职能管理领域制定的战略。职能战略一般可分为营销战略、人力资源战略、财务战略、筹款战略、研发战略等。职能战略是社会组织内主要职能部门的短期战略，它可以使职能部门的管理人员有效地运用技术开发、营销、生产、财务管理、人力资源管理等方面的职能，保证实现社会组织的目标。

二、社会组织战略管理的任务

1. 总体战略层次的任务

在总体战略层次，社会组织战略管理的任务主要有：为社会组织确定在内外部环境制约条件下的发展途径、资源配置机制和激励机制，确定可行的业务组合与组织结构，同时对短期目标、中期目标和长期目标进行协调。

社会组织在总体战略层次上需要明确回答如下问题：① 管理者的意图和想法是什么？② 选择什么业务范围？③ 追求的目标效果是什么？④ 有什么优势资源？⑤ 有什么激励机制？⑥ 是否有应急方案？

2. 项目战略层次的任务

在项目战略层次，社会组织战略管理的任务主要有：为具体项目确定资源动员机制，保持项目目标和组织目标的一致性，并为实现项目目标建立可行的、具体的实施途径。

社会组织在项目战略层次上需要明确回答如下问题：① 设计的项目能否整合资源，最大限度地满足目标群体的需求（集成管理）？② 投入最多的项目所覆盖人群比例在过去两年中是否有所增加（范围管理）？③ 在一个具体的领域，一个项目应如何去竞争并获取竞争优势（核心竞争力）？④ 各个项目的生命周期分别是多长（可持续性管理）？⑤ 过去两年内在投入最多的领域中取得了什么成绩（成效管理）？⑥ 各个项目是否有风险防范措施（风险管理）？⑦ 项目的利益相关者是否能得到提升（人力资源管理）？

3. 职能战略层次的任务

在职能战略层次，社会组织战略管理的任务主要有：分解社会组织的总目标，明确在总目标实现中各自的地位和责任，并以高效和有创造性的工作参与项目工作。

社会组织在职能战略层次上需要明确回答如下问题：① 本职能部门要完成什么任务？② 对项目战略有什么支持？③ 目标是什么？④ 有无定量指标？⑤ 何时完成？⑥ 用什么方法？⑦ 谁负责？

 拓展训练

小刘是某社会组织负责人，他所在的社会组织自成立以来，一直在从事老年社会工作服务项目，在老年社会工作服务领域积累了一定的经验。随着规模不断扩大，仅仅依靠一个领域的项目已经不能满足该社会组织发展的需要。对此，小刘组织部分核心成员开展讨论，期望找到适合组织发展的新领域。

讨论问题

1. 小刘应如何解决组织面临的问题？
2. 利用战略分析的方法，分析怎样才能找到适合组织发展的新领域。

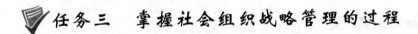
任务三　掌握社会组织战略管理的过程

 情境导入

"自然之友"（Friends of Nature）是一家非营利性的民间环保组织。该机构于1994年3月经政府主管部门批准，正式注册成立。在相当长一段时间，自然之友和国内很多环保组织一样，是靠项目来生存的。而项目来自不同的资助方，各个项目也比较封闭、各自为政，所以项目之间往往缺乏内在关联。这就造成机构的工作理念与工作使命日渐模糊。

2007年，自然之友重新改选理事会，新一届理事会的第一次会议决定，自然之友要做战略规划，目的是要重新找到自然之友的定位和工作目标，并选择某公益组织能力建设与评估中心参与战略规划。该项工作从机构上下对战略规划有一个共通的认识开始，所以在该公益组织能力建设与评估中心的协助下，自然之友先开展了为期三天的社会组织管理核心知识培训，使大家对在国际范围内被认可的社会组织的管理模式有了一些初步的认识和理解；自然之友又进行了为期三天的战略规划理念和程序方面的培训；最后自然之友对自身的综合能力进行了全面的评估和分析。此外，自然之友还确定了外部信息收集的11个方向，欲通过外部信息的收集了解各方对自然之友的评价和期待，寻找自然之友在环保领域的角色和定位。

最后，自然之友设定了未来3～5年的三个战略方向，即环境公共政策倡导、基于改变公众行为的环保教育、扶持民间环保力量。相应地，自然之友一方面依据战略方向，进行了相应的整合调整；另一方面，在确立项目目标基础上积极回应新的战略目标，在保持项目形式不变的前提下调整相应的项目内容，使项目更多地指向与公众的交流、倡导行动的改变以及社会动员。①

该项工作结束后，自然之友拥有了一个更为清晰，更为符合机构的愿景、使命的战略目标。

任务目标

（1）理解战略管理三个阶段的相关概念和任务。
（2）厘清战略管理三个阶段的逻辑关系。

知识链接

战略管理一般包含三个阶段：战略规划阶段、战略实施阶段、战略评估及控制阶段。

一、战略规划阶段

1. 战略规划的概念

战略规划是社会组织战略管理过程中的重要一环。战略规划是指制定社会组织中长期规划的活动。制定一个切实可行的规划有利于社会组织在瞬息万变的环境中把握机会，有步骤地实现自身的使命和目标。

2. 战略规划的过程

彼得·德鲁克把战略规划简化为五个令人深思的问题：我们的使命是什么？我们的服务对象是谁？服务对象的认知价值是什么？我们追求的结果是什么？我们的计划是什么？

社会组织战略规划包括五个阶段：前期调研评估、确定社会组织的愿景和使命、战略分析、制订战略计划、选择战略。

（1）前期调研评估

这一阶段主要是进行前期准备工作，为之后的战略规划打下基础。在战略规划的准备

---

① 崔向华，张婷. 非营利组织管理导引与案例［M］. 北京：中国人民大学出版社，2013.

阶段，需要完成以下五项工作：界定战略规划必须面对的特殊议题或抉择；厘清角色，明确分工和职责；成立5～7人的规划委员会；准备有关社会组织的基本材料；采集对规划决策有益的信息，如历年的财务信息、项目预算，对符合社会组织资助方向的行业或生态作全面了解，并对相关行业多元的需求和挑战进行分析和排序，了解潜在的风险、潜在的公信力和执行能力等。

（2）确定社会组织的愿景和使命

① 愿景

愿景是以社会组织使命为基础，在汇集社会组织每个员工个人心愿基础上形成的全体成员共同心愿的美好远景，是对社会组织未来发展方向的高度概括的描述，是社会组织的灵魂。它使人们对几年后或若干年后的社会组织有一个美好的憧憬。愿景是一个社会组织用以统一其成员的思想和行动的有力武器，可以用来激发员工、志愿者、资助者和潜在支持者等不同群体的热情。社会组织在讨论愿景时，通常要回答以下几个问题。

- 如果组织实现了自己的宗旨和任务，周围的世界将会有怎样的改变？受益人群将会有怎样的改变？
- 设想3～5年后，组织在为受益人群提供服务、筹款和营销、运作管理、领导决策，以及人事福利、办公设施、竞争合作、公众形象、社会公信力及知名度等方面，将会有怎样的变化？
- 通过怎样的努力能使组织运作效率更高？改变哪些部分能大大提高组织的服务能力和服务质量？

② 使命

使命旨在解决社会组织为什么存在的问题，是对社会组织的发展、服务范围和目标等的概括。

以下是国内外部分社会组织的使命陈述：

壹基金：为每一个人打造参与公益的平台。

上海市慈善教育培训中心：知识扶贫技能助强、促进发展。

中国社会工作教育协会：团结国内从事社会工作教育的教学、科研和实际工作者，同心同德，互相合作，促进中国社会工作教育事业发展。

比尔及梅琳达·盖茨基金会：将人类的创新才能应用于减少健康和发展领域的不平等现象。

世界自然保护联盟：致力帮助全世界关注最紧迫的环境和发展问题，并为其寻找行之有效的以自然为本的解决方案。

社会组织在确定自身的使命时，通常要回答以下几个问题：

- 为什么成立这个组织？创始人的理念和动机是什么？
- 组织的终极目标是什么？存在的根本理由是什么？究竟想要实现什么？
- 组织的优势何在？是否充分发挥了这些优势？

- 组织的劣势何在？力不能及之处在哪里？有没有资源不足之处？
- 你认为组织当前的使命如何？是否需要修改？为什么？
- 如果需要修改组织的使命，你认为应该朝哪个方向改？有什么好处？会碰到什么样的问题或困难？

③ 愿景、使命与战略目标的关系

愿景、使命和战略目标是三个不同层次的概念，三者是有明显区别的。愿景以使命为基础，同时又是战略目标的纲领性文件，它既体现着使命，又要指导战略目标；使命是社会组织的出发点，有了使命，愿景就有了构建依据，战略目标的制定就有了基准；战略目标是愿景和使命的具体体现，是愿景和使命实现与否的重要衡量标度。具体而言，三者的区别主要体现在以下几个方面。

- 使命回答的是"我们的业务是什么"，愿景回答的是"我们想成为什么"，战略目标回答的则是"愿景、使命所预期达到的成果是什么"。
- 使命说明的是社会组织的根本性质和存在的理由，愿景说明的是在这样的使命下社会组织如何才能做得最好，战略目标说明的则是在什么发展阶段社会组织应做到什么程度。
- 使命的陈述是相对抽象而长期的，而愿景则是比较具体的，其期限应与战略规划期限相一致，战略目标则要体现为具体数字，既要有长期的战略规划，也要有短期的可操作的安排。

彼得·德鲁克认为，愿景是否明确已成为影响社会组织存亡的关键。根据国内外社会组织的成功经验，拥有明确且为多数成员认同并珍惜的愿景是一个杰出的社会组织的主要特征。因此，愿景与使命的陈述尤为重要，需要使用简单、精练的语言来表达，要富有想象力，要能对成员产生很强的感召力，同时也要得到社会公众的认可。

愿景对正式计划的制订非常重要，应使用积极和肯定的语言加以陈述，一般由数百字到数千字组成。使命的陈述则应遵循一个原则——简短，使命类似于广告、口号，既要朗朗上口，又要把握社会组织的关键特征，即以最简洁的语言让人们明白社会组织的职能。此外，使命的内容不宜包括社会组织的服务范围和服务质量。

(3) 战略分析

战略分析即通过对资料的收集、整理和分析，寻求社会组织内外部环境的契合度，从而保证社会组织的战略有利于实现其使命和目标。

① 战略分析的内容

战略分析主要包括组织分析、环境分析两个部分。

A. 组织分析

组织分析又称组织诊断或组织评估，是把组织视为一个动态的有机整体，对组织整体及其各组成部门的目标、资源、能力、结构和政策等进行系统分析的过程。组织分析主要涉及以下内容。

a. 组织资源分析

组织资源主要包括组织的物质资源、人力资源、财力资源、技术资源、信息资源、组织文化等内容。

- 物质资源包括各种有形资产。物质资源分析就是要研究社会组织物质资源的拥有情况以及在各种活动中的利用程度。
- 人力资源分析是指对社会组织中成员的品质、学历、专业水平、年龄以及各个层次的成员情况、离职率等方面进行的分析。
- 财力资源是一种能够改善社会组织其他资源的资源,对财力资源的管理是社会组织管理最重要的内容之一。财力资源分析主要包括对社会组织资金的拥有情况、构成情况、筹措渠道和利用情况等的分析。
- 技术资源分析是对社会组织的技术状况,包括设备和各种工艺装备的水平、技术人员的水平及其能级结构等的分析。
- 信息资源分析是指对社会组织各种情报资料、统计数据、规章制度、计划指令等的分析。
- 组织文化分析是指对社会组织文化的现状、特点以及它对社会组织活动的影响等的分析。

b. 组织能力分析

组织能力可分为不同的类别,按重要程度可分为一般能力和核心能力,按综合程度可分为综合能力和专项能力,等等。这里主要介绍下核心能力。

核心能力是指社会组织独有的,能为服务对象带来特殊效用、使社会组织在某一领域长期具有竞争优势的内在能力。社会组织的核心能力主要有稀缺性、难以模仿性、价值优越性和可延展性等特征。核心能力是社会组织长期竞争优势的源泉,社会组织必须不断地培育和发展自身的核心能力。

c. 组织结构分析

组织结构分析主要包括对社会组织内专业分工、责任划分、权力关系、信息沟通等的分析。

d. 组织政策分析

组织政策分析主要是对社会组织各种政策的分析,如对主要的服务群体/受益群体的政策,人力资源政策、资源分配政策等的分析。

B. 环境分析

环境分析是指对社会组织外部环境和利益相关者进行的动态分析,旨在把握其变化趋势,使社会组织能够顺应变化并处于有利的地位,确保社会组织目标的实现。

a. 外部环境分析

外部环境分析旨在确定影响行业和社会组织的政治、经济、社会文化、技术和自然因素,以及这些因素的变化对行业和社会组织影响的程度与性质,给社会组织带来的可能机遇与威胁。

● 政治环境，主要包括政府政策是否稳定和连续，政府对社会组织的支持程度，国家税收和汇率政策的变化，有关社会组织的法律法规的制定和修改（尤其是税法的改革，如对捐赠行为提供的减免税待遇）等。

● 经济环境，包括宏观经济环境和微观经济环境两方面。宏观经济环境主要指一个国家的人口数量及其增长趋势，国民收入、国民生产总值及其变化情况，以及这些指标反映的国民经济发展水平和发展速度。微观经济环境主要指社会组织所在地区或所服务地区消费者的收入水平、消费偏好、储蓄情况、就业程度等。这些因素都将对社会组织目前及未来的发展产生影响。

● 社会文化环境，主要包括一个国家或地区居民的文化水平、宗教信仰、风俗习惯、价值观念、审美观点等。文化水平会影响居民的需求层次；宗教信仰和风俗习惯会导致居民禁止或抵制某些活动的进行；价值观念会影响居民对组织目标、组织活动以及组织本身的认可程度；审美观点则会影响人们对组织活动内容、活动方式以及活动成果的态度。

● 技术环境，除了要考察与社会组织所服务的领域直接相关的专业化程度、信息管理水平等，还应及时了解国内外科技进步、开发与利用以及相互交流的情况等。

● 自然环境，主要包括社会组织所处的地理位置、气候条件和资源优势等。

b. 利益相关者分析

利益相关者一般包括资助者、职员、服务对象、社区、政府等。

● 资助者，社会组织接受资助者的资助和捐赠。相应地，社会组织应了解资助者的各方面情况，并努力使资助者的期望得到实现。

● 职员，职员是社会组织最重要的人力资源，是实现社会组织使命的重要力量。社会组织需要考虑职员的薪酬待遇、成长空间、学习机会等，为其提供良好的工作环境和成长空间。职员中影响力最大的是志愿者，他们提供志愿服务，贡献志愿劳动。社会组织获得了志愿者这种特殊的人力资源，双方形成一种平等的关系。为了实现自身目标，社会组织应充分考虑志愿者的意愿，为其提供良好的工作环境。

● 服务对象，服务对象是社会组织所提供服务的需求者，既可以是某些特定的群体，也可以是广大的社会公众。

● 社区，社区的支持对社会组织非常重要，可以说社会组织离开社区将很难保证自身目标的实现。

● 政府，政府对社会组织的影响主要有两个方面：一是政府赋予社会组织某些特殊权利，如税收优惠等，这往往是一般营利组织无法得到的；二是社会组织要接受政府的管理、评估和监督。

② 战略分析的方法

目前管理界常用的分析工具是 SWOT 分析法。社会组织进行战略分析同样可以使用这一方法。

SWOT 分析法也称自我诊断方法，20 世纪 80 年代初由美国旧金山大学的管理学教授海因茨·韦里克提出。SWOT 分析是指通过了解组织自身的优势与劣势，分析外部环境风险与机会，整合外部环境因素与内部资源，制定良好战略的办法。其中 S 指组织自身优势（Strength），W 指组织自身劣势（Weakness），O 指环境中的机会（Opportunity），T 指环境中的威胁（Threat）。SWOT 分析的目的是通过了解内外部环境，激励组织调动优势，克服劣势，从而最大限度地利用机会，规避威胁，实现组织利益最大化。

经过 SWOT 分析，社会组织可以得到以下不同的战略匹配和选择。

A. 优势-机会（SO）战略

SO 战略是一种将组织内部的优势与外部环境的机会相匹配，发挥组织内部优势和利用外部机会以达到组织目标的战略。这是任何组织都追求的目标，任何一个组织及其管理者都希望充分利用自己的优势，避开自己的劣势，抓住外部环境所提供的机会以求得发展。但是，要充分发挥自己的优势实际上与对其他因素的控制和转化有关，因此，若想采用这一战略，往往需要以其他战略如 WO 战略、ST 战略或 WT 战略来奠定基础。

B. 劣势-机会（WO）战略

WO 战略是利用外部机会来弥补内部劣势的一种战略。组织通常是在存在外部机会，但内部却存在着劣势，妨碍着把握外部机会的情况下使用这一战略。实际上，这是当外部环境中具有组织发展的机会时，以利用这一机会得到发展为目标，来进行组织内部更新的一种战略。

C. 优势-威胁（ST）战略

ST 战略是利用内部优势来规避或减轻外部威胁的一种战略。

D. 劣势-威胁（WT）战略

一个内部有许多劣势同时外部又面临许多威胁的组织，往往对外部机会的利用效率是很低的。WT 战略是在减少内部劣势的同时规避外部环境威胁的一种战略。与上述三种战略相比，这是一种防御性战略。

在使用 SWOT 进行战略分析的过程中，最重要的就是确定什么是关键的内部因素和外部因素，因为所谓内部优势和劣势、外部机会和威胁，是由关键因素构成的。确定关键因素，相关人员需要具有良好的判断力。要想具有良好的判断力，相关人员不仅要有一定的知识和经验，也要有一定的理性思维能力和非理性的自觉能力。

表 4-1 给出了一个 SWOT 战略分析实例。

表 4-1　某家为农村妇女服务的社会组织的 SWOT 战略分析实例

外部机会（O）	外部威胁（T）
1. 党的二十大报告将生态问题提到了一个新的高度，改善了政策支持环境 2. 农民工市民化障碍正逐渐减少 3. 全球化发展背景下，以人为本的观念正深入人心 4. 中国与国际社会的互动增加 5. 媒体透明度、开放度增加 6. 就业压力导致社会组织有机会选择高素质人才 7. 政府推进政治民主化进程 8. 全国妇联正逐渐改变工作方式方法，有利于社会组织寻找合作伙伴 9. 基金会注重对所援助机构的能力培训	1. 中国经济的发展可能使国外大基金会逐渐撤出 2. 社会组织数量增多使竞争变得更激烈 3. 相关法律法规有待进一步完善 4. 很难满足广大农村妇女的多样化需求 5. 人们对农民尤其是农村妇女的关注度低，使我们很难进入主流媒体 6. 社会公众对社会组织的了解和认识还不够，增加了我们的工作难度
内部优势（S）	内部劣势（W）
1. 聘请了知名人士做负责人 2. 组织的目标始终未变，以农村妇女的需求为导向 3. 有十年的历史和不少工作经验，有一定的知名度 4. 组织设法给内部成员提供发展的空间和机会 5. 组织内人才组成多元化 6. 组织发展形态多元，基本能适应服务人群的需求 7. 领导廉洁、自律、敬业	1. 欠缺筹款计划和专业人才 2. 筹款渠道比较单一 3. 部门间沟通不够 4. 缺乏理论上的总结和提升 5. 组织内某些部门没有获得合法性 6. 内部工作人员待遇、身份问题没有得到合理解决，影响工作的推动

（4）制订战略计划

这一阶段的主要任务是在战略分析的基础上，结合组织的战略目标，根据确定的战略议题，提出处理战略议题中每个议题的具体行动方案。行动方案应能有效发挥社会组织的优势，克服劣势，充分利用社会组织外部的机会并规避或遏制威胁，要阐明为达到目标而采取的具体步骤和方法。为了确保行动方案的可执行性，宜将各方案的负责人与完成期限一并列出，并估计具体资源需求。

（5）选择战略

选择战略即在综合分析和评价各种行动方案的基础上，作出符合组织战略发展需要的、具有实质性和可操作性的安排。

选择战略有以下几个环节：首先是信息输入，即收集、整理外部环境因素，以及直接影响战略的内部优势、劣势信息。其次是评估，依靠整理的信息，将外部环境中机会、威胁与内部优势、劣势进行匹配，并对方案的适用性、可行性、可接受性，以及相关利益人进行评估。最后是决策，需要重新审视组织愿景与使命，并评价组织的运行环境，根据对备选战略做出的评估，完成组织的战略规划书。战略规划书要条理分明，以有效引导组织的运作。战略规划书需包含的内容有：使命、组织简史、愿景、任务、中期目标、策略和行动方案等。

二、战略实施阶段

战略实施是战略管理的关键环节,是指通过行动计划、预算与操作规程把战略计划转化为现实的过程。

在社会组织战略实施过程中,最主要的活动内容有以下三类。

1. 相关利益人管理

相关利益人管理是指社会组织管理者为平衡不同相关利益人的要求而进行的管理活动。社会组织追求的是相关利益人整体的、共同的利益,而不是某些个别利益人的利益。社会组织相关利益人包括政府、资助者、公众、服务对象、媒体等。在战略实施过程中,社会组织应及时了解各个相关利益人的意见和需求,并力求使他们在意见上达成一致,在行动上形成合力。

2. 职能结构管理

战略的变化往往要求社会组织的职能结构发生相应的变化。调整职能结构时要注意新的职能结构应有利于最终的目的达成。职能结构的演变是一个周而复始的过程:制定新战略—出现新的管理问题—组织绩效下降—建立新的职能结构—组织绩效得到改进—制定新战略。组织职能结构管理过程中要注意以下几个方面的问题:

① 职能结构应与组织实施的战略相适应。
② 职能结构要有一定的弹性,以使组织能够不断适应变化着的内外部环境。
③ 在设计岗位时要注意处理好职、权、责相匹配的问题,上级对下级的控制幅度要适当。

3. 资源管理

每个社会组织至少都拥有四种可以实现预期目标的资源:人力资源、财力资源、物力资源和技术资源。资源管理就是要通过对这些资源进行有效的调控和安排,保证最终目标的实现。在资源管理过程中,社会组织管理者必须合理安排人力、财力、物力、技术等资源在各个部门、各个阶段的分配。

三、战略评估及控制阶段

战略评估及控制是战略管理的最后阶段。战略评估及控制可以界定为:依据一定的标准和程序,对战略实施的效益、效率、效果及价值进行判断的过程。战略评估及控制的目的是获得相关信息,将其作为决定战略变革、战略改进和制定新战略的依据。其中,控制就是监视各项活动,以保证它们按计划进行并纠正各种重要偏差。

由于社会组织的内外部环境因素经常发生变化,因此,社会组织的既定战略需要在实施过程中做进一步的验证。社会组织要了解既定战略在不同时间段的实施情况,就需要通过战略评估及控制获得相关信息。战略评估及控制包括三项基本内容:一是检查当前战略的外部环境和内部条件；二是衡量战略执行的成果；三是采取纠正措施。

通过战略评估可以获得战略实施中的有关信息，可以对战略实施过程进行控制，以使战略不断得到完善，最终实现社会组织的目标和使命。

1. 战略评估的分类

依据不同的标准，可将战略评估分为不同的类型。

（1）依据评估主题进行分类

依据评估主体，可将战略评估分为自我评估和外部评估。

① 自我评估，属于过程评估，指社会组织在战略实施的过程中发现问题及时调整。

② 外部评估，由第三方机构进行的评估。第三方机构可以是专门的评估机构、政府，也可以是公众。

（2）依据评估时间进行分类

依据评估时间，可将战略评估分为前期评估、中期评估和后期评估。

① 前期评估（预评估），在战略规划开始实施之前进行的可行性评估。

② 中期评估，在战略实施过程中对实施效果进行的评测，主要包括两个方面：一是内外部环境的重大变更对战略的影响及战略应做的调整，二是困难和问题及相应的应对方法。

③ 后期评估，在整套战略实施之后对战略实施全过程及结果进行的系统性评估。

2. 战略评估的内容

战略评估一般包括以下三个方面的内容。

（1）组织环境评估

组织环境评估主要是对社会组织内外部环境的评估。判断组织内外部因素是否已发生重大变化，可以从以下几个方面进行分析：

- 组织的优势是否依然是优势？
- 组织是否增加了其他优势？如果是，有哪些？
- 组织的不足是否依然是不足？
- 组织是否有了新的不足？如果是，有哪些？
- 组织的机会是否仍然是机会？
- 组织是否增加了其他机会？如果是，有哪些？
- 组织以前的威胁是否仍然是威胁？
- 组织是否增加了其他威胁？如果是，有哪些？
- 组织是否容易被竞争对手所兼并或接管？

（2）绩效评估

绩效评估主要衡量组织是否令人满意地朝既定目标发展，具体可以从以下几个方面进行分析：

- 战略实施是否依照目标进行？
- 哪些目标已经完成，哪些目标尚未完成？
- 核心战略的实施状况如何？
- 长短期目标的完成情况分别如何？

进行绩效评估时需要把预期结果与实际结果进行比较，研究实际进程相对计划的偏离。战略评估的标准应当是可度量和易于调整的，所以在这一过程中长期目标和年度目标都使用得比较多。

（3）采取纠正措施

作为战略评估的最后一项行动，要求通过变革使组织能在未来重新进行更有竞争力的定位。需要进行的变革一般包括：调整组织结构，对某一个或多个关键成员进行调换，调整或修改目标，制定新政策，重新配置资源或采取新的绩效激励措施。

需要注意的是，采取纠正措施并不意味着放弃现行战略或必须制定新战略。首先，要建立一个控制标准，选择控制对象和控制重点；确定一系列因素中哪些应该是关注的重点，如何进行资源配置才能达到最大效率，如何组织活动才能最大限度地符合战略目标。其次，要纠正偏差，在依据客观标准对相关工作进行衡量后，就要对实际工作中战略的执行情况与控制标准进行分析比较，重新审视长期目标、短期目标、核心战略三个方面，判断组织战略执行情况，发现执行中的偏差，找出产生偏差的原因，采取相应的措施予以纠正。

 拓展训练

壹基金的"壹家人计划"

壹基金最早由李连杰先生于2007年发起成立，以"尽我所能、人人公益"为愿景，专注于灾害救助、儿童关怀与发展、公益支持与创新三大领域。为传播公益理念，搭建人人都可以参与的公益平台，壹基金倡导"壹基金 壹家人"的全球公益理念，创新性地提出了"壹家人计划"，即每1人＋每1个月＋每1元＝1个大家庭。倡导每个人、每个家庭每月都捐一点点，滴水成河，微光成炬。世界变得更好，不在于少数人做了许多，而在于多数人都做了一点点。截至2023年7月1日，壹基金共接收年度爱心家人捐款18 412万人次，年度善款总额为91 944 341元。

讨论问题

1. 从战略管理的角度思考壹基金的"壹家人计划"为什么取得成功。
2. 以小组讨论的方式设计一份类似"壹家人计划"的筹款方式。

项目五

社会组织党建工作

项目概述

本项目主要介绍新时代社会组织党建工作的必要性与原则、社会组织党建工作的目标和主要任务、社会组织党建工作存在的问题与思路等内容。学完本项目后,应重点掌握社会组织党建工作的主要任务,理解社会组织党建工作的重要意义。

 引言

根据民政部统计数据,截至 2022 年年底,我国共有社会组织 89.2 万个,吸纳社会各类人员就业 1100.0 万人。从资源配置、社会服务到提供就业,不断发展壮大的社会组织,已成为我国社会主义现代化建设的重要力量,发挥着党和政府决策的"智囊团"、全面深化改革的"助推器"、促进社会和谐的"粘合剂"等重要作用。在中国特色社会主义新时代,加强社会组织党建工作及其研究具有十分重要的理论意义和现实指导意义。

任务一　了解社会组织党建工作的必要性与基本原则

情境导入

一直以来，党中央、国务院非常重视社会组织党建工作的开展，并出台了一系列政策文件推动社会组织党建工作向更高水平迈进。2015年9月28日，中共中央办公厅印发《关于加强社会组织党的建设工作的意见（试行）》，就加强社会组织党建工作提出了指导性意见。党的二十大报告提出："推进国有企业、金融企业在完善公司治理中加强党的领导，加强混合所有制企业、非公有制企业党建工作，理顺行业协会、学会、商会党建工作管理体制。加强新经济组织、新社会组织、新就业群体党的建设。"

任务目标

（1）理解党和政府为什么越来越重视社会组织党建工作。
（2）掌握社会组织党建工作应坚持的基本原则。

知识链接

一、社会组织党建工作的含义

改革开放以来，我国社会组织迅速发展，已经成为党和政府联系人民群众的桥梁和纽带，成为推进社会发展与进步的一支重要力量。如何开展好社会组织党建工作，加强党对社会组织的领导，最大限度发挥党的领导作用，促进社会组织健康有序发展，把众多的社会组织团结凝聚在党的周围，让党建工作化被动为主动，已成为摆在我们面前的一项十分重要的课题。对此，我们首先需要了解社会组织党建的基本概念，才能做到有的放矢。

1. 党建

中国共产党一向重视自身建设，并致力于回答和解决好建设一个什么样的党、怎样建设党的问题。毛泽东曾在《〈共产党人〉发刊词》中提出要建设一个全国范围的、广大群众性的、思想上政治上组织上完全巩固的布尔塞维克化的中国共产党，[①] 坚持把马列主义建党学说与中国具体实际相结合，成功开创了党的建设伟大工程。在几代领导人的不懈努

---

① 毛泽东. 毛泽东选集：第二卷［M］. 北京：人民出版社，1991：602.

力下,党建总布局逐渐趋于完善。我们可以从广义和狭义两个方面来理解党建这个概念:广义上的党建包括中国共产党治国理政的所有理论和实践活动;狭义上的党建主要指党的思想建设、组织建设、作风建设、纪律建设和制度建设等。

2. 社会组织党建

党建是中国共产党在革命、建设和改革过程中贯彻始终的重要任务,通过党的各项建设,中国共产党在长期的政治实践中保持着正确的政治方向和强大的战斗力。随着社会组织的不断发展,几乎各个领域都有社会组织开展活动的身影。在社会组织中建立党组织,目的是要发挥党组织的政治引领作用,使社会组织的发展不偏离正确方向,① 同时,也有利于增强党对社会组织的影响力,提高党的社会动员能力。我国学者陈志卫等认为,社会组织党建需要逐步消除党建在社会组织中的"空白点",做到凡是有社会组织的地方就一定有党组织的领导,以巩固党在社会组织中的执政基础,使党的意识形态、方针、政策等渗透到社会组织的每一个角落。② 王名提出,社会组织党建主要是指对社会组织中的各级党组织及党员进行组织化管理的工作。③

结合已有的定义,本书认为,社会组织党建主要是指在各社会组织中设立党的基层组织,坚持党的意识形态和价值观念,使党组织在社会组织中发挥领导核心作用,从而保障社会组织发展方向的正确性。

二、社会组织党建工作的必要性

社会组织作为第三部门,是国民经济和社会发展的重要组成部分,是社会管理服务的重要协同力量。在全面建设社会主义现代化国家、全面深化改革、全面依法治国、全面从严治党战略布局中,社会组织承担着重要任务。社会组织面大量广、类型繁多、活动活跃、吸纳性强、领域分布和辐射面广,必须把社会组织党建扛在肩上、抓在手上,不断扩大社会组织的影响力,使其在社会治理中更好地发挥作用。社会组织既是群众工作的重要阵地,也是基层党建的重要领域。加强社会组织党建工作是推动经济社会发展、保证社会组织健康发展、巩固党的执政基础、落实全面从严治党要求的迫切需要。

1. 社会组织党建工作是巩固党的执政基础的现实需要

加强党的执政能力建设,必须把党的基层组织,包括社会组织中的基层党组织建设好。社会组织是我国改革开放后诞生的一块新生领域,随着我国社会经济成分、组织形式、就业方式、利益关系和分配方式的日趋多样化,社会组织将会持续快速发展。社会组织党建工作如果不及时跟进,党的影响力、吸引力以及辐射力将会下降,党与这些新崛起的社会力量的联系纽带将会松弛,社会组织中的许多新生力量将不能成为党的新鲜血液,

---

① 向春玲. 关于社会组织党建创新的几点思考 [J]. 科学社会主义, 2017 (03): 69.
② 陈志卫, 戴志伟. 现代社会组织与社区社工实践研究 [M]. 杭州: 浙江大学出版社, 2015: 90.
③ 王名. 社会组织概论 [M]. 北京: 中国社会出版社, 2010: 179.

这将影响党的执政基础。

2. 社会组织党建工作是构建社会主义和谐社会的必然要求

构建和谐社会，必须建立、健全并发展与社会主义市场经济相适应的社会管理体制，最广泛、最充分地调动一切积极因素，激发各行各业人们的创造活力，既要注重发挥基层党组织和共产党员服务群众、凝聚人心的作用，也要注重发挥社会团体、行业组织和社会中介组织提供服务、反映诉求、规范行业的作用。只有这样，才能形成社会管理和社会服务的合力。社会组织是新的社会阶层人员比较集中的领域，其在构建社会主义和谐社会中的地位越来越突出。应切实加强社会组织党建工作，通过社会组织中的党组织和党员，妥善协调不同社会群体的利益关系，反映群众的意见和呼声，做好新形势下的群众工作，凝聚和激励群众投身于全面建设现代化国家的伟大事业。

3. 社会组织党建工作是社会组织自身健康发展的重要保证

目前，我国社会主义市场经济的法律法规、市场秩序还不够完善和规范，在充分肯定社会组织积极作用的同时，也不能否认一些社会组织的内部管理还不够规范，有的甚至产生了负面影响。在社会组织中建立党组织，发挥党员的先锋模范作用，能够为社会组织的健康发展提供人才支持。社会组织中的党组织通过党建工作或有关管理工作，能准确把握群众的思想动向，及时发现存在的问题，把那些影响社会稳定的问题解决在萌芽状态，防止那些错误的、不健康的思想意识影响群众，及时化解矛盾，从而为社会组织的健康发展创造良好的内外部环境。社会组织中的党组织认真贯彻党的路线、方针、政策，引导和监督社会组织遵守法律法规，团结群众，维护各方的合法权益，能够为社会组织的有序运行、健康发展提供可靠保证。

三、社会组织党建工作的基本原则

社会组织作为基层党建工作的重要领域，是增强党的阶级基础、扩大党的群众基础、巩固党的执政基础的新阵地。基于社会组织自身的发展特点和我国的国情，社会组织在开展党建工作时应坚持如下原则。

1. 坚持党的领导，确保社会组织党建工作的正确方向

无论是发展新党员，还是建立党内制度、开展各类组织活动、实施机制创新等，都要考虑党组织的纯洁性和严肃性。社会组织党建工作既要有利于扩大党的群众基础，又要有利于发挥党在社会组织中的地位和作用。社会组织中的党组织必须自觉接受批准其建立的业务主管部门或挂靠单位党组织的领导，定期汇报工作，重要问题应及时请示汇报。社会组织业务主管部门或挂靠单位的党组织要重视社会组织中的党组织工作，把加强社会组织中的党组织建设作为党组织工作的组成部分，列入工作议程，定期研究，要帮助社会组织中的党组织解决工作中的实际问题，充分发挥社会组织中的党组织在改革和现代化建设中的积极作用。

2. 坚持整体联动，完善社会组织党建管理机制

经过实践摸索，在社会组织党建管理机制方面，我国目前已初步形成了以"党委领导、组织牵头、部门协同、分级管理、社会参与"为主要共同特征，以"扩大覆盖面、提高战斗力"为主要目标的党建管理工作机制，并涌现出一批典型模式。例如，广东、宁夏的"依托民政、集中管理、多头推进"模式，上海、北京的"单设机构、以条为主、枢纽管理"模式，其他大部分地区现行的"组织部门牵头、业务主管单位负责、民政部门协助"模式，律师、会计师领域的"主管部门负责、行业协会协助、会员参与"模式等，这些模式都很好地解决了党组织"由谁建"、党的工作"由谁管"的问题。

3. 坚持因地制宜，提高社会组织中党组织的凝聚力

要从社会组织从业人员的职业特点和内在需求出发，因地制宜地开展党的活动，充分利用社区公共服务中心平台，创新党组织活动的载体。有条件的要建立区域性或行业性的党员服务中心，充分利用现代信息技术和互联网等传播手段，畅通党组织与党员、党员与党员之间的联系渠道。要坚持"小型、灵活、多样"的活动形式，兼顾社会组织自身发展的实际，做到活动为党员所欢迎，增强党组织的吸引力和亲和力。要把社会组织的自身发展与党建工作统一起来，不断提升党组织的向心力、凝聚力和战斗力，进而促进社会组织的健康发展。

4. 坚持以人为本，保障社会组织中党员的权利

在社会组织党建工作中，要坚持教育、管理、服务并重，加强党员宗旨观念教育，使党员努力成为业务工作的骨干、联系服务群众的模范、精神文明建设的标兵。要充分发扬党内民主、实行党务公开，调动党员关心和参与党内事务的积极性，保证党员平等参与和共同管理党内事务的各项权利。要尊重党员的主体地位，建立党内激励、关怀、帮扶机制，增强党员的责任感、荣誉感和归属感。组织关系没有在社会组织，但长期在社会组织工作的党员（包括专职、兼职工作人员中的流动党员）应在上级党组织备案，同时应参加社会组织中的党组织生活。

5. 坚持循序渐进，提升社会组织党建工作整体水平

在社会组织党建工作中，要选取相对容易出成效、出经验的领域，集中力量加以突破，如可以选取人员数量较多、相对固定、素质较高的大型社会组织为工作突破口。针对社会组织人员一般都在本行业内流动的规律，可以通过"协会＋支部"的模式来推动社会组织党建工作，联合行业主管部门，帮助、指导同一行业、同一领域的社会组织建立行业协会，通过行业协会助推本行业党组织建设，有效避免由于人员流动带来的弊端。要根据不同行业、不同领域社会组织的特点，制订有针对性的方案，通过典型引路、分类指导、循序渐进，提升社会组织党建工作整体水平。

6. 坚持创新创优，促进社会组织党建百花齐放

要在现有的制度框架内，结合实际情况，进一步认真分析新情况，解决新问题，大胆探索社会组织党建工作的新途径。要通过定期开展社会组织党建工作情况汇报与交流，及时了解基层社会组织党建工作的新情况、新问题、新经验。对党建工作的成功经验要及时进行总结分析，并尽快将这些做法纳入社会组织党建工作的制度化渠道加以推广。要巩固和扩大社会组织党建工作的成果，形成百花齐放的新格局，不断激发党组织的创新活力。

拓展训练

我国《"十四五"民政事业发展规划》明确指出，完善党领导社会组织制度，推动建立各级社会组织工作协调机制，完善社会组织党建工作体制。落实党建工作与登记、年检（年报）、评估"三同步"制度，按照应建尽建原则，持续推进社会组织党的组织和党的工作从"有形覆盖"向"有效覆盖"转化，全面提高社会组织党组织建设质量。培养社会组织专职党务工作者队伍，鼓励社会组织负责人和党组织书记依法依规交叉任职。推行党组织和管理层共同学习、共议重大事项等做法，发挥党组织在社会组织增强职工群众政治认同、依法执业诚信从业中的引导和监督作用。

讨论问题

1. 什么是"三同步"制度？
2. 如何推进社会组织党的组织和党的工作从"有形覆盖"向"有效覆盖"转化？

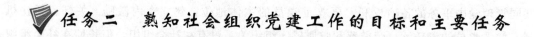

任务二　熟知社会组织党建工作的目标和主要任务

情境导入

党的二十大报告指出：以党的政治建设统领党的建设各项工作，坚持思想建党和制度治党同向发力。旗帜鲜明讲政治是我们党作为马克思主义政党的根本要求，是共产党人最鲜明的本质特征。党建工作是我们党执政和发展的基础，党的政治性需要依赖党的组织性予以保障。自改革开放以来，我国社会结构发生重大变化，"单位社会"开始消解，新兴产业及从业人员数量激增，这给党组织深入群众、嵌入社会带来一定挑战。将社会新的阶层纳入现行体制框架内，确保新的阶层与党保持政治共识，要求在社会组织中开展党建工作，强化社会组织党建的政治功能。

项目五 社会组织党建工作

任务目标

(1) 熟知社会组织党建工作的目标。
(2) 熟知社会组织党建工作的主要任务。

知识链接

一、社会组织党建工作的目标

党的二十大报告指出：全面从严治党永远在路上，党的自我革命永远在路上，决不能有松劲歇脚、疲劳厌战的情绪，必须持之以恒推进全面从严治党，深入推进新时代党的建设新的伟大工程。社会组织党建工作必须贯彻落实我国党建工作的总要求，其目标设置应与我国党建工作总目标一致。

具体而言，社会组织党建工作应纳入我国党建工作总体布局，按照全面从严治党的要求，从严从实抓好各项任务落实，使社会组织党建工作实现"五个覆盖"，达到"六个好"的目标。

1. "五个覆盖"

(1) 组织设置全覆盖

这是指要加大社会组织党组织组建力度，有三名党员的全部单独建立党组织，不够三名党员且适合行业或区域管理的应纳入行业或区域党组织，组成联合党组织，暂不具备组建条件的，应通过选派党建工作指导员、联络员或建立群团组织、依托业务主管单位开展党的工作，条件成熟时应及时建立党组织。

(2) 工作力量全覆盖

这是指有社会组织党建工作任务的单位应有专人负责社会组织党建工作。每个社会组织党组织要配齐书记，规模较大的社会组织应有专门的党务工作者，暂不具备党组织组建条件的社会组织派党建指导员。

(3) 工作经费全覆盖

这是指要建立并落实党费拨返制度、财政支持制度，多渠道解决党建工作的经费问题，确保每个社会组织党组织都有正常开展活动的经费。

(4) 活动场所全覆盖

这是指要支持具备条件的社会组织建设党组织活动场所，在社会组织相对集中的区域还可统筹建设党群活动中心，使每个社会组织党组织都有场所开展活动。

(5) 组织生活全覆盖

这是指社会组织中的每名党员都应被编入相应支部参加党建活动，各项制度应健全完

97

善并得到有效执行。

2. "六个好"

（1）坚持政治方向好

宣传和执行党的路线方针政策，宣传和执行党中央、上级党组织和本组织的决议，组织党员群众认真学习习近平新时代中国特色社会主义思想，教育引导党员群众遵守国家法律法规，引导监督社会组织依法执业、诚信从业。

（2）团结凝聚群众好

做好思想政治工作，教育引导职工群众增强政治认同，帮助职工群众解决实际困难和问题，关心和维护职工群众的正当权益，汇聚推进社会发展的正能量。

（3）推动事业发展好

激发从业人员工作热情和主人翁意识，帮助社会组织健全章程和各项管理制度，引导社会组织有序参与社会治理、提供公共服务、承担社会责任，促进社会组织健康发展。

（4）建设先进文化好

坚持用社会主义核心价值观引领文化建设，组织开展丰富多彩的文化活动，营造积极向上的文化氛围，教育党员和群众自觉抵制不良倾向，坚决同各种违法犯罪行为作斗争。

（5）服务人才成长好

积极探索关心关爱人才的方法途径，主动帮助引导，不断提高各类人才的思想政治素质和业务素质，支持和保障各类人才干事创业，推动从业人员成长成才。

（6）加强自身建设好

组织设置完善，工作制度健全，组织生活和党员教育严格管理，做好发展党员、党员教育管理服务监督和党风廉政建设工作。

二、社会组织党建工作的主要任务

社会组织党组织是党在社会组织中的战斗堡垒，发挥政治核心作用。社会组织党组织要着眼履行党的政治责任，紧紧围绕党章赋予基层党组织的基本任务开展工作，严肃组织生活，严明政治纪律、政治规矩和组织纪律，充分发挥党组织的政治功能和政治作用；要按照建设基层服务型党组织的要求，创新服务方式，提高服务能力，提升服务水平，通过服务贴近群众、团结群众、引导群众、赢得群众。

1. 健全社会组织党建工作管理体制和工作机制

体制机制事关根本和全局，健全社会组织党建工作管理体制和工作机制至关重要。

（1）健全工作机构

县级以上地方党委要依托党委组织部门和民政部门建立社会组织党建工作机构，已经建立非公有制企业党建工作机构的，可依托党委组织部门将其与社会组织党建工作机构整合为一个机构。党委组织部门对同级社会组织党建工作机构进行指导，上级社会组织党建工作机构对下级社会组织党建工作机构进行指导。

（2）理顺管理体系

全国性社会组织党建工作分别归口中央直属机关工委、中央国家机关工委、国务院国资委党委统一领导和管理。地方社会组织党建工作由省、市、县级社会组织党建工作机构统一领导和管理。上述机关或机构在社会组织党建工作方面的主要职责是：指导基层党组织建设、党员队伍建设、思想政治工作、党的群众工作和党风廉政建设；督促指导所属社会组织党组织按期换届，审批选出的书记、副书记；审核社会组织负责人人选；指导做好党的建设的其他工作。城乡社区社会组织党建工作由街道社区和乡镇村党组织兜底管理。有业务主管单位的社会组织党建工作，由业务主管单位党组织领导和管理，接受社会组织党建工作机构的工作指导。社会组织中设立的党组织，对本单位和直属单位党组织的工作进行指导。各地要按照有利于开展党的活动、加强党员教育管理的原则理顺社会组织党组织隶属关系。

（3）完善工作机制

各级党委组织部门和社会组织党建工作机构要加强统筹协调，定期召开有关部门参加的社会组织党建工作会议，及时研究有关重要问题。注重上下联动，及时沟通社会组织党建工作动态信息，研究部署重点任务，运用基层经验推动面上工作。县级以上党委组织部门和社会组织党建工作机构应直接联系一批规模较大、人员较多、影响力强的社会组织党组织，及时了解情况、听取意见、加强指导。

2．推进社会组织党的组织和党的工作有效覆盖

组织和工作覆盖，是开展党的工作的前提和基础。由于大部分社会组织规模小、人数少、变化快，半数以上没有或只有个别党员，而且在社会组织工作的党员兼职多、流动快，这就给推进党的组织和工作覆盖带来很大困难。推进党的组织和工作覆盖，仍是当前社会组织党建工作的一项重要任务。

（1）按单位建立党组织

凡有三名以上正式党员的社会组织，都要按照党章规定，经上级党组织批准，分别设立党委、总支、支部，并按期进行换届。规模较大、会员单位较多而党员人数不足规定要求的，经县级以上党委批准可以建立党委。社会组织变更、撤并或注销，党组织应及时向上级党组织报告，并做好党组织关系转移等相关工作；上级党组织应及时对社会组织党组织变更或撤销作出决定。

（2）按行业建立党组织

暂不具备单独组建党组织条件的社会组织，可以按照行业相近、产业相通的原则，依托业务主管单位或同类型规模较小的社会组织联合建立党组织。比如，很多区县的社会工作服务机构由于规模小、党员数量不足以成立组织，就可以在区县民政局的指导下成立社会工作服务机构联合党支部，统一开展党建工作。

(3) 按区域建立党组织

在社会组织相对集中的各类街区、园区、楼宇等区域，可以打破单位界限统一建立党组织。规模小、党员少的社会组织可以本着就近就便原则，联合建立党组织。

(4) 实现全领域覆盖

暂不具备组建党组织条件的社会组织，可通过选派党建工作指导员、联络员或建立工会、共青团组织等途径开展党的工作，条件成熟时应及时建立党组织。新成立的社会组织，要"三个同步"跟进组建，各级党委组织部门和社会组织党建工作机构要会同民政、司法、财政、税务、工商等职能部门，在社会组织登记时，同步采集登记党员信息；年检时，同步检查党建工作；评估时，同步将党建工作纳入评估重要指标，指导推动党建工作。此外，街道社区、乡镇村党组织要加强对城乡社区社会组织的领导和指导，通过各种方式，逐步实现党的组织和党的工作有效覆盖。

3. 拓展社会组织党组织和党员发挥作用的途径

党建工作的目的之一就是充分发挥党组织和党员的作用。近年来，各地指导推动社会组织党组织不断创新活动内容和载体，探索了一些社会组织党组织和党员发挥作用的有效途径和方式。但总体上看，组织活动难、发挥作用难、党员教育管理不严格等问题在社会组织中表现仍比较突出。针对这些问题，立足社会组织所需、党员群众欢迎、符合自身特点，可以从如下几个方面拓展社会组织党组织和党员发挥作用的途径。

(1) 围绕社会组织健康发展开展党组织活动

社会组织党组织活动应与社会组织发展紧密结合，积极探索开展主题活动等有效方式，与社会组织执业活动、日常管理、文化建设等相互促进。推行社会组织党员管理层人员和党组织班子成员双向进入、交叉任职。党组织书记应参加或列席管理层有关会议，党组织开展的有关活动可邀请非党员社会组织负责人参加。

(2) 贴近职工群众需求开展党组织活动

社会组织党组织要深入了解、密切关注职工群众的思想状况和实际需求，创新思想政治教育方式，组织开展群众欢迎的活动，提供群众期盼的服务，加强人文关怀和心理疏导，积极为群众排忧解难，寓教育于服务之中，切实增强党组织的吸引力和影响力。坚持党建带群建、群建促党建，注重发挥工会、共青团、妇联等群团组织作用，形成做好群众工作的合力。

(3) 突出社会组织特点开展党组织活动

社会组织党组织要发挥社会组织及其从业人员的专业特长，积极开展专业化志愿服务；发挥社会组织人才、信息等资源丰富的优势，主动与社区和其他领域党组织结对共建，实现资源共享、优势互补。同时，要发挥社会组织联系广泛的优势，组织党员在从业活动中宣传党的路线方针政策，凝聚社会共识，并针对从业人员流动性强的特点，充分利用现代信息技术手段开展活动，增强党组织活动的开放性、灵活性和有效性。

(4) 紧扣党员实际创新教育管理服务

社会组织党组织要着力保障和落实党员的知情权、参与权、选举权、监督权，积极推进党务公开，提高党员对党内事务的参与度，发挥党员在党内政治生活中的主体作用。以党性教育为重点，加强党员教育培训，不断提高党员素质。要通过设立党员先锋岗、党员责任区、党员服务窗口等形式，积极开展党员公开承诺践诺活动，充分发挥示范带动作用。要按照"一方隶属、参加多重组织生活"原则，组织暂未转移组织关系的党员积极参加社会组织党组织的活动。要加大发展党员工作力度，始终把政治标准放在首位，加强对入党积极分子的教育培养，注重把符合条件的社会组织负责人和业务骨干发展为党员，注重在没有党员或只有个别党员的社会组织中发展党员。要强化党员管理监督，严格组织关系管理，及时处置不合格党员，保持党员队伍的先进性和纯洁性。

(5) 从严要求提高组织生活质量

社会组织党组织要紧密联系党员思想工作实际，严格落实"三会一课"、民主评议党员、党员党性定期分析等制度。要经常听取职工群众对党组织和党员的意见，对存在的问题及时进行整改。要按照规定召开党员领导干部民主生活会，定期召开党员组织生活会，积极开展批评和自我批评，教育引导党员守纪律、讲规矩，坚决防止组织生活随意化、平淡化、娱乐化、庸俗化。

4. 加强社会组织党务工作者队伍建设

一支优秀的党务工作者队伍，特别是一支强有力的党组织书记队伍，是做好党建工作的重要依托。由于社会组织没有行政资源可以依托，从业人员思想活跃、价值多元，工作"自由度"比较高，因此，开展党建工作将面临更多的困难和挑战，对党务工作者的要求更高。加强社会组织党务工作者队伍建设可以从以下几个方面探索。

(1) 选优配强党组织书记

应按照守信念、讲奉献、有本领、重品行的要求，选优配强社会组织党组织书记。党组织书记一般从社会组织内部产生，提倡党员社会组织负责人担任党组织书记。社会组织负责人不是党员的，可从管理层中选拔党组织书记。社会组织中没有合适人选的，可提请上级党组织选派，再按党内有关规定任职。

(2) 充实壮大党务工作者队伍

应适应社会组织党建工作需要，坚持专兼职结合，多渠道、多样化选用原则，建设一支素质优良、结构合理、数量充足的社会组织党务工作者队伍。规模大、党员数量多的社会组织党组织，应配备专职副书记。应加大党建工作指导员选派力度，充分发挥其组织宣传、联系服务、协调指导的作用。在社会组织相对集中的区域应建立党建工作站，配备专(兼)职人员做好党务工作。

(3) 加强党务工作者教育培训

应把社会组织党务工作者纳入基层党务干部培训范围，依托各级党校、行政学院、干部学院和高校开展培训。培训工作由党委组织部门、社会组织党建工作机构和民政、司法、财政、税务、教育、卫生计生、工商等有关部门组织实施。同时应重点加强党的理论和路线方针政策、党内法规和国家法律法规、党务知识、社会组织管理等方面的教育培训，提高社会组织党组织做好群众工作、服务社会组织发展的能力。

（4）强化管理和激励

应坚持严格管理和关心激励相结合，建立健全符合社会组织特点的管理考核和激励约束制度，使社会组织党务工作者干事有平台、待遇有保障、发展有空间。社会组织党组织书记要认真落实党建工作责任制，每年应向上级党组织和本单位党员报告工作并接受评议。相关部门应根据实际给予党组织书记和专职党务工作者适当工作津贴，应注重推荐优秀党组织书记作为各级党代会代表、人大代表、政协委员人选，作为劳动模范等各类先进人物人选。推荐社会组织负责人作为上述人选时，要征求社会组织党组织意见。应建立党务工作者职务变动报告制度，党组织书记因坚持原则遭受不公正待遇时，上级党组织应及时了解情况，给予帮助和支持。

5. 加强对社会组织党建工作的组织领导

社会组织党建工作做得好不好，关键在党的领导。目前，一些地方和部门的领导同志对社会组织党建工作不够重视，不少同志存在模糊认识，还有的缺乏有效的工作手段或存在畏难情绪。

加强对社会组织党建工作的组织领导，应着重从两个方面着手。一是要落实党建工作责任。责任落实，工作才能真正落地。二是要强化工作保障，尤其要做好社会组织党建工作基础保障。目前，缺经费、缺场所、缺制度性保障，是制约社会组织党建工作的重要瓶颈。对社会组织党建工作的投入，不仅仅是钱的问题，很大程度上是认识问题。因此，既要算经济账，更要算政治账，要看投入产生的政治效益和社会效益，要从巩固党的执政基础的高度来认识这项工作。

同时，要树立加强党建工作的正确导向，可将党建工作有关内容写入社会组织章程，这有利于提升党建工作在社会组织中的地位，营造重视党建、支持党建的浓厚氛围。实践中，已经有不少社会组织将成立党组织、为党组织开展工作提供保障等内容写入章程，保障了党建工作的顺利开展。开展社会组织评估，是引领社会组织发展方向的"指挥棒"。目前，社会组织评估的指标体系中虽然有党建内容，但分值偏低。各级登记管理机关要在社会组织评估指标中增加党建工作权重，以形成加强党建工作的正确导向。

拓展训练

2018年4月28日，民政部印发了《关于在社会组织章程增加党的建设和社会主义核心价值观有关内容的通知》，要求社会组织在章程中增加党的建设和社会主义核心价值观有关内容，充分体现了党中央对社会组织发展的部署要求，对推进社会组织健康有序发展，引导社会组织发挥正能量具有重要意义。

讨论问题

为什么要在社会组织章程中增加党的建设和社会主义核心价值观有关内容？

任务三　探析社会组织党建工作存在的问题与思路

情境导入

社会组织承接大量社会管理与服务职能，是社会治理的重要主体和依托。社会组织党组织是党在社会组织中的战斗堡垒，发挥政治核心作用。党的二十大报告中先后三次提到"社会组织"，维护社会稳定、社会治理、党的建设等方面都有重要论述。

近年来，党中央、国务院多次就社会组织工作出台纲领性文件，中共中央办公厅印发的《关于加强社会组织党的建设工作的意见（试行）》中指出，社会组织是我国社会主义现代化建设的重要力量，是党的工作和群众工作的重要阵地。中共中央办公厅、国务院办公厅印发的《关于改革社会组织管理制度促进社会组织健康有序发展的意见》中指出，要充分发挥社会组织服务国家、服务社会、服务群众、服务行业的作用，努力走出一条具有中国特色的社会组织发展之路。

社会组织对群众的发动力、带动力显而易见。但社会上有声音认为"社会组织是独立于政府的，为了保持它们的独立性，不需要重视党建""党建工作很耗费时间，社会组织还不如更多地到基层服务民众"。

任务目标

（1）了解有哪些因素制约着社会组织党建工作。
（2）思考如何破解社会组织党建工作中存在的问题。

知识链接

一、社会组织党建工作存在的问题

社会组织党建工作是社会组织管理制度中最具中国特色的一项工作安排，是努力走出一条具有中国特色的社会组织发展之路的关键所在。从1994年中央首次提出在社会组织

中建立党组织的要求，到 2015 年中共中央办公厅印发《关于加强社会组织党的建设工作的意见（试行）》，并在北京召开了全国社会组织党建工作会议，加强社会组织党的建设，发挥党组织在社会组织中的政治核心作用，已然成为在新形势下推进社会组织健康有序发展的首要原则和重要保障。但总体而言，我国社会组织党建工作还处于起步阶段，其发展与其他组织相比比较缓慢，还存在着一些问题。

1. 组织体系不健全导致党建工作人员保障不力

目前，我国成立社会组织党工委的，大部分与民政局机关党委一套班子两块牌子，而党委成员也多由民政局单位干部兼任，他们身兼数职，既要完成所在岗位的本职工作，又要兼顾局系统的党建工作，客观上缺乏集中抓社会组织党建工作的精力。同时，由于社会组织点多、面广，人员流动性和变化性大，领导机制及管理机制不健全，缺乏专职工作人员，难以保障社会组织党建工作扎实有序进行，导致社会组织党建工作的推进缺乏强有力的组织人员保障。

2. 社会组织自身的影响导致党建工作开展困难

当前，我国社会组织中普遍存在"三重三轻"现象。一是重业务轻党建。有关人员对社会组织党建工作缺乏足够的重视，社会组织党建工作与机关事业单位相比约束力较弱。二是重成立轻活动。部分社会组织发育不够成熟，自身发展存在一定的困难。从社会组织年检情况看，少数社会组织达不到年检要求，这些社会组织在工作场所、业务开展、人员配置等方面均存在不足，也就不能按要求开展党建活动。三是重入党轻组织生活。从目前社会组织中党员组织关系管理上看，绝大多数党员的组织关系挂靠在原单位、业务主管单位、社区、村委会等，社会组织自然难以开展党建工作。

3. 认识不够导致党建工作处于被动状态

社会组织党建工作的有序开展，需要社会组织负责人及工作人员的积极配合与支持，但在实践中，往往由于各方面认识不到位，导致党建工作执行不到位。例如，部分社会组织把党的领导作用看作是"管控"，担心"一管就死"，思想上行动上带有抵触情绪；有的社会组织认为党的建设无关紧要，不上心不用心，对加强党的领导表面迎合，实则忽视，片面重视和强调组织"自治"；有些社会组织的负责人对开展党建工作始终心存疑虑，认为党建工作会影响到业务工作的有效开展；有些社会组织负责人对社会组织党建工作持消极态度，认为党组织就是摆设，轻视社会组织中党组织的作用，或是理解有误，为抓党建而抓党建，存在"两张皮"甚至相抵触的现象；还有一种观点认为，社会组织党建就是社会组织的行政化，会对社会组织的自主性造成影响，一定程度上将影响社会组织的正常运行。

4. 人员不稳定导致党组织建立相对困难

社会组织形式多样，管理模式相对松散。比如，实行会员制的社会组织，绝大多数会员是兼职，不少党员的组织关系都在业务主管单位、机关、企事业单位。此外，社会组织大都规模较小，经济实力较弱，缺乏长远发展规划和打算，用工随意性较大，员工流动性大，留不住人才。这些因素致使社会组织党建工作缺乏应有的组织基础，更谈不上党员的发展、党员作用的发挥。

5. 保障不足导致党建工作难以落到实处

党建工作需要一定财力和物力才能顺利开展，社会组织党建工作也不例外。目前我国社会组织绝大部分党建活动经费来自党员交纳的党费，少部分由上级党组织划拨。但实际上，党员交纳的党费金额原本就不高，即便使用所有的党费可能也不够党建工作所需。社会组织收取的会员费用等，按规定又不得单独用于党建工作，必须由全体成员共同分配和使用。此外，目前社会组织党建工作严重缺少活动场所，这也非常不利于社会组织党建工作的顺利开展。

二、新时代我国社会组织党建工作的思路

做好社会组织党建工作，就是要发挥好党组织和党员的带动作用，通过党建工作带动社会组织发展，通过党组织自身活力激发社会组织的活力，从而使社会组织在创新社会治理中发挥积极作用。完善新时代社会组织党建工作，需要在正确认识其长期性和复杂性的基础上，结合社会组织自身特点，把握社会组织党建特色，从多个方面入手，不断拓展新思路。

1. 社会组织党建工作要有明确的导向性

一般来讲，社会组织没有政治方面的职能，也没有扩展经济利益的职能，而是运用政府和群众提供的资金为群众做好社会公益服务，满足群众微观领域的需求，这是社会组织的本分。在培育和发展社会组织的过程中，要让社会组织固守社会公益服务职能的边界，预防社会组织突破社会职能，预防社会组织的违法行为和追逐私利的行为。《关于加强社会组织党的建设工作的意见（试行）》指出，社会组织党组织是党在社会组织中的战斗堡垒，发挥政治核心作用。要着眼履行党的政治责任，紧紧围绕党章赋予基层党组织的基本任务开展工作，严肃组织生活，严明政治纪律、政治规矩和组织纪律，充分发挥党组织的政治功能和政治作用。

可见，社会组织党建工作的重要使命就是把握政治方向，宣传和执行党的路线方针政策，履行党的政治责任，发挥政治核心作用，引导社会组织成员增强政治认同感，确保党的路线方针政策在社会组织中落实，确保社会组织成为党和政府联系人民群众的桥梁和纽带，从而为巩固党的执政地位提供坚实的组织基础、群众基础和社会基础。

2. 社会组织党建工作要增强服务性

社会组织党建工作不同于体制内的党建工作，执政党对社会组织的管理需要理念的创新和方式的创新：寓管理于服务之中，在管理中体现服务，在服务中实现管理。社会组织党建工作要赢得社会组织的支持和拥护，需要树立强烈的问题意识和服务意识，真切地了解社会组织发展中存在的问题，并帮忙解决这些问题。服务社会组织的发展需要，关键就是要获取他们的信任，增强社会组织及其成员对党的认同感和归属感。

因此，必须发挥党组织的服务精神和服务功能。"为人民服务"是中国共产党的宗旨，是中国共产党领导的伟大事业不断取得胜利的力量源泉。发挥党的服务功能，就需要利用党所掌握的公共权力和资源服务于社会组织，服务于社会组织成员。我国的社会组织还处于发展的初级阶段，更加需要党组织的培育和支持。《关于加强社会组织党的建设工作的意见（试行）》指出，党建工作要按照建设基层服务型党组织的要求，创新服务方式，提高服务能力，提升服务水平，通过服务贴近群众、团结群众、引导群众、赢得群众。只有这样，社会组织党建工作才会有实效、有活力、有生命力。

3. 社会组织党建工作方式要有灵活性

随着我国工业化、市场化、城镇化的快速发展，我国的经济体制转型加快，社会结构和人口结构发生了巨大的变化。城市人口增多，社会流动加快，人们的就业方式和利益诉求日益多样化，这就决定了社会组织党建工作的差异很大，表现在社会组织的类别、形式、功能多种多样，组织相对松散、规模不一，组织成员构成各具特点、不固定，隶属关系不同，组织治理结构不同，管理机制不同，经费难保障。这些特征决定了社会组织要以党组织的先进性为动力，以灵活多样的方法为手段，以不拘一格的形式为载体，以适当的时机和合适的对象为切入点来开展党建工作，而不能千篇一律、一成不变。

4. 社会组织党建工作要有针对性

当前，社会组织发展呈现出服务种类繁多、活动领域各异、诉求表达不同的局面，而且在不同地区社会组织发展的阶段还不一样。社会组织党建工作的有限资源和工作精力不能"撒胡椒面"式地展开，否则会降低工作的针对性。社会组织党建工作必须尽可能针对社会组织的不同类别与特点，坚持分类指导，正确处理普遍性与特殊性、一致性与多样性的关系，切实提高党建工作的针对性和实效性。

5. 社会组织党建工作要有保障性

当前，社会组织开展党建活动往往存在几个顾虑：一是"成本顾虑"，二是"人才顾虑"，三是"阵地顾虑"。其中最为突出的是成本顾虑。为了打消社会组织开展党建工作的种种顾虑，需要建立起多渠道筹措、多元化投入的党建工作经费保障机制，通过财政拨款、党费全额返还、税前列支等方式，拓宽社会组织党建工作经费投入渠道。

对社会组织专职党务工作者要适当提高待遇，落实对社会组织工作人员的保障。与此同时，要采取资源整合的方式，落实活动场所的保障，确保社会组织党建活动有阵地，各项活动有载体。尤其值得一提的是，社会组织党建活动的关键在人才，即优秀的党务工作者,所以要将"内部提拔"与"外部空降"相结合,培养和输送优秀的党务工作者到社会组织从事党建工作,担任指导员、组织员、联络员和信息员。此外,要解决"九龙治水""多头治理"带来的主体不明、经费匮乏问题,要区别不同情况,明确各社会组织党建工作的主体,从根本上完善经费保障。

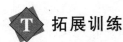

小李是某社会组织的党支部书记,很想做好社会组织党建工作,发挥好社会组织中党组织和党员的作用,但不知道社会组织党建工作总体上应把握哪些要求,以及如何促进社会组织中的党组织和党员更加有效地发挥作用。

讨论问题

1. 社会组织党建工作总体上应把握哪些要求?
2. 如何促进社会组织中的党组织和党员更加有效地发挥作用?

项目六

社会组织人力资源管理

项目概述

本项目主要介绍社会组织人力资源的构成及管理特征、员工管理的内容与方法、志愿者的招募与管理、社会工作督导的基本内容。学完本项目后,应重点掌握社会组织人力资源管理的基本内容与方法,熟悉社会组织中志愿者的招募方法和管理技巧,理解社会工作督导对社会组织的重要意义。

 引言

随着社会的发展与进步,人力资源的重要性日益突出,已经成为社会组织的核心资源。著名管理学大师彼得·德鲁克曾说:"管理的真谛在于它是一门关于人的学问。"而人力资源管理就是这门学问的引论。社会组织的人力资源管理要比企业的人力资源管理做起来更加困难。因为社会组织的员工不仅为了生计而工作,更是为了一种理想。究竟什么是社会组织人力资源管理?社会组织人力资源管理与一般企业的人力资源管理有什么区别?社会组织员工管理的方法有哪些?社会组织志愿者招募与管理是如何进行的?社会工作督导的基本内容有哪些?希望同学们通过学习本项目,能够找到这些问题的答案。

任务一　了解社会组织人力资源的构成及管理特征

情境导入

社会组织的人力资源需要管理，那么什么样的人力资源管理方式比较适合社会组织呢？社会组织应该向"唯利是图"的企业学习管理之道吗？在人才方面，我国本土的社会组织如何同国际上财大气粗、管理规范的非政府组织/非营利组织竞争？要回答以上问题，我们就需要了解社会组织人力资源和人力资源管理的基本知识，了解社会组织人力资源管理的特征，以及社会组织人力资源管理的其他相关理论知识。

任务目标

（1）了解社会组织人力资源的构成要素及管理特征。
（2）了解社会组织人力资源管理的相关理论知识。
（3）理解社会组织人力资源管理与企业人力资源管理的区别。

知识链接

社会组织的一个重要特征就是高度的劳动力密集性，社会组织有约将近一半的资金用在劳动力成本支出上。除了员工之外，社会组织中还有起到支持功能的大批志愿者。社会组织的成功在很大程度上取决于其人力资源，取决于他们的责任感、专业水平和进取精神。

一、人力资源的含义、要素及一般性质

1. 人力资源的含义

一般而言，人力资源是指在一定范围内能够推动经济和社会发展的具有智力和体力劳动能力的人口的总和，它包括现实的人力资源和潜在的人力资源两部分。现实的人力资源是指一个国家或一个地区在一定时间内拥有的实际从事经济和社会发展活动的全部人口，包括正在从事劳动的人口以及由于非个人原因暂时未能从事劳动的人口。潜在的人力资源是指处于储备状态，正在成长，将逐步具备劳动能力的，或者具有劳动能力，但由于各种原因不能或不愿参与经济和社会发展活动，并在一定条件下可以被动员参与经济与社会发

展活动的人口总和。

2. 人力资源的要素

人力资源有两个要素：一是人力资源的数量，二是人力资源的质量。人力资源的数量是指一个国家或地区范围内劳动适龄人口总量减去其中丧失劳动能力的人口数量，加上劳动适龄人口之外具有劳动能力的人口数量。它是标志人力资源总量的基础性指标。人力资源的质量涉及劳动者的体力、智力、文化教养、受教育程度，以及劳动者的思想觉悟和道德水平等因素。[①] 它是反映人力资源的质的因素。

3. 人力资源的一般性质

人力资源主要有以下几个一般性质。

(1) 人力资源具有时代性

这是指任何人力资源的发展与成熟，都是在一个特定的时代背景下进行的。一个时代的社会状况会影响和制约在这个时代中发展起来的人力资源，这种影响会体现在他们的工作行为和态度上。人力资源管理不能脱离其管理对象的时代性。

(2) 人力资源具有高增值性

这体现在人力资源的经济价值呈不断上升的趋势。劳动力的市场价值在上升，人力资源投资收益率在上升，劳动者自己可支配的收入也在上升。但高质量人力资源与低质量人力资源的收入差距明显拉大。

(3) 人力资源具有能动性

能动性是人力资源的一个根本性质，也是人力资源与其他一切资源的本质区别。可以说，在各项人类社会活动中，人力资源是唯一具有创造性的因素，它能顺应一定的社会历史条件；同时，也能不断创新，发展社会，甚至改造社会。

(4) 人力资源具有时效性

每个人的一生都要经历一些特定的生理和心理发展阶段，每个发展阶段都有相应的特征。而其中有一个时期，是人的生理与心理都比较成熟的阶段，不仅年龄适当，体力充沛，而且随着工作经验的积累和素质的提升，各方面的能力也渐入佳境。在这个时期，人的综合能力处于发展的高峰，组织如果能合理地开发和使用，便能最大限度地发挥其价值；组织如果储之不用或没有充分使用，过了最佳的生理、心理时期，人的综合能力就开始下降。

(5) 人力资源的开发具有持续性

人力资源往往具有多种潜在素质，他们在工作中表现出来的可能只是冰山一角，有些能力由于缺乏适当的使用环境而被隐藏。因此，组织可以通过适当的途径和方式，对人力资源进行持续的开发，促使人力资源最大限度地发挥自身价值。

---

① 温志强. 人力资源开发与管理 [M]. 北京：清华大学出版社，2011.

(6) 人力资源的闲置过程具有消耗性

人力资源在闲置过程中仍需要不断地消耗各种物质资源。这意味着，即使一部分人力资源处于闲置状态，如未得到使用或暂时失业，组织或社会也必须提供必要的经济性补偿和物质保障供其生存使用。

二、社会组织人力资源的构成及管理特征

1. 社会组织人力资源的构成

社会组织的人力资源是整个社会人力资源的重要组成部分。要界定社会组织的人力资源构成，必须先界定社会组织的范围。这里所讲的社会组织范围很广，但在不同的国家，具体情况也不一样。在美、英、法、德、日等发达资本主义国家，社会组织发展得比较成熟，范围也相应地比较广泛。它们在教育系统、自然科学和社会科学研究、医疗保健、文化艺术、大众传播、社会服务和公共事业中都占有极为重要的位置，这其中既有大规模的社会组织，如红十字会，也有很多规模比较小的社区组织。就我国来讲，严格意义上的社会组织整体发展水平还比较低，规模也比较小。在我国承担相应职能的组织是事业部门的各种组织及各种社会服务机构，主要包括科研机构、教育事业单位、各种类型的社会服务组织、社区组织等。因此，我国社会组织人力资源的构成就比较复杂。一般而言，社会组织的人力资源主要包括三大部分：决策层、管理人员和志愿者。

(1) 决策层

决策层，即理事会成员，一般包括出资人、社区居民代表、社会工作者、社会影响人士等。理事会成员的主要职责是为社会组织制定发展战略，确立社会组织的目标和发展方向。

(2) 管理人员

管理人员主要包括执行总干事和付薪职员。执行总干事由理事会任免。管理人员的主要职责包括五个方面：一是计划，即按照社会组织的宗旨和目标提出并贯彻具体的行动计划，以实现社会组织的目标；二是组织，即有效配置资源，合理分工，划定成员的责权并进行监督和指导；三是识人善用，即选择好员工，以事定岗，以岗画线，以线授权；四是引导，即对部下的工作进行有效的指导、培训、辅导、协调等，通过引导，使每天的工作和计划协调一致；五是控制，即评估工作绩效和成果，实行有效奖罚，激发员工的积极性。

(3) 志愿者

志愿者是社会组织特有的社会资源。志愿者出于自由意志而非基于个人义务或法律责任，秉承以知识、体能、劳动、经验、技术、时间等贡献社会的宗旨，不以获取报酬为目的，为社会提供各项辅助性服务。因此，社会组织除了接受志愿性的捐赠外，还使用志愿者的体力、智力等人力资源。

2. 社会组织人力资源管理的特征

社会组织人力资源管理是指以社会组织的人力资源为主要对象，相关人员依法对其进行规划、录用、任免、提供保障等管理的活动。它是人力资源管理的重要一类，具有一般人力资源管理的性质和特征。但社会组织毕竟不同于一般组织，它具有自身的特点，这就决定了社会组织的人力资源管理也具有自身的特征。

(1) 组织的价值目标和使命感至上

社会组织的原动力来源于它的价值体系，它强调公益性、慈善性和志愿性，强调对整个人类的重视和关怀。同时，理想主义和使命感在社会组织中占据着重要的地位。社会组织必须有明确的使命，这是有效管理的基础，是社会组织的凝聚力和向心力之所在。明确的使命能赋予社会组织明确的目标，能激励其工作人员，并能为其活动争取到财力和公共支持。在选择非营利的经营方式时，社会组织创建人实际上就在告诉人们，尽管报酬和工作条件也很重要，但这些东西不再是吸引人们到这个组织工作的唯一因素；同时也在告诉人们，在这个组织中，献身精神是必不可少的。在创建一个社会组织时，创建人就已经把其使命确定为这个组织的主要存在价值，使命决定着社会组织的工作目标，是员工为之奋斗的基础，也为这个组织的正常运转定下了基调。因此，在社会组织人力资源管理中，要特别强调价值目标和使命感对员工的激励和凝聚作用。

(2) 强调人力资源管理和责信度管理相结合

责信度的伦理守则为：无私的社会承诺、恪守法律规章、道德承诺、公益使命优先、尊重个人的价值和尊严、包容社会的多元性并维护社会公平、开诚布公的做法、慎用社会资源等。对社会组织来说，责信度是其生存和发展的生命线。责信度不仅有助于社会组织的员工将工作与使命、满足社会期待结合起来，提高员工的忍耐力，而且有利于在组织内形成彼此信任和负责的组织文化。因此，社会组织人力资源管理一定要与对组织的责信度管理相结合，二者应相互促进、相得益彰。

(3) 成员价值取向和专业技能的双重考核

社会组织应以目标为导向选择成员，要强调对成员的价值取向和专业技能的双重考核，其中，价值取向考核是重中之重。同时，选择适合组织需要的专业技能人才，不仅可以节约组织的培训资源，而且可以促进组织的人事合理配置，使组织得到更好的发展。

(4) 强调员工在组织内的发展

由于员工进入社会组织一般都带有较强的理想性，赞同组织的宗旨，对组织有较高的期望。因此，社会组织人力资源管理的重心是以组织的生存和可持续发展来激发员工的潜能，同时为员工提供不断成长、挖掘个人最大潜力和获得成功职业发展的机会。

T 拓展训练

上海某社会组织 2013 年在上海市静安区登记成立，注册理事有 5 人，成立初期主要是理事长陈某在开展工作。2015 年 9 月，某理事披露陈某不执行理事会决议，擅自处置组织的大额财产。当年10月,除陈某之外的其他4位理事做出决议,罢免陈某,选举新的理事长并提交民政局备案,民政局以没有加盖机构公章,没有经前理事长同意和未征得主管部门同意等原因不予变更。

讨论问题

请结合本案例讨论社会组织应如何完善内部治理机制。

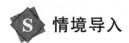

任务二 熟知社会组织员工管理的内容与方法

情境导入

社会组织在过去几十年的发展过程中,在推动社会发展、实现社会公平正义方面发挥了重要的作用。但是在此过程中,社会组织也逐渐出现了因为员工管理中的漏洞和缺陷而导致的种种问题,如管理松散、绩效不足、人员烦冗、无法吸引优秀的人才、缺乏专门的人才培养机制、员工流失严重等。为了解决这些问题、促进社会组织更快更好地发展,在社会组织管理中必须引入和重视人力资源管理机制,以现代化的人力资源管理方法来统筹社会组织的员工管理。

任务目标

(1) 了解社会组织员工管理的基本内容。
(2) 了解社会组织员工管理中的绩效评估方法。

知识链接

员工管理是社会组织人力资源管理中最重要的内容。在员工管理的过程中,社会组织通过人力资源规划、招聘与甄选,可以识别和选聘有能力的员工;通过上岗引导、培训,可以使员工的技能和知识不断得到提高和更新;通过绩效、薪酬和福利管理,以及职业发展规划,可以使组织拥有高绩效水平的、能干的、优秀的员工。

一、人力资源规划

人力资源规划是指根据社会组织的宗旨和战略目标,科学地预测社会组织在未来环境变化中人力资源供给与需求的状况,制定必要的获取、利用、保持和开发人力资源的战略，确保社会组织对人力资源在数量和质量上的需求，使社会组织和个人的长远利益得到保障。

人力资源规划主要包括以下几项内容。

（1）晋升规划，实质上就是晋升政策的一种表达方式，用以满足员工个人自我发展的要求。

（2）补充规划，这是社会组织人力资源政策的具体体现，目的是合理填补组织中长期可能产生的职位空缺。

（3）培训开发规划，目的是为组织中长期需要填补的职位准备所需人员。

（4）调配规划，这是一种组织内部的人员流动计划，组织内人员的未来职位分配是通过有计划的内部人员流动来实现的。

（5）工资规划，未来的工资总额取决于组织内的员工是如何分布的，分布状况不同，工资总额也不同。

制定人力资源规划需要经过信息收集、人力资源需求及供应预测、制定单项业务规划等程序。社会组织应该在人员需求预测的基础上确定招聘的职位和数量。在进行人员需求预测时，应考虑以下两个方面。

（1）组织内部状况，如预计的员工流动率，所需员工的素质和技能，组织的岗位需求、财务状况和文化氛围。

（2）组织外部状况，如与国家、地方、行业有关的就业情况、人力资源求业情况等，如果预测的结果是人员过剩，就需要考虑减少冗员。

二、工作分析

工作分析是指对社会组织中某个特定工作职务的目的、任务或职责、权力、隶属关系、工作条件、任职资格等相关信息的分析，以便对该职务做出明确的工作规定，并确定任职者的资格。

在进行工作分析时，需要收集以下几个方面的信息：工作内容、工作中人的行为、辅助工作用具、工作的绩效标准、工作环境和工作对人的要求。这些信息可以用于撰写工作说明书和工作规范、招募与选拔、薪酬管理、绩效评估、培训等。工作分析一般会有两个产出：一是工作说明书，用于界定工作职责和任务；二是工作规范，用于界定任职资格（如知识、经验、技能等）。

三、招聘与录用

1. 招聘的影响因素

社会组织可以将那些适合本组织宗旨和文化，符合本组织的工作要求，并能在本组织中施展才华的人员吸引进来，为组织的可持续发展提供不竭的动力。社会组织在招聘时会受到一系列因素的影响，具体包括以下几个方面。

(1) 人力资源政策

人力资源政策具体包括这样几点：① 确定是内部招聘还是外部招聘。内部招聘的优点是能够增加承诺和士气，在培训和文化融合方面成本和风险都比较低；缺点是如果拒绝内部员工，员工可能会产生不满，而如果原先平级的同事之中有人得到提拔，也可能会造成其他同事的不满。② 个人发展机会。③ 工资、奖励、福利。④ 工作职位、职责、性质。⑤ 组织的声誉、宗旨和文化等。⑥ 组织工作内容的公益特点。

(2) 招聘渠道

内部招聘的渠道主要有：内部工作布告、重新聘用以前的员工、员工接班计划等。外部招聘的渠道主要有：通过报纸、杂志、电视、网站等媒体发布信息，通过就业机构、猎头公司、高校等发布信息，以及利益相关者推荐、自荐等。

(3) 招聘者的特质

负责招聘工作的人员应具备的特质主要有：热心、真诚、愿意提供较多的信息，并表现出积极的态度。工作人员在开展招聘工作时需要遵循三个原则：① 要明确到底需要什么样的人，这些人需要具备哪些资格与技术；② 要找最合适的人，而不是最好的人；③ 要坚持公开、公平、公正的原则。

2. 甄选应聘者

在吸引来申请者后，招聘工作就进入甄选阶段。在这一阶段，工作人员要对应聘者进行甄别、筛选，以确保最合适的人员得到相应职位。社会组织招聘时一般通过测试和面试来甄选应聘者。

(1) 测试

常见的测试形式有以下几种。

① 个性和兴趣测试，工作人员一般会利用提前准备好的个性和兴趣测试题对应聘者进行个性和兴趣测试。

② 工作样本与工作模拟，工作人员一般会选择几项对相关职位十分关键的任务对应聘者进行测试。

③ 管理评价方法，最常见的方法是公文处理和无领导小组讨论。公文处理是给应聘者一些公文，观察应聘者如何处理。无领导小组讨论是把几位应聘者组织在一起，给他们一个题目，让他们就这个题目展开讨论（不指定各自的角色）。通过这样的方式，工作人员可以观察应聘者的沟通能力、组织能力、思维能力等。

④ 小型工作培训和评价，选择几项对相应职位十分关键的任务，对应聘者进行培训，接着让应聘者执行这些任务，工作人员借机评价应聘者的学习能力。

⑤ 背景调查和推荐信核查。

(2) 面试

面试是为了考察应聘者的知识、经验、动机、智力因素、个性、人际关系等。面试过程中，负责面试的工作人员应注意以下问题。

① 面试问题要根据工作分析的结果来确定。
② 要使用客观的、具体的、开放式的、与工作有关的问题。
③ 可以询问应聘者过去如何处理纠纷和应对变化，并设法询问应聘者工作的动机。
④ 要准备面试提纲，还要为问题设立基准答案，同时要准备结构化的评价表格。
⑤ 要让应聘者说话，但不要让应聘者主导整个面试过程。
⑥ 就同一问题应问所有竞争同一职位的应聘者，以便于进行比较。

负责面试的工作人员在面试过程中还要尽量避免以下几个面试中常见的问题。

① 轻易判断，即在面试的最初几分钟就对应聘者做出判断。
② 强调负面信息，在得知应聘者有什么缺点后，过分夸大这种负面信息。
③ 不熟悉所招聘职位的工作内容和对招聘人员的要求。
④ 让应聘者说得太多或太少。

3. 录用

对符合招聘条件，并通过测试和面试的应聘者，社会组织就可以将其录用为员工了。

社会组织自决定录用应聘者之日起就与其建立了劳动关系，应尽快与其签订劳动合同。在签订劳动合同时，社会组织应当如实向劳动者说明岗位用人要求、工作内容、工作时间、劳动报酬、劳动条件、社会保险等情况。劳动者有权了解社会组织的有关情况，并应当如实向社会组织提供本人的身份证明以及学历、就业状况、工作经历、职业技能等证明。

劳动合同应当载明社会组织的名称、地址和劳动者的姓名、性别、年龄等基本情况，并应具备以下条款：劳动合同期限、工作内容、劳动保护和劳动条件、劳动报酬、社会保险、劳动纪律、劳动合同的终止条件、违反劳动合同的责任。除上述内容外，经当事人协商一致，还可以在劳动合同中约定下列内容：试用期、培训、保守行业秘密、补充保险、福利待遇以及其他事项。

四、培训与开发

培训与开发是有效地使用和管理现有人力资源的核心内容。培训侧重于培养员工胜任目前工作的技能。开发侧重于培养员工胜任未来工作和适应环境变化的能力。

1. 培训

（1）培训目的

社会组织在进行人力资源管理时，对员工进行培训主要有以下几个目的。

① 提高员工的主人翁意识和自我意识水平。通过培训，社会组织可以使员工更好地了解自己在组织中的角色和应当承担的责任，更好地适应组织的工作环境，并融入组织文化中，从而更好地完成工作任务。

② 提高员工的知识水平和专业能力。

③ 转变员工的工作态度和动机。通过培训，社会组织可以使员工把自己的发展目标和组织的使命更好地结合在一起。

(2) 培训需求分析

培训需求分析是一个优秀培训项目的基础和前提。培训需求分析做得到位，可以降低培训项目的成本，使培训项目的针对性更强。要想做好培训需求分析，需要员工在日常工作中多沟通，并意识到自己在知识、态度和技能方面的不足；需要管理人员及时发现新出现的问题对员工的影响。培训需求分析主要包括组织分析、人员分析和任务分析三项内容。

① 组织分析

进行组织分析时相关人员主要应对这三个方面进行分析：培训是否符合需要？可用的培训资源有哪些？相关人员（如员工的上级、同事等）对培训活动的态度如何（如是否支持）？

② 人员分析

人员分析的内容包括：判断工作表现不良是由于知识或能力不足，还是由于工作动力不够，抑或是由于工作岗位不合适；确定哪些员工需要参加培训；确定员工是否已经做好培训的准备。

③ 任务分析

进行任务分析，首先要明确员工需要完成哪些重要任务，然后确定为了帮助员工完成这些重要任务，应当在培训中强调哪些方面的知识、技能及行为。

(3) 培训目标和内容

培训目标是指需要参加培训的工作人员实现而且可以被检验的培训结果。培训目标主要分为以下三种。

① 结果目标

结果目标是培训需求分析的结论，描述参加培训的最终行为。

② 阶段目标

阶段目标是对结果目标的分解，只有实现阶段目标，才能实现结果目标。

③ 专题目标

专题目标是对阶段目标的分解，是实现阶段目标的前提，在某种情况下专题目标是指课程目标。

确定培训目标是组织培训内容的基础。在组织培训内容时，需要遵循以下三条基本原则。

① 从简单到复杂，以增强参加培训员工的兴趣和信心。

② 从一般到特殊，讨论一些具体内容时，最好从一般性问题或概念开始。

③ 从已知到未知，要了解参加培训员工现有的知识水平，在此基础上调整培训内容，要注意员工新旧知识的衔接和搭配。

常见的社会组织员工培训形式有：新员工的上岗培训、在职员工的组织内培训、在职员工的外派培训、员工的终身培训等。

（4）培训方法

在选择培训方法时，主要应考虑以下四个因素。

① 培训目标

如果培训目标是使参加培训的员工理解知识，可考虑使用印刷材料、图解、录音带和录像带、讲座、案例分析等。如果培训目标是使参加培训的员工获得某种新的技能，可考虑使用示范、角色扮演、练习等。如果培训目标是要改变参加培训的员工的态度和价值观，可考虑使用对比、案例分析、游戏和练习、讨论等。

② 培训内容

选择培训方法时，要看培训内容是以理论为主还是以实践为主，若以理论为主，应注重课堂讲解和讨论；若以实践为主，应注重操作练习。

③ 学员

选择培训方法时，还要考虑学员的数量、知识水平、经验和期望等。

④ 实施要求

这主要是指外部环境（如培训条件、时间限制、培训材料和培训费用等）对选定培训方法的实施保证。

（5）培训评估

对培训进行评估可以检验是否达到培训的目标，总结成功的经验，分析存在的问题，同时能为策划未来的培训提供参考。

进行培训评估时，可以从以下四个方面进行分析。

① 反应，即评价参加培训员工对培训的反应，如他们是否喜欢这个培训，他们认为这个培训是否有价值。

② 知识，即可以对参加培训员工进行测试，检验他们是否掌握相关知识和技能。

③ 行为，即了解由于这个培训，参加培训员工的工作行为是否发生了变化。

④ 成效，即确定以下几个事项：员工离职人数是否减少，员工能否按时、高效地完成某个近期的目标，员工的工作热情是否高涨。

根据参加培训员工的反应、知识的增长以及工作行为的变化，可以判定培训是否成功。如果没有取得成效，那么说明培训没有实现既定目标。

为了保证培训评估的有效性，培训评估必须满足以下条件。

① 必须在参加培训员工的体验还很新鲜的时候进行。

② 所用表格等材料应简单，方便使用，并且只询问需要了解的信息。

③ 所用表格等材料应方便员工能够马上返回，并且返回的成本不高。

2. 开发

员工开发通常有以下四种方法。

(1) 正规教育

正规教育主要有两种形式：一是由外请专家讲授短期课程，二是送员工去大学或学院听课学习。

(2) 评价

评价涉及收集关于员工的行为、沟通方式以及技能等方面的信息，然后向他们提供反馈。评价的常见用途有：确认员工的管理潜能以及衡量当前管理者的优点和弱点；考察团队中每一位成员的优点和不足，并且发现哪些决策过程或沟通方式抑制了团队效率的提高。

评价的方式主要有人格类型测试、无领导小组讨论、公文处理、角色扮演和自我评价等。其中，自我评价有助于员工确定自己的兴趣、价值观、资质以及行动取向。自我评价通常可以借助一些心理测验来进行。这有助于员工思考自己当前正处在职业生涯的哪个阶段，制订未来的发展计划，并且可以帮助员工评估个人的职业发展规划与当前所处的环境以及可能获得的资源是否匹配。

(3) 工作实践

大多数员工开发活动都是通过工作实践来实现的，比如工作轮换、工作扩展、工作调动、晋升、降级等。

(4) 开发性人际关系

员工可以通过与组织中富有经验的其他员工之间的互动来开发自身的技能，以增加与组织和服务对象有关的知识。导师指导就是员工开发的一种开发性人际关系类型。导师是指组织中富有经验的、工作效率较高的资深员工，他们能够给被指导者提供职业支持和心理上的支持。

五、绩效评估

绩效评估是收集、分析、评价和反馈有关员工在其工作岗位上的工作行为表现和工作结果方面信息的过程。实际上，绩效评估是对员工在一定时期内对组织的贡献做出评价的过程。通常情况下，社会组织的绩效评估包括三个层面：员工的绩效评估、项目主管和部门主管的绩效评估、秘书长和组织运营的绩效评估。

社会组织在进行绩效评估时，一般会遵循这样的程序：回顾战略规划和部门工作计划、确认各岗位工作说明书和工作规范、确定绩效评估指标、确定绩效评估方法、确定绩效评估机制、进行绩效评估、反馈评估结果。

绩效评估是社会组织人力资源管理的关键环节。通过绩效评估，受益群体能够知道他们所接受服务的质量情况，组织内部员工能够获得对于个人绩效的反馈，管理者和理事会能够了解组织工作的有效性和员工士气，资助者能够知道资助是否被有效使用。绩效评估的优点还在于使人们关注结果，更客观地设立目标，使人们关注达成一致的优先事项，同时也有助于员工加深对什么是组织的优先事项和如何利用组织资源来实现组织目标的理解。

1. 绩效评估指标

社会组织在对员工进行绩效评估时，需要设计出合适的指标。通常情况下，社会组织的每一项工作都包括投入、活动、产出、效果和影响五个方面。因此，可以从这五个方面来设计绩效评估指标。

（1）投入指标

投入指标主要用于评估社会组织投入的资源，包括资金、员工时间、志愿者人数和投入时间、物质资源等。

（2）活动指标

活动指标主要用于评估社会组织进行的活动过程（如回复时间、等待时间、结案时间）以及人们在活动中所表现出来的态度和行为（如沟通能力、团队精神）。

（3）产出指标

产出指标主要用于评估社会组织的工作成果（如回答的问询次数、结案数量、提交立法修改建议书的数量）。

（4）效果指标

效果指标主要用于评估社会组织工作产生的短期影响（如有社会影响的案件数量）。

（5）影响指标

影响指标主要用于评估社会组织工作产生的长期影响（如对有关立法的影响）。

2. 绩效评估方法

常用的绩效评估方法主要有三种：特性法、行为法和结果法。

（1）特性法

特性法是评估员工在多大程度上具有某些被认为对组织的成功非常有利的特性的方法。使用该方法时，先要使用清晰的专业术语来界定一系列特性（如主动性、领导力、竞争力等），然后根据这些特性对员工进行绩效评估。在特性法中，最常用的具体方法是图尺度评价法。

（2）行为法

这是一种试图对员工有效完成工作所必须显示的行为进行界定的绩效评估方法。行为法的具体做法是，先利用各种技术来界定相关行为，然后管理者对员工在多大程度上显示这些行为做出评价。

例如，要对员工克服变革的阻力进行评估。

首先，界定行为。界定行为包括：向员工描述变革的细节，解释为什么必须进行变革；与员工讨论变革会给员工带来哪些影响；倾听员工的心声；在推动变革的过程中请求员工的帮助；如果有必要，确定一个具体日期就员工关心的问题进行变革之后的跟踪会谈。

其次，给出衡量尺度。用从 1 到 5 的数字来表示程度。其中，1 代表几乎从来不，5 代表几乎经常如此。根据最后的总分数，区分五种考核结果（以对六种行为进行界定为例）：很差（6～10分）、尚可（11～15分）、良好（16～20分）、优秀（21～25分）、出色（26～30分）。

最后，由评估者进行评估，并给出最终成绩和评估结果。

（3）结果法

结果法假设在绩效评估过程中，主观因素可以被消除，同时，工作结果是对员工的有效贡献进行衡量的最可靠的指标。

目标管理系统是一种有效利用结果法进行绩效评估的系统。

在一个目标管理系统中，首先由最高管理层确定社会组织来年的战略目标。接着，这些目标会被传达到下一级管理层，这一层级上的管理者就需要明确为了帮助组织实现这些目标，他们自己应当实现哪些目标。这种目标的确定过程会依次延续下去，直到组织中的所有管理者都确定了能够帮助组织实现总目标的个人目标为止。这些目标会成为对每一名员工个人的工作绩效进行评价的标准。

概括来看，目标管理系统有三个组成部分：确定具体的、有一定难度的、客观的目标；目标管理系统中所使用的目标由管理层及其下属人员共同参与制定；在整个评估期间管理者通过提供客观反馈的方式来监控员工达成目标的过程。

3．绩效评估的常见问题

在绩效评估中，经常会遇到以下几个问题。

① 标准不明确：缺乏客观的考核标准。

② 晕轮效应：在考察员工业绩时，由于只重视一些突出的特征而忽略了被考核人的其他重要特征。

③ 居中趋势：大多数员工的考核得分都居于"平均水平"的同一档次。

④ 过紧或过松：过紧是指考核中所做的评价过低，过松是指考核中所做的评价过高。

⑤ 评估者偏见：评估者由于经验、受教育程度、世界观、个人背景以及人际关系等因素而形成的固定思维，会对评估结果产生影响。

社会组织应综合运用不同的评估方法，以有效避免上面这些问题。

六、薪酬管理

薪酬是吸引人才、激励人才、留住人才的基础，也是社会组织人才队伍建设的重要保障。改革开放以来，随着社会主义市场经济体制的建立和完善，大多数社会组织根据相关法律法规，建立了以岗位为基础的薪酬管理制度。社会组织从业人员"五险一金"制度不断得到推广，有些社会组织还积极探索为员工购买各类补充保险。但从总体上看，社会组织薪酬管理方面还存在一些问题，如社会组织从业人员薪酬水平总体偏低，缺乏激励机制，吸引力不足，一些社会组织在薪酬管理方面存在分配不公平、发放不规范等问题。为引导社会组织合理确定从业人员的薪酬水平，改进薪酬管理，建立健全薪酬水平正常增长机制，进而建设一支与社会组织发展相适应的数量充足、结构合理、素质优良、甘于奉献的专业人才队伍，社会组织在薪酬管理方面应努力做到以下几点。

1. 牢记总体要求，坚持基本原则

加强和改进社会组织薪酬管理的总体要求是：紧紧围绕改革发展大局，服务于社会组织人才队伍建设这个主题，以岗位绩效为导向，以规范化为基础，以制度建设为重点，不断提高薪酬管理的科学化水平，建立健全与社会组织发展相适应的薪酬管理体系。

加强和改进社会组织薪酬管理，要坚持以下基本原则。

① 注重效率与维护公平相协调，使社会组织从业人员既有平等参与机会，又能充分发挥自身潜力，不断激发社会组织活力。

② 激励与约束相统一，按照社会组织从业人员承担的责任和履职的差异，做到薪酬水平与责任、风险和贡献相适应。

③ 薪酬制度改革与相关改革配套进行，建立健全社会组织从业人员薪酬水平正常增长机制。

④ 物质激励与精神激励相结合，提倡奉献精神，充分调动社会组织从业人员的积极性、主动性和创造性。

2. 合理确定薪酬标准

社会组织对其内部薪酬分配享有自主权，其从业人员主要实行岗位绩效工资制，薪酬一般由基础工资、绩效工资、津贴和补贴等部分构成。

（1）基础工资

基础工资是从业人员年度或月度的基本收入，主要根据社会组织自身发展情况、所从事的业务领域和所在地区经济发展水平等因素综合确定。

（2）绩效工资

绩效工资应与个人业绩紧密挂钩，科学评价不同岗位从业人员的贡献，合理拉开收入分配差距，切实做到收入能增能减和奖惩分明。工资分配要向关键岗位和核心人才倾斜，对为社会组织发展做出突出贡献的从业人员，要加大激励力度。

（3）津贴和补贴

津贴和补贴是社会组织为了补偿从业人员额外的劳动消耗和因其他特殊原因而支付的辅助工资，以及为了保证从业人员工资水平不受物价影响而支付的生活补助费用。

对市场化选聘的社会组织负责人、引进的急需紧缺人才，结合社会组织发展实际，其薪酬水平可由双方协商确定。

3. 及时足额兑现薪酬

基础工资、绩效工资、津贴和补贴应列入社会组织管理成本。其中，绩效工资可根据考核结果及社会组织自身发展状况，进行月度、季度、半年分期兑现或年底集中兑现。薪

酬应当以法定货币支付，不得以实物或有价证券替代货币支付，鼓励支付方式电子化。社会组织从业人员依法享受年休假、探亲假、婚假及丧假，休假期间社会组织应按劳动合同规定的标准支付薪酬。

4. 着力规范薪酬管理

社会组织应建立薪酬管理制度，并将其纳入会员（代表）大会或理事会决策事项中，一经确定，应由社会组织在适当范围予以公布，接受民主监督。社会组织应根据薪酬管理制度编制工资总额预算，并严格按工资总额预算执行，不得超提、超发薪酬。社会组织应建立工资台账，支付工资时应提供工资清单，工资台账须至少保存两年。

退（离）休领导干部在社会组织兼职期间，其薪酬应按照《中共中央组织部关于规范退（离）休领导干部在社会团体兼职问题的通知》（中组发〔2014〕11号）规定执行。

5. 逐步建立薪酬水平正常增长机制

社会组织应根据所处业务领域的整体薪酬水平，参考所在地区人力资源和社会保障部门发布的工资指导价位和工资指导线，以及最新行业薪酬调查报告发布的劳动力市场指导价位，就工资收入水平和调整幅度等事项，与从业人员进行平等协商，并在协商一致的基础上签订工资协议，确保从业人员薪酬水平与经济发展水平相协调、与劳动生产率的提高相适应。

6. 不断完善社会保险和住房公积金缴存机制

社会组织应按照国家有关法律法规为员工缴纳社会保险和住房公积金，有条件的社会组织可与员工达成一致意见后建立企业年金或为员工购买其他补充保险。社会保险和住房公积金中应由个人承担的部分，由用人单位代扣代缴；应由用人单位承担的部分，应及时申报缴纳。社会保险和住房公积金缴费基数应按有关法律法规执行。

拓展训练

社会工作者是基层治理的中坚力量，在乡村振兴、民生服务、社会稳定等领域扮演重要角色。然而，相关数据显示，2014年深圳市社会工作者流失率高达22.2%，东莞市社会工作者离职率也由2017年的14%增加到了2019年的19.79%。社会工作专业人才长期居高不下的离职率已成为社会工作参与基层社会治理的一大阻碍，留住社会工作者成为亟须解决的重大问题之一。①

---

① 秦海波，李玉昆，赵燕燕，等. 提升薪资能否留住社会工作者？——工作自主权的调节作用[J]. 社会工作与管理，2022，22（04）：32.

讨论问题

离职率高是社会工作行业之痛，你觉得离职率高的原因有哪些呢？

任务三　熟知志愿者的招募与管理

情境导入

志愿者是社会组织中非常重要的资源，也是社会组织最具特色的人力资源。当今，全球大部分社会组织都在努力吸收和使用志愿者，志愿者已经占到了社会组织就业人数的三分之一以上。正是因为志愿者已经成为社会组织的一个特别需要关注的组成部分，而且具有明显不同于正式员工的许多特性，所以志愿者管理也就成为社会组织人力资源管理中一个值得关注的重要内容。志愿者的招募与管理是社会组织人力资源管理中的重要组成部分。可是，志愿者的招募与管理都涉及哪些内容呢？相信同学们在学完本任务后可以找到答案。

任务目标

（1）了解志愿服务有哪些积极意义。
（2）知道社会组织有哪几种志愿者激励方式。

知识链接

一、志愿者和志愿服务

1. 志愿者

志愿者，即志愿精神的实践者，是指那些具有志愿精神，能够不计报酬、主动帮助他人，为促进公益事业而努力的人群。总体上，志愿者具有公益性、自愿性和非报酬性三个特点。他们致力于促进公益事业，但既不像有偿性服务那样追求回报，也不像强制性劳动那样存在权利义务限制关系。志愿者在不同地区有不同的称谓，如"义工""志工"等。当前，我国志愿者数量庞大。根据《中国志愿服务发展报告（2021—2022）》，截至2021年10月30日，我国志愿者总人数达2.17亿，约占总人口比例的15.4%，累计志愿服务时长达16.14亿小时，人均志愿服务时长为7.44小时。

2. 志愿服务

志愿服务是指民众出于自愿意志，而非个人义务或法律责任，秉承以知识、体能、劳动、经验、技术、时间等贡献于社会的宗旨，不以获得报酬为目的，以提高公共事务效能及增进社会公益为己任所进行的各项辅助性活动。近年来，由于《志愿服务条例》正式实施，志愿服务制度化建设全面加强。国家将志愿服务纳入国民经济和社会发展总体规划，为志愿服务带来了巨大的发展机遇。

志愿服务是对社会、组织和个人都有益的行为。首先，从社会层面看，志愿服务为社会创造了价值，增加了社会资本，减少了社会交易中的消耗和成本，促进了公民与公民之间、公民与社会之间的归属感；其次，从组织层面看，志愿服务有利于组织树立良好的组织形象，创造了组织价值，提升了组织凝聚力；最后，从个体层面看，志愿者通过志愿服务满足了自身的需求（如自我实现的需求，通过志愿服务提升工作技能或获得良好人际关系的需求，等等）。

二、志愿者的人力资源管理体系

由于志愿者属于社会组织的外部人员，因此其人力资源管理体系有着自己的特殊内容。社会组织对志愿者的管理需要采取特定的管理模式，社会组织对志愿者的管理建立在社会组织与志愿者之间价值观共鸣基础上。

1. 志愿者的甄选与招募

志愿者的招募与甄选一般包括以下几方面的内容。

（1）确定志愿者招募目标

为什么要使用志愿者？这个问题就包含服务对象需要什么样的帮助、需要为志愿者设计怎样的工作内容、如何确定志愿者的责任三个问题。为此，社会组织需要评估服务对象的需求，了解服务对象是哪些人、最需要什么，才能确定志愿者的工作内容。通常，因志愿者目标、活动方式、资源配置不同，志愿者的工作内容也不尽相同。在知晓服务对象和工作内容后，社会组织就需要考虑志愿者的责任。

（2）确定志愿者潜在群体

确定志愿者潜在群体，即找到那些愿意参与社会组织工作的志愿者群体。通常，在确定志愿者潜在群体时社会组织在考量人口特征（如年龄、性别、地理分布、学历）的基础上，会重点考虑志愿者的从业动机。志愿者从业动机分类多样，这里主要从内部和外部两个层面介绍志愿者的从业动机。

① 内部层面，多为内心感受下的动机，主要指工作本身所带来的满足感、成就感、归属感和接受挑战的感觉。例如，为了追求人生的价值与目标而从事志愿活动。

② 外部层面，多为外在显性的动机，如外部和社会的承认、工作技能和人际交往能

力的提升等。

通常，志愿者的从业动机是内部层面与外部层面的综合，可能是利他主义、丰富生活经验、家庭因素、新技能的获得等。志愿者的志愿服务行为与他们的动机息息相关，如果能深入了解志愿者的动机并结合社会组织的实际情况，在招募志愿者的时候更能有的放矢。

（3）考虑志愿者角色

志愿者角色，即志愿者在社会组织中所扮演的角色。通常，志愿者的角色可分为以下四种。

① 领导者，但大部分志愿者一般对做一名社会组织领导者的兴趣相对较小。
② 直接提供服务者，直接面对服务对象，从帮助对方的过程中获得满足。
③ 一般支持者，主要提供辅助性工作，如后勤、保健等。
④ 赞助者，主要提供资源，不从事具体志愿服务工作。

（4）确定招募方案

在确定招募方案时，社会组织主要需要考虑是一般招聘还是目标招聘。一般招聘是指招募能适应简单岗位需求、技术性不强的志愿者。一般招聘的招聘范围较广，可通过大众传媒、志愿者口头宣传与推荐等方式进行。如果是目标招聘，就要根据岗位特点进行有针对性的招聘宣传，例如，为支教工作招聘志愿者时，社会组织可以考虑直接到大学进行定点宣讲的方式。

（5）选拔志愿者

志愿者的选拔与人力资源管理流程中选拔其他员工的方式和流程类似。但结合志愿者的特征，有两点值得关注：工作态度和志愿精神。一方面，志愿工作过程本身就是一种传递社会正能量的过程，志愿者的工作态度直接决定了正能量的传递效果，以及组织使命与宗旨的完成程度。所以在选拔志愿者时，对工作态度的考量是十分必要的。另一方面，志愿服务本身就是特殊的无薪或低薪工作，来应聘志愿者的人本身或多或少带有奉献精神，只有具有较强的志愿精神才能在未来长期进行志愿奉献。

2. 志愿者的绩效考核

绩效考核即评估志愿者在一段工作时间内的工作表现，以确定志愿者的工作得失，从而不断提高工作绩效。此外，绩效考核还能为激励提供信息，为保留核心志愿者提供依据。通常，参考一般人力资源绩效考核的方法，结合志愿者的特征，志愿者绩效考核的方法主要有以下几种。

（1）自我目标评价法

这一方法要求志愿者根据自我设定的目标来进行绩效考核。在评价过程中，主要使用过程资料评价及联系人印证两种方式，志愿者提供约定质量和数量的工作资料，工作相关人员提供相应联系方式，考核者进行资料复核和回访。

(2) 设定目标评价法

设定目标评价法，即其他相关主体设定工作目标，志愿者或志愿群体以竞标、议标、申请并承诺的方式参加工作，并最终以设定的目标作为评价志愿者工作成效的标准。这意味着相关主体（如资助者或组织者）应告知比较明确、具体、细致的目标。

(3) 实地评估法

这是指由社会组织或相关机构派出一些社会工作督导或管理专家到志愿者工作或服务的岗位上进行实地观察，并与志愿者的直接主管进行交谈，收集志愿者工作的材料，然后撰写评估报告的一种评估方法。

(4) 开放式成效评价法

该方法要求不要事先对志愿者工作的具体指标和要求进行明确规定，而是结合志愿工作的实时情况及其影响因素，对志愿者工作成效的评价进行灵活性、开放性的探索。这是因为志愿者个体的工作绩效可能会受到多方面因素的影响，如社会组织提供的支持、志愿者团队领导者的领导水平等。

3. 志愿者的激励

社会组织是一个有机整体，只有当个人的需要在社会组织中得到满足且不断被激励时，社会组织和个人才会达到最佳的运作状态。管理学中关于激励的理论有很多，结合志愿者本身的特点，这里介绍目前几种常见的志愿者激励方式。

(1) 荣誉激励

荣誉激励，即授予志愿者相应的荣誉或称号，如"优秀志愿者"。荣誉既可来自政府部门，也可来自民间机构或媒体。

(2) 自我发展激励

自我发展激励，即给志愿者提供成长和发展的空间和机会。这种方式主要可用于希望提升自身能力（如沟通能力、协调能力）、积累经验和扩展人际关系的志愿者。

(3) 成就激励

成就激励，即为志愿者提供从事艰巨、挑战的任务的机会，使其在志愿活动过程中找到自我价值，获得对社会有所贡献的成就感。

(4) 社会回馈激励

社会回馈激励，即政府或企业等通过某种形式来回馈志愿者的付出。例如，"时间银行"将志愿者为他人提供的服务折成小时数，存储在"时间银行"里，并承诺将来一旦志愿者需要，他就可以获得相等时间的其他志愿服务。

拓展训练

2019年7月24日，在中国志愿服务联合会第二届会员代表大会召开之际，中共中央总书记、国家主席、中央军委主席习近平发来贺信，向大会的召开表示热烈祝贺。习近平在贺信中指出，志愿服务是社会文明进步的重要标志。党的十八大以来，广大志愿者、志愿服务组织、志愿服务工作者积极响应党和人民号召，弘扬和践行社会主义核心价值观，走进社区、走进乡村、走进基层，为他人送温暖、为社会作贡献，充分彰显了理想信念、爱心善意、责任担当，成为人民有信仰、国家有力量、民族有希望的生动体现。希望广大志愿者、志愿服务组织、志愿服务工作者立足新时代、展现新作为，弘扬奉献、友爱、互助、进步的志愿精神，继续以实际行动书写新时代的雷锋故事。习近平强调，各级党委和政府要为志愿服务搭建更多平台，给予更多支持，推进志愿服务制度化、常态化。

讨论问题

在新时代背景下社会组织应如何有效进行志愿者管理？

任务四　掌握社会工作督导的基本内容

情境导入

近年来，社会工作行业发展较为迅速，社会组织蓬勃发展，专业社会工作人员数量迅猛增长，社会工作督导制度陆续建立并不断完善。专业社会工作发展离不开社会工作督导的发展。社会工作督导是专业社会工作发展的重要组成部分，是社会建设和创新社会治理的重要环节，也是社会工作人才队伍建设的关键。因此，要不断推动社会工作督导政策和制度建设，加强社会组织中的社会工作督导工作。

任务目标

（1）了解督导者和受督导者各自的职责。
（2）掌握我国本土社会工作督导的主要任务。

知识链接

伴随着社会工作的专业实践，社会工作督导也逐渐转变成拥有自己独特领域的专业实践活动。社会工作督导实践既是对社会工作专业发展过程中面临的困境与挑战的回应，也是推动专业反思和知识创造的过程，是社会组织人力资源管理的重要组成。

一、社会工作督导的含义

社会工作督导是一个多维度的互动过程和持续学习的过程，在这个过程中，督导者与受督导者就专业实践、机构发展、工作绩效和个人成长等相关议题进行讨论、反思，从而帮助受督导者实现理论知识与专业实践的协同发展，以及服务经验与专业自我的持续整合，最终推动社会工作的专业性和服务品质不断提升。

1. 督导者

督导者一般是由社会组织雇佣的，并且根据社会组织的制度、安排和行业相关规定为受督导者提供督导服务的专业人员。通常，督导者应接受过充分的专业教育，同时还应具有丰富的社会工作实务经验。相比受督导者，督导者具有更丰富的专业经验、知识和技能。

2. 受督导者

受督导者通常是指接受督导的人，一般是指社会组织中直接参与一线工作的社会工作者，包括社会工作实习生或者非专业的志愿工作人员等。不同的社会工作者对督导的频率和时长需求有所不同。需要注意的是，督导工作并非完全由督导者承担，同时还涉及受督导者。在一个良性互助的督导过程中，无论是督导者还是受督导者，都需要做好积极准备，参与督导全过程，并且承担督导过程中各自的责任。督导者与受督导者之间的良好关系建立在互相信任、尊重，以及真诚、开放并且各自具有明晰责任的基础之上。

3. 双方的职责

（1）督导者的职责

在督导过程中，督导者的职责至少包括以下几个方面。

① 为受督导者的预估、干预等提供指导。

② 评估受督导者在服务过程中对专业概念、理论和原则的理解与运用。

③ 维护督导记录。

④ 定期评估受督导者的工作绩效。

⑤ 为受督导者提供督导工作所要求的各类文件资料。

⑥ 识别可能对服务对象或者公众的健康和福利造成威胁的做法。

（2）受督导者的职责

受督导者在督导过程中至少应承担以下几项职责。

① 熟知督导合同中规定的角色和责任。

② 积极参与督导，提前准备督导过程中可能涉及的相关材料。

③ 向督导者披露任何可能影响自己服务能力的事宜，以及实践中出现的任何涉及道德和安全的相关问题。

④ 维护督导记录。

督导者与受督导者在督导过程中具体需要承担哪些职责，还需要根据具体的督导要求和场景作出适当的安排和调整。

二、社会工作督导的意义

目前,在社会工作领域基本上已达成这样一种共识:督导对于社会工作者、社会组织、社会工作专业发展和服务成效改善具有积极的影响。具体来说,社会工作督导的意义主要体现在以下三个方面。

1. 有助于社会工作者提升能力和积累专业知识

社会工作者的服务并非简单易行的,他们处理着不同服务对象在不同生活情境中的各类问题。尽管在一些情况下,现有的理论与实务模式能够为实践提供指导,社会工作者能够帮助服务对象解决其面临的困扰。但是,实际生活的不确定性和变动性常常使社会工作者很难作出准确的专业判断。这个时候,社会工作者就需要运用新的知识、技能以及情感支持来应对实践中不断变化的各种难题。督导工作可以为社会工作者提供一个对自己的工作进行回顾、审视和反思的机会,使社会工作者可以在一个不担心被指责、轻松、互相信任的氛围中学习和交流。在督导过程中,社会工作者可以袒露自己的困惑、想法和感受,而督导者可以通过与社会工作者的直接对话,与社会工作者一起寻找其在实务工作中的"临床问题缺口",协助社会工作者掌握解决这些问题所需要的技能,调整负面的情绪,学会勇敢面对不断变化的专业环境。

2. 有助于维持社会组织各系统间的良性互动

从工作的任务取向来看,社会组织中存在着专业系统和行政系统两大子系统。专业系统的运作逻辑是以服务对象为导向,目的是满足服务对象的需求;而行政系统的运作逻辑是以任务效率为取向,目的是保障服务的成效。当两者产生冲突时,就会让受督导者产生压力,影响受督导者的情绪,削弱受督导者的工作热情。作为两个系统之间缓冲的督导者,可以从整体角度去识别问题的潜在原因,了解两个系统之间的相互影响,及时调节不良的互动状态,从而促进专业服务与行政工作之间的平衡,为一线社会工作者营造积极良好的工作氛围。

3. 保障服务对象的权益和服务的品质

虽然服务对象不是督导过程的直接参与者,但服务对象却是督导过程的最终受益方。在专业实践中社会工作者不可避免地需要作出某些决策,如对服务对象问题的评估、对问题背后原因的分析、干预过程中对相关理论与技巧的选择和运用、面临伦理困境时的抉择等。这些会通过受督导者与督导者的交流,成为督导过程中讨论探究的议题。通过与督导者一起对专业服务过程中的各个方面进行回顾和审视,受督导者能够厘清自己在专业实践过程中作出某种抉择的原因和自己所持的观察视角,逐渐找到实务中更有效的应对方式或解决办法,从而保障服务对象的合理权益,提升服务的品质。

三、社会工作督导的主要任务

社会工作督导的工作范围和主要任务与社会组织采取的督导类型有一定的关系，不同的督导类型也在某种程度上决定了督导发挥的作用、工作范围和关注的焦点。在我国本土社会工作专业实践中，受政府购买服务推进方式的影响，社会工作督导以项目化服务为导向。下面从项目督导、个人发展督导和工作管理督导三个方面介绍社会工作督导的主要任务。

1．项目督导

项目督导的主要任务包括项目规划与设计指导、项目实施技术指导，提升项目工作团队的专业服务能力、协调团队合作过程中的配合问题等。其目的是协助项目团队中的社会工作者掌握项目任务的分配、落实，以及项目进度的调控和项目成效的评估等方面的技能。

2．个人发展督导

个人发展督导的主要任务包括协助受督导者处理个人职业生涯规划、压力调节、工作管理等相关议题，也包括为一线社会工作者提供持续的情感支持，以舒缓他们在实务中可能出现的压力、无助感和倦怠感等。其目的是促进一线社会工作者思维方式的转变，进而提高一线社会工作者在实务中分析问题和解决问题的能力。

3．工作管理督导

工作管理督导的主要任务包括行政任务的安排、授权、委派和跟进，相关文书的审阅，工作绩效的评估，机构政策的落实，专业伦理议题的处理以及机构指定的服务原则的把控等。其目的是协调、平衡专业技术工作与事务性工作的安排，进而保证社会工作者的服务品质和服务效率。

四、我国本土社会工作督导的要求

尽管我国本土的社会工作督导工作开始得比较晚，但随着社会工作的持续推进，特别是社会工作专业化和职业化的不断深入，我国本土社会工作督导工作已经作了不少有益的尝试和探索，积累了一些经验。

2015年，中国社会工作联合会公布了《注册社会工作督导培训标准体系（试行）》，其中，对我国社会工作督导者的资质作了相关的规定，具体如下：

其一，本科或以上学历，社会工作硕士或者本科优先；

其二，三年以上的一线社会工作经验以及一年以上的行政管理督导经验；

其三，一年半的全部督导课程培训，并且出席率达标、考核符合要求。

只有具备了以上三个条件，才可以授予注册认证的督导资格。

注册认证督导资格的考核包括三个方面：

一是社会工作的核心理念及态度，具体包括专业素质、沟通及表达能力、工作操守、组织及计划能力、对机构和服务的理解力。

二是社会工作实务能力，具体包括对理论知识的综合运用能力、建立关系的技巧和能力、探索及分析问题的能力、策划行动的能力、执行及监控的能力、评估和终止专业服务的能力，以及写作的技巧和能力。

三是社会工作督导能力，具体包括个人领导能力、沟通及团队协作能力、服务素质管理能力、人事及行政管理能力、促进社会工作者个人成长的引导能力，以及增进社会工作者与不同身份者交流和协商的能力等。

我国本土社会工作督导者不仅需要掌握核心的社会工作专业价值理念和理论知识，具备实务操作技能，还需要保持不断学习的积极心态。只有这样，他们才能通过社会工作督导工作，将专业服务的知识和方法有效地传递给社会组织、一线社会工作者和服务对象。

 拓展训练

"督导，这样万一小朋友不接受怎么办？""督导，那些阿姨都不识字，这样讲他们可能会听不懂。""你这个想法不行，我试过了，村民们很反感社会工作者把他们当作小孩子看。""总之，不管怎么样，他总会找各种理由，说这种做法行不通。"

讨论问题

如果你是一名社会工作督导者，遇到这些负能量较多的社会工作者该怎么办？

项目七

社会组织财务管理

项目概述

本项目主要介绍社会组织财务管理的特征与目标、社会组织财务管理的基本功能及基本原则、社会组织财务管理的内容、我国社会组织财务管理的问题与对策等内容。学完本项目后,应能理解社会组织财务管理的特征与目标,熟知社会组织财务管理的基本功能与基本原则,掌握社会组织财务管理的内容,分析我国社会组织财务管理中存在的问题并能给出相应对策。

引言

财务管理是实现社会组织可持续发展的必要条件。和企业一样,如果做不好财务管理工作,社会组织就会发生危机。但是,无论在发达国家还是在发展中国家,社会组织普遍存在着财务管理不善的问题。那么,社会组织财务管理跟企业财务管理有何区别?社会组织财务管理具有怎样的特征与目标?包括哪些内容?常用方法有哪些?我国社会组织财务管理还存在哪些问题?应该如何完善社会组织财务管理工作?带着这些问题,我们来学习本项目的内容。

任务一 理解社会组织财务管理的特征与目标

情境导入

财务管理，是一个在现代企业管理中被广泛使用的术语。企业是利益驱动型的组织，以逐利为目标进行资源整合，之所以进行财务管理，是为了实现利润的最大化以及财务状况的最优化。与此相对应的，在社会服务领域，那些以使命为驱动力，专注于提供社会服务的社会组织，在实际运作中也需要借用企业的一些财务管理理念和财务管理方法，对组织的财力和物力资源加以合理有效利用，以保证组织顺利而持续地开展服务。当然，与企业追求利润最大化的财务管理目标不同，社会组织进行财务管理的目标主要是保证组织运行资金的安全和高效。也就是说，不论企业还是社会组织，"财"都需要"理"，只是"道"不同而已。

任务目标

（1）了解企业财务管理和社会组织财务管理的区别。
（2）理解社会组织财务管理的特征与目标。

知识链接

社会组织财务管理是社会组织管理的一个重要组成部分，是指社会组织根据财务制度及财经纪律，按照财务管理的原则，对自身资金筹集、分配及使用所引起的财务活动进行计划、组织、协调、控制，以及处理财务关系的一项综合性的经济管理工作。

一、社会组织财务管理的特征

由于社会组织不以营利为目的，主要从事一些公益性的社会活动，这就决定了社会组织的资金周转和管理过程与营利性组织是不同的。社会组织应严格遵守国家的各项财务制度及财经纪律，严格按国家的有关规定及标准办理各项收支活动，提高资金使用效率。社会组织本身的资金运转特点决定了其财务管理具有以下特征。①

---

① 郭葆春. 社会组织财务管理 [M]. 北京：中国社会出版社，2016：5-7.

1. 经费来源的无偿性

社会组织的资金来源主要是成员缴纳的会费、资助者的捐赠和政府通过财政预算支付的服务购买资金，这决定了社会组织获得的经费具有无偿性。社会组织作为国家职能的承担者，不以营利为目的，它们为社会提供的服务往往是低价的，甚至是免费的，它们的各种消耗很难通过自身的经营活动得到补偿。这也在客观上决定了社会组织完成各项任务所需的经费必须是无偿的。

2. 经费使用方式上的局限性

社会组织的资助者提供的资金可称为基金，基金的特征是要按资助者的意愿完成一定的任务，实现社会效益。社会组织的财务管理首先表现为基金管理，要能反映各项基金按预算应用的结果。社会组织的资助者不要求投资回报和投资回收，但要求按法律规定或资助者的意愿，把基金用在指定用途上，不能挪作他用，即基金的使用方式具有局限性。社会组织基金使用方式的局限性体现了资助者的权利。

3. 经费使用的政策性

社会组织的各项活动对社会主义物质文明建设和精神文明建设都有一定的影响，与国家的社会主义现代化建设和人民群众的物质文化生活密切相关。因此，社会组织的财务活动体现着国家的财政方针政策，体现着国家支持什么、反对什么、鼓励什么、限制什么，体现着政府的意图。社会组织经费的一收一支，都对应着明确的规定，都带有极强的政策性。因此，社会组织在办理各项收支业务时，要严格执行有关的收支标准，严格执行各项财务制度及财经纪律，要依法理财，合理有效地使用每一笔资金。

4. 预算管理的重要性

预算管理是社会组织财务管理的中心工作。各类社会组织每年年初都要根据活动开展计划和单位工作任务安排编制单位年度预算，并按一定程序报有关部门审批。审批通过之后，社会组织预算就成了财政部门管理各社会组织财务收支活动的依据。财政部门一方面根据社会组织的预算向其拨付经费；另一方面，又通过预算管理，将社会组织的各项财务收支纳入预算，统一核算、统一管理。从社会组织角度来看，其预算经有关部门审批之后，同样成为本组织办理财务收支及其他各项财务活动的重要依据，社会组织的各项财务收支一般都要按预算执行，其他各项财务管理工作也主要围绕预算展开。因此，预算管理是社会组织财务管理的中心，在社会组织财务管理中起着主导作用。要提高社会组织财务管理的有效性，必须切实加强预算管理。

5. 涉及范围的广泛性

作为协助管理社会公共事务、协调社会公共利益关系、实现国家职能的组织，社会组织遍布全国，它们的活动一定程度上关系着国家经济的发展、社会的进步与国家政权的建设，与政府意图的实现密切相关，与广大人民群众的生产生活密切相关。社会组织的财务管理是为社会组织开展各项业务活动服务的，所以社会组织财务管理的范围也非常广泛，深入社会组织活动的方方面面，深入全国城乡的每个角落。这就要求社会组织要切实加强财务活动的管理和监督，财务工作者要本着认真负责的态度，将财务工作做深做细，办好每一项收支业务，用好每一分钱，切切实实地把国家的方针、政策及政府的意图落实到每一个角落。

6. 财务管理模式的多样性

社会组织种类繁多，从所有制形式来看，既有全民所有制的，又有集体所有制的；从业务活动性质来看，既有生产性的，又有非生产性的，既有服务性质的，也有社会福利性质的；从资金来源来看，既有国家财政全额拨款的，也有国家财政部分拨款的，还有国家财政不拨款的；从提供公共产品及公共服务的方式来看，既有免费的，也有付费的。不同的社会组织，性质不同，业务特点不同，财务收支状况也有较大差异。相应地，不同社会组织对财务管理提出的要求就不同，预算的编制、资金的安排、财务成果的分配也不一样。因此，社会组织财务管理工作应坚持实事求是的原则，在严格执行国家统一的财务制度的前提下，还应根据实际情况和实际需要，有针对性地建立一套符合社会组织实际的财务管理模式，有选择地采用不同的方法进行财务管理。此外，社会组织的财务管理工作还要切实可行，不能脱离实际搞"一刀切"，不能生搬硬套地进行统一模式管理。

二、社会组织财务管理的目标

社会组织财务管理的目标与企业财务管理的目标有着较大的差异。企业财务管理的目标主要是利润最大化或股东财富最大化，社会组织财务管理的目标主要是获取和有效使用资金，以实现组织的社会使命。具体来说，社会组织财务管理的目标主要包括以下几个方面。①

1. 建立健全财务制度，规范财务行为

财务制度是社会组织财务管理的基本依据和行为规范。建立健全财务制度是社会组织财务管理的重要目标之一。建立健全财务制度有利于保证国家有关方针、政策的贯彻执行，有利于使各项财务活动有据可依、有章可循，从而实现财务管理的规范化、制度化。财务制度主要包括预算决算制度、收入管理制度、开支标准制度、资金管理制度、财产物资管理制度、财务分析和财务监督制度等。地方各级财政部门和社会组织上级主管部门可根据国家有关规定，结合本地区的实际情况，制定本地区、本部门的财务制度。社会组织也应以国家有关法律法规和有关方针、政策为依据，紧密结合本组织财务管理的客观实际，建立健全财务制度，规范财务行为。

---

① 郭葆春. 社会组织财务管理 [M]. 北京：中国社会出版社，2016：8-9.

2. 加强单位预算管理,保证工作计划和工作任务的完成

加强单位预算管理是社会组织完成各项工作计划和工作任务的保障,是社会组织财务管理另一重要目标。社会组织加强单位预算管理,有利于贯彻执行国家有关方针、政策;有利于优化财务资源配置,合理安排和使用各项资金,提高资金使用效益;有利于促进各项事业的发展。科学合理地编制单位预算,并严格按照批准的预算执行,是社会组织预算管理的中心工作,因此,各社会组织要做好预算的编制和执行工作,以保证工作计划和工作任务的完成。

3. 加强收支管理,提高资金使用效率

社会组织收入管理主要是对收入项目、标准以及收入进度等进行的管理。社会组织支出管理主要是对支出项目、范围、标准等方面进行的管理。加强收支管理,是社会组织做好预算管理的重要保证。加强收支管理,有利于社会组织依法组织收入,合理安排支出;有利于社会组织有效使用各项资金,提高资金使用效率,从而保证预算顺利完成。

4. 加强资产管理,防止资产流失

资产是社会组织开展业务活动和完成工作任务的物质基础。加强资产管理是社会组织财务管理的目标之一。社会组织加强资产管理能够保证资产的安全、完整,防止资产流失,提高资产利用效率,进而充分发挥资产在社会组织促进事业发展和完成工作任务中的作用。

5. 加强财务分析和财务监督,如实反映财务状况

加强财务分析和财务监督也是社会组织财务管理的一项重要目标。加强财务分析和财务监督有利于保证社会组织认真执行国家有关方针、政策和财务制度,遵守财经纪律;有利于保证社会组织顺利完成业务工作和财务收支计划;有利于社会组织及时、准确地了解自身的财务状况,分析财务活动的特点和规律,从而为财务决策提供科学、可靠的依据。

拓展训练

小卢是重庆市某社会工作服务机构的员工,代表机构参加重庆市民政局组织的社会工作骨干人才高级研修班。在培训结束时,小卢去酒店前台结算住宿费,并告知工作人员需要开发票,这时酒店工作人员问小卢开增值税专用发票还是普通发票,小卢一脸茫然,不知道这两种发票有何区别。

讨论问题

增值税专用发票和普通发票有何区别?

任务二 熟知社会组织财务管理的基本功能与基本原则

情境导入

2004年8月18日,财政部发布了《民间非营利组织会计制度》,并于2005年1月1日起执行。该制度适用于我国依法登记的社会团体、基金会、民办非企业单位和寺院、宫观、清真寺、教堂等,是我国第一部民间非营利组织的会计制度,填补了我国会计制度体系的一项空白,对于促进民间非营利组织健康持续发展有着重大意义。

任务目标

(1) 熟知社会组织财务管理的基本功能。
(2) 熟知社会组织财务管理的基本原则。

知识链接

一、社会组织财务管理的基本功能

社会组织财务管理主要有以下几个基本功能。

1. 有利于实现组织宗旨

社会组织的收入和支出项目集中体现了其宗旨。社会组织进行财务管理——加强预算管理、优化资源配置、合理安排资金和使用各项资金等,有利于健全财务制度,提高资金使用效率,防止资产流失,保证各项活动的顺利开展,从而实现组织的宗旨。

2. 有利于优化绩效管理

虽然社会组织资金来源比较广泛,但相对其提供各项社会公益服务的开支,这些资金还是有限的,而且往往寄托着资金提供者对社会组织完成某项社会使命的信任和期待。社会组织需要完善财务管理系统,抓好每个环节的成本管理和绩效管理,这有利于保障组织正常运作所需资金,加强内部控制,从而优化绩效管理。

3. 有利于防范财务危机

社会组织也可能面临各种财务困难和危机,财务危机可能会直接影响社会组织各项活动的正常进行,从而妨碍社会组织实现其目标。健全财务管理制度,做好财务预算和财务分析规划，有利于社会组织防范资金紧缺的情况，以及资金运作中存在的风险，进而防范财务危机。

4. 有利于保证社会组织的廉洁

社会组织的资金来源于社会各界，财务管理的不规范和不完善常常为假公济私、滥用善款、违规交易、营私舞弊等行为提供机会。社会性组织的腐败会在社会上产生强烈的负面效应。健全财务管理制度，严格进行财务管理，有利于社会组织提高财务信息的透明度和公开性，加强内部控制制度建设，使社会组织的资金始终处于可控状态，从而有效遏制腐败的发生，保证组织的廉洁。

5. 有利于提高社会组织的公信力

社会组织需要树立良好社会形象和公信力，以提高公众对其的认同和信任，保障社会组织有来自社会各界的资助和捐赠，以及顺利开展各项活动。建立健全高效透明的财务管理体系，确保有一个公开透明的资金运作机制，有利于社会组织定期反馈财务管理过程，公布财务报告，主动接受社会各界对其资金使用合理性和合法性的监督，有利于不断提高社会组织的公信力，增强社会对其的认同。

二、社会组织财务管理的基本原则

社会组织财务管理的基本原则是社会组织开展经济活动、处理财务关系的基本准则。一般而言，社会组织财务管理应遵循以下几项基本原则。

1. 依法理财的原则

依法理财是社会组织财务管理应遵循的最基本的原则。在社会主义市场经济条件下，一切财务活动都必须在法律规定的范围内运行。社会组织财务管理工作要严格遵守国家相关法律法规和财务制度，规范财务行为，使各项工作在法治轨道上运行。首先，社会组织要大力加强财务管理制度建设，逐步形成一套科学、规范、系统的财务制度体系；其次，社会组织要在具体的财务管理工作中，认真贯彻执行各项财务制度，做到有法必依；最后，社会组织要做好财务制度贯彻情况的监督检查，做到执法必严、违法必究。

2. 勤俭节约的原则

勤俭节约是社会组织财务管理必须长期遵循的基本原则。在一定时期内，社会组织的社会资金供给是有限度的，各类社会组织所能获得的活动经费也是有限的。所以，社会组织在进行财务管理时必须坚持勤俭节约的原则，将勤俭节约原则落实到资金筹集、分配、使用的每一个环节，优化资源配置，调整支出结构，提高资金使用效率，防止因效益问题而造成的资金浪费，使有限的人力、物力、财力发挥更大的作用。

3. 量入为出的原则

坚持量入为出，加强成本控制是社会组织财务管理工作必须长期坚持的原则。社会组织在开展日常业务活动时,应以预算为依据,充分实现资源的有效配置。一方面,社会组织要积极采取措施,有效地使用有限的资金,反对和杜绝铺张浪费的现象;另一方面,社会组织要大力提高资金使用效率,努力挖掘资金潜力,区分轻重缓急,不盲目投资,合理安排使用资金,使有限的资金发挥最大的效益,尽力办好可办之事。

4. 社会效益优先的原则

社会组织以生产精神产品和从事社会公益活动为主,通过提供公益产品和服务来增进社会福利,承担着一定的政府福利职能,具有社会公益性特征,且不以营利为目的。因此,社会组织在充分利用现有的人力、物力、财力开展各项活动时,要坚持社会效益优先的原则,从而更好地满足社会需求。

5. 利益兼顾的原则

社会组织在财务管理中必须坚持国家、组织与个人三者利益兼顾的原则。作为相对独立的财务核算主体,社会组织在自觉维护国家利益、顾全大局,将国家利益放至首位的同时,也要处理好组织与职工的财务关系,要坚持按劳分配制度,充分体现和认可职工的劳动效益。当三者利益发生冲突时,组织与职工的利益应服从国家利益,个人利益应服从集体利益。

6. 预算管理的原则

社会组织的全部财务活动都应按规定编制预算,形成以预算管理为中心的经济管理信息系统,从而提高财务管理的成效。正确编制预算,有利于社会组织有计划地组织各项财务活动,保证各项业务的顺利开展。随着财务预算制度的改革和创新,社会组织预算的编制应更多地采用零基预算等科学的编制方法,按照当地财政对其预算编制的要求,完成预算编制和执行工作。

拓展训练

小陈是重庆市某社会工作服务机构的出纳。在一个社会工作服务项目结项时,评估专家发现该机构的社会工作服务项目结项报告中没有反映财务的部分,没有将项目预算和项目决算进行对比分析,从结项报告不能看出项目实际开支总额和开支类别。为此,评估专家要求该机构补充项目财务报告,尤其是预决算对比分析表。

讨论问题

如何做社会工作服务项目预决算对比分析表?

任务三 掌握社会组织财务管理的内容

情境导入

2016年8月21日,中共中央办公厅、国务院办公厅印发了《关于改革社会组织管理制度促进社会组织健康有序发展的意见》。该文件明确提出:要加强对社会组织资金的监管,建立民政部门牵头,财政、税务、审计、金融、公安等部门参加的资金监管机制,共享执法信息,加强风险评估、预警。民政、财政部门要推动社会组织建立健全内控管理机制,严格执行国家有关财务会计制度和票据管理使用制度,推行社会组织财务信息公开和注册会计师审计制度。财政部门要加强对社会组织财政、财务、会计等政策执行情况的监督检查,发现问题依法处罚并及时通报民政部门。税务部门要推动社会组织依法进行税务登记,对于没有在税务机关登记的社会组织,要在该文件下发后半年内完成登记手续;要加强对社会组织非营利性的监督,严格核查非营利组织享受税收优惠政策的条件,落实非营利性收入免税申报和经营性收入依法纳税制度;加强对社会组织的税务检查,对违法违规开展营利性经营活动的,依法取消税收优惠资格,并通报有关部门依法处罚相应社会组织和主要责任人。审计机关要对社会组织的财务收支情况、国有资产管理使用情况进行审计监督。金融管理部门要加强对社会组织账户的监管、对资金往来特别是大额现金支付的监测,防范和打击洗钱和恐怖融资等违法犯罪活动。中国人民银行要会同民政部加快研究将社会组织纳入反洗钱监管体系。

任务目标

(1) 掌握社会组织财务管理的内容。
(2) 理解社会组织财务管理对促进社会组织健康有序发展的意义。

知识链接

一般而言,社会组织财务管理的具体内容主要包括以下几个方面。

一、预算管理

预算管理是社会组织财务管理的核心,它是社会组织根据事业发展计划和任务编制的年度财务收支计划,是内部控制制度和管理控制系统的重要组成部分。预算主要包括收入预算和支出预算。收入预算是指社会组织对年度内通过各种形式、各种渠道可能取得的用于各项事业以及其他活动的非偿还性资金的收入计划。支出预算是指社会组织对年度内用于各项活动的支出（包括业务活动成本、管理费用、筹款费用和其他费用等）的计划。①

1. 预算管理的基本程序

社会组织预算管理一般包括以下几个阶段。

(1) 预算前的准备阶段

此阶段的工作要点是做好调查和认证工作，主要包括以下三方面内容。

① 确定预算起点并解决三个问题：由谁提出预算目标？提出什么样的预算目标？以什么为依据提出预算目标？

② 确定收支标准等指标，收支标准是在制定预算时，依照有关规定或在科学测算的基础上对各项支出所确定的单位定额。

③ 加强有关部门的协作，划分预算工作权限和职能，明确预算工作所涉及的各个部门的职责和分工。

(2) 预算编制和审批阶段

在此阶段，社会组织会根据本年度发展计划，结合上年预算执行情况及增减变动的因素，提出本年度收支预算建议方案，经最高财务决策机构审议后上报理事会，理事会对社会组织报送的方案进行审核，审核通过后便可以执行。

(3) 预算执行及调控阶段

此阶段的工作重点是监督和控制，主要包括以下两方面内容。

① 监督各项预算收入及时足额到位，在各项预算指标额度内，按规章制度安排各项支出。

② 履行预算调整的法定程序。预算调整的条件主要有两个：一是任务发生变化，二是环境（如政策）等发生变化。预算调整必须在多方调整和科学认证且证据充足的前提下进行，必须按法定程序及权限行事。预算调整的方式有两种：一是追加或降低预算指标，二是对预算科目予以调整。

(4) 预算执行后的评价及审计阶段

此阶段的工作重点是评价和审计，主要评价和审计以下内容。

① 执行预算目标的具体部门或负责人提交的项目进展情况报告。

② 预算管理单位提交的预算执行情况决算报告。

③ 审计监督部门提供的预决算审计报告。

2. 预算管理的常用方法

在年度财务预算编制方面，社会组织主要采用基数法编制固定的年度预算。基数法也称增量预算法，即在编制下一年度预算时，主要以上一年度的实际预算收支为依据，在对

---

① 郭葆春. 社会组织财务管理 [M]. 北京：中国社会出版社，2016：164-166.

影响下一年度预算收支的各种因素进行充分分析的基础上，确定下一年度预算收支的一种方法。在预算执行方面，社会组织主要采用法律规范控制法，即通过国家各级政府制定的法律规范和本单位制定的规章制度对预算过程进行管理。

随着预算管理的发展，在传统的预算管理方法的基础上，社会组织也逐渐开始采用一些其他预算管理方法。①

(1) 零基预算法

零基预算法，即以零为基础编制预算，这是一种对每一个计划的预算费用都以零为基础加以分析计算的预算方法。零基预算法是以对预算期内所有项目进行严格审核、分析、测算、评估为基础的预算管理方法。

(2) 滚动预算法

滚动预算法，也称连续预算法、永续预算法，是指将预算期始终保持一个固定长度，连续进行预算管理的一种方法。滚动预算法的预算期通常以一年为固定长度，每经历一个月或一个季度，立即根据前一个月或前一个季度的预算执行情况，对之后一个月或之后一个季度的预算进行修订。

(3) 弹性预算法

弹性预算法是在不能准确预测业务量的情况下，根据业务量、成本和利润之间的联动关系，按照预算期内可能的一系列业务量水平编制的具有伸缩性预算方案的一种方法。

(4) 项目预算法

项目预算法是将现有资源按比例分配于不同的项目，并将预算过程与评估过程紧密结合在一起，借以考核项目运作是否有效，检查组织是否实现其宗旨与目标的一种预算管理方法。

二、日常资金管理

日常资金管理是指对社会组织的流动资金及日常财务收支进行的管理。其目的是合理运用各项资金，保持收支平衡。日常资金管理主要包括现金管理、银行存款管理、其他货币资金管理和存货管理等四个方面。

1. 现金管理

社会组织应当严格按照国家有关现金管理的规定收支现金，并严格按照《民间非营利组织会计制度》的规定核算与现金相关的各项收支业务。具体而言，社会组织应当设置"现金日记账"，由出纳人员根据收付款凭证，按照业务发生顺序逐笔登记。现金的核算应当做到日清月结，计算当日的现金收入合计数、现金支出合计数和结余数，账面余额必须与库存数相符。对每日终了结算现金收支、财产清查等中发现的现金短缺或溢余，应及时查明原因，并根据管理权限，报经批准后，在期末结账前处理完毕。

---

① 莫冬燕. 非营利组织财务管理 [M]. 大连：东北财经大学出版社，2018：51-57.

2. 银行存款管理

银行存款是指社会组织存入银行或其他金融机构的存款。《民间非营利组织会计制度》对银行存款的收款凭证和付款凭证的填制日期和依据作出了较为详细的规定，具体如下。

（1）采用支票结算方式

收款单位对于收到的支票，应填制进账单，并连同支票送交银行，根据银行盖章退给收款单位的收款凭证联和有关的原始凭证编制收款凭证；付款单位对于付出的支票，应根据支票存根和有关原始凭证编制付款凭证。

（2）采用汇兑结算方式

收款单位对于汇入的款项，应在收到银行的收账通知时，据以编制收款凭证；付款单位对于汇出的款项，应在向银行办理汇款后，根据汇款回单编制付款凭证。

（3）采用银行汇票结算方式

收款单位应当将汇票、解讫通知和进账单送交银行，根据银行退回的进账单和有关的原始凭证编制收款凭证；付款单位应在收到银行签发的银行汇票后，根据"银行汇票申请书（存根联）"编制付款凭证。如有多余款项或因汇票超过付款期等原因而退款时，应根据银行的多余款收账通知编制收款凭证。

（4）采用商业汇票结算方式

商业汇票的结算方式分为两种，即商业承兑汇票结算方式和银行承兑汇票结算方式。采用商业承兑汇票结算方式的，收款单位将要到期的商业承兑汇票连同填制的邮划或电划委托收款凭证，一并送交银行办理转账，根据银行盖章退回的收账通知，据以编制收款凭证；付款单位在收到银行的付款通知时，据以编制付款凭证。采用银行承兑汇票结算方式的，收款单位将要到期的银行承兑汇票连同填制的邮划或电划委托收款凭证，一并送交银行办理转账，根据银行的收账通知，据以编制收款凭证；付款单位在收到银行的付款通知时，据以编制付款凭证。

（5）采用银行本票结算方式

收款单位按规定受理银行本票后，应将本票连同进账单送交银行办理转账，根据银行盖章退回给收款单位的收款凭证联和有关原始凭证编制收款凭证；付款单位在填送"银行本票申请书"，并将款项交存银行，收到银行签发的银行本票后，根据申请书存根联编制付款凭证。收款单位因银行本票超过付款期限或其他原因而退款时，在交回本票和填制的进账单经银行审核盖章后，根据银行退回给收款单位的收款凭证联编制收款凭证。

（6）采用委托收款结算方式

收款单位对于托收款项，根据银行的收账通知编制收款凭证；付款单位在收到银行转来的委托收款凭证后，根据委托收款凭证的付款通知和有关的原始凭证编制付款凭证。

（7）采用托收承付结算方式

收款单位对于托收款项，根据银行的收账通知和有关的原始凭证编制收款凭证；付款单位对于承付的款项，应于承付时根据托收承付结算凭证的承付支款通知和有关发票账单等原始凭证编制付款凭证。如拒绝付款，属于全部拒付的，不做账务处理；属于部分拒付的，付款部分按上述规定处理，拒付部分不做账务处理。

（8）现金日记账和银行存款日记账的账务处理

以现金存入银行，应根据银行盖章退回的交款回单及时编制现金付款凭证，登记"现金日记账"和"银行存款日记账"。向银行提取现金，根据支票存根编制银行存款付款凭证，据以登记"银行存款日记账"和"现金日记账"。收到的存款利息，根据银行通知及时编制收款凭证。

3．其他货币资金管理

其他货币资金是指社会组织的外埠存款、银行汇票存款、银行本票存款、信用卡存款、信用证保证金存款、存出投资款（或者存入其他金融机构）等各种其他货币资金。外埠存款是指社会组织到外地进行临时或零星采购时，汇往采购地银行开立采购专户的款项。银行汇票存款是指社会组织为取得银行汇票按规定存入银行的款项。银行本票存款是指社会组织为取得银行本票按规定存入银行的款项。信用卡存款是指社会组织为取得信用卡按照规定存入银行的款项。信用证保证金存款是指社会组织为取得信用证按规定存入银行的保证金。存出投资款是指社会组织存入证券公司但尚未进行投资的现金。

4．存货管理

存货是指社会组织在日常业务活动中持有以备出售或捐赠的，或者为了出售或捐赠仍处在生产过程中的，或者将在生产、提供服务或日常管理过程中耗用的材料、物资、商品等，包括材料、库存商品、委托加工材料，以及达不到固定资产标准的工具、器具等。社会组织应设置"存货"主科目进行账务处理，且应当按照存货的种类和存在形式设置明细账进行明细核算。对于取得和发出存货时的成本，应遵循如下原则进行计量：在取得存货时，应当以其成本入账；在发出存货时，应当根据实际情况采用个别计价法、先进先出法或者加权平均法，确定发出存货的实际成本。社会组织应当定期清查盘点各种存货，每年至少盘点一次，对于发生的盘盈、盘亏以及变质、毁损等，应当及时查明原因，并根据管理权限，报经批准后，在期末结账前处理完毕。

三、财务报告与财务分析

1．财务报告

社会组织财务报告是反映社会组织一定时期的财务状况、业务活动情况和预算执行结果的总结性书面文件。社会组织要根据有关部门规定的财务报告的内容、格式、编制方法、报送时间等要求，认真做好财务报告的编制工作。社会组织的财务状况和业务成果，除了通过日常的会计核算和业务核算加以反映外，还必须通过财务报告的形式加以反映。财务报告应对社会组织的财务情况进行正确的评价和分析。为了更好地发挥财务报告的作用，社会组织在编制财务报告时，一般应注意以下几点。

(1) 报表格式必须统一

财务报告是社会组织内部和有关部门加强财务管理所必须掌握的重要资料。社会组织应严格按照主管部门规定的格式、内容和编制方法编制财务报告，不能随意删改有关报表，以保持各财务报表的统一性和报表数据的可比性。

(2) 填报数字必须真实准确

所谓真实准确，是指社会组织在编制财务报告时，要以核对无误的会计账簿记录为依据，登记的数字要准确、真实。因此，社会组织在编制财务报告之前，必须及时记录相关会计事项，并认真进行对账、核账和财产清查。社会组织要在账账相符、账实相符的基础上编制财务报告，而不能用估计数、推算数填列，更不能弄虚作假，隐瞒收支情况。财务报表中数据计算要准确，各报表之间数字有逻辑联系的，必须做到相互衔接。

(3) 内容必须完整齐全

社会组织应及时编制国家财务制度规定的在不同财务期间应该报送的所有财务报告。财务报告体系中的各类报表应编制齐全，不得缺表、少表，财务报表中包含的各个项目的数据除未发生的外，都必须填列齐全，不得遗漏。此外，编制好财务报表后，针对财务报表有关需要说明的事项，社会组织要认真编写财务情况说明书，以完成一份完整的财务报告。

(4) 编制必须及时

为了满足使用者和其他有关方面及时了解预算执行情况及财务状况的需要，以及有关人员进行财务分析、汇总财务报表的需要，充分发挥财务报告的作用，社会组织应按照国家财务制度规定的时间及要求按时编制财务报告，并按照财政部门、主管部门和其他财务信息使用者规定的时间及时报送财务报告。

2. 财务分析

社会组织财务分析主要包括以下几个具体步骤。

(1) 确定分析目的和对象

在进行财务分析时，首先要明确分析的目的。不同的财务信息使用者基于各自的需要，会对财务信息做出不同的分析。政府职能部门通过财务分析可以有效地调整对业务活动的预算与控制，债权人或捐款人通过财务分析可以得知社会组织运营状况及偿债能力等方面的信息，以便作出评价和决策。采用什么样的形式进行财务分析也取决于财务分析的目的。如果需要对社会组织财务管理工作进行全面总结，就应采取全面分析的方式，即把社会组织财务管理的各个环节、各个方面作为分析对象逐一进行分析；如果只是想要解决某个方面、某个环节出现的问题，或者想重点解决某个问题，则应当采取专题分析或典型分析的形式，即把需要解决的问题作为分析对象，进行有针对性的分析。

(2) 收集相关资料

社会组织要保证财务分析的客观性和准确性的基本条件之一就是要收集相关资料,且这些资料应全面、真实。财务分析的范围决定了所需收集的相关资料的数量,范围小则所需收集的资料就少;范围大则所需收集的资料就多。此外,为了保证财务分析的有效性,在开展财务分析之前,社会组织还要对收集的资料进行必要的筛选、整理和加工。

(3) 选择分析方法

分析方法服从于分析目的,分析目的不同,所选用的分析方法也不同。不同的财务分析方法各有其特点,在进行财务分析时可视具体情况使用,如果要对未来发展趋势进行预测,往往要用回归分析法;如果要对流动性进行分析,往往要用比值分析法;而如果要对预算执行情况进行分析,往往要用因素分析法。

(4) 进行分析研究

进行分析研究即社会组织根据财务分析的目的,对财务分析对象进行深入研究、科学计算,然后进行横向和纵向比较、动态和静态分析,从中发现财务管理中成功的经验,抓住主要矛盾,揭示存在的问题,并找出问题产生的原因。

(5) 作出决策,提出建议

财务分析的最终目的是为社会组织的各项活动决策提供依据。通过比较与分析,可以提出各种方案,然后权衡各种方案的利弊得失,从而进行决策。此外,通过财务分析,可以总结过去的成功经验,找出问题及其产生的原因,提出改进建议,从而促进社会组织财务管理工作水平有所提高。

四、财务会计与财务审计监督

1. 财务会计

会计是财务管理的基础工作,也是社会组织财务管理中不可缺少的部分。财务会计有助于使社会组织的财务运行处于可控、透明的状态。

(1) 会计要素

会计要素是指会计核算对象的基本分类,是反映社会组织财务状况和业务活动情况的基本单位。会计要素是会计报表结构和内容设定的依据,也是进行确认和计量的依据。根据《民间非营利组织会计制度》的要求,社会组织的会计要素包括资产、负债、净资产、收入、费用五项,这五项要素可以划分为反映财务状况的会计要素和反映业务活动情况的会计要素。其中,反映财务状况的会计要素包括资产、负债和净资产,其会计等式为:资产－负债＝净资产;反映业务活动情况的会计要素包括收入和费用,其会计等式为:收入－费用＝净资产变动额。

(2) 会计制度

社会组织会计制度是指由政府部门或者社会组织通过一定程序制定的,对会计工作所应遵循的规则、方法、程序等做出一定强制性要求的制度的总称。根据制定单位的不同，会计制度可以分为统一会计制度和企业内部会计制度。就统一会计制度而言，2005年之前，我国社会组织会计属于事业单位会计，作为预算会计的一个分支，遵照执行《事业单位财务规则》《事业单位会计准则》和《事业单位会计制度》。2004年8月18日，财政部发布了《民间非营利组织会计制度》，并于2005年1月1日起正式执行。该文件对于规范社会组织的会计行为，提高会计信息质量和透明度，促进社会组织的健康发展起到了积极作用。

2. 财务审计监督

社会组织财务审计监督是指对社会组织会计凭证、账簿、报表和经济业务发生的合法性、合理性、有效性的审查，以及建立健全各项会计制度和管理制度等的督查。它主要包括内部审计和外部审计。

（1）内部审计

内部审计主要由社会组织内部的专职机构或专职审计人员完成，主要在经济责任、财务收支、重大经济业务、资产管理和使用，以及专项业务审计和调查等方面发挥作用。内部审计主要包括制度及流程审计和财务收支审计。制度及流程审计是指对社会组织内部财务制度及管理流程的健全性、合理性的审计，可有效改进、完善社会组织的财务管理制度。财务收支审计是指对社会组织收支的真实性、合理性的审计，可有效改进、完善社会组织的财务收支管理，防范会计差错和舞弊行为，具有预防性、经常性和针对性的特点。

（2）外部审计

外部审计是指由政府审计部门、独立审计师或项目资助方发起的社会组织之外的第三方审计监督。政府审计是由政府审计机关依据《中华人民共和国审计法》对社会组织执行国家政策及财经法规情况、廉政情况、资金安全情况进行的审计，具有强制性和权威性的特点。独立审计师审计可以向外界展示社会组织的财务报表是否真实公正地反映了组织的财务状况、业务活动情况及现金流量。由于具有较强的独立性、客观性，因此，独立审计师审计对社会组织公信力的影响至关重要。项目资助方审计的目的在于确保社会组织资金安全，开支真实、合理、有效，并且能够按照资助方要求的范围、内容使用资金。

 拓展训练

小李于2016年5月成立了一家社会工作服务机构。2022年11月，因个人工作岗位变动，他不能再担任这家服务机构的法人，于是，他拟让机构的员工小刘接任机构的法人。小李希望小刘支付机构登记注册资金3万元给自己，同时，允许自己带走机构购买的一台笔记本电脑和照相机。

讨论问题

1. 小李的诉求是否符合社会组织财务管理规定？
2. 社会组织的法人变更后，其财产应如何处理？

任务四　剖析我国社会组织财务管理的问题与对策

情境导入

2016年8月21日，中共中央办公厅、国务院办公厅印发了《关于改革社会组织管理制度促进社会组织健康有序发展的意见》。该文件明确提出要完善财政税收支持政策。中央财政继续安排专项资金，有条件的地方可参照安排专项资金，支持社会组织参与社会服务，加强社会组织能力建设，有计划有重点地扶持一批品牌性社会组织。落实国家对社会组织各项税收优惠政策，符合条件的社会组织按照有关法律法规享受相关税收优惠政策。财政、税务部门要结合综合监管体制建设，研究完善社会组织税收政策体系和票据管理制度，改进和落实公益慈善事业捐赠税收优惠制度。鼓励银行业金融机构加大对符合条件社会组织的金融支持力度。

2018年2月8日，《财政部、税务总局关于非营利组织免税资格认定管理有关问题的通知》（财税〔2018〕13号）发布，该文件对非营利组织免税资格认定管理有关问题进行了明确规定。

任务目标

（1）通过查找资料及其他方式，了解我国社会组织财务管理存在的问题。
（2）思考社会组织如何预防相关问题的发生。

知识链接

一、我国社会组织财务管理存在的问题

1. 法律制度不够完善，法律体系不够健全

目前，我国社会组织在具体的财务管理工作中所依据的法律制度不够完善，法律体系还不够健全，并且很多法律制度比较滞后。当前我国社会组织的财务管理主要参照行政事业单位财务管理制度，我国还没有一套完整的适合社会组织发展的财务管理制度，缺乏有针对性的社会组织会计指导理论和具体的财务管理办法。社会组织内部的财务体系还比较单一，不少社会组织不重视财务制度建设，很多财务管理工作没有统一规范或标准。

2. 专业人才缺乏，管理理念滞后

我国社会组织发展起步较晚，目前存在组织规模普遍不大、运行机制不完善、工作人员工资福利较低等劣势因素，造成了社会组织对专业人才不具有吸引力的情况。同时，社会组织的财务体系比较单一，人员招聘机制还不完善，财务风险防范意识也比较薄弱，进一步加剧了社会组织财务管理薄弱的情况。此外，在社会组织财务管理工作中，管理效果直接受到管理理念的影响。当前环境和社会经济不断发生变化，但是我国社会组织财务管理的理念却没有跟上时代步伐，规章制度也不够健全，不能很好地规范和引导社会组织的财务工作。

3. 缺乏信息披露制度，财务透明度低

我国社会组织不像企业组织，尤其是上市公司那样需要定期发布财务报告，接受政府和社会的监督。很多社会组织没有建立信息披露制度，财务管理透明度较低，使得资助者无法知晓社会组织的具体运行情况，严重影响了资助者的积极性，一定程度上也降低了他们对社会组织的信任度。此外，由于财务透明度较低，容易导致双方信息不对称，从而阻碍社会组织的健康、持续发展。

4. 缺乏有效的监督管理机制和自律机制

按照目前的法律法规，我国可对社会组织进行监督的主体较多，如民政部门、业务主管部门、审计部门等，但是现行法律对各个负有监督职责的部门的监督程序和监督手段缺乏可操作的界定，导致"组织缺位"成为我国社会组织监督中的困境。从外部监督来看，社会组织资金来源的特殊性决定了其既不属于政府审计的范畴，也不受到强制性的社会审计。从内部监督来看，不少社会组织的内部规章制度不是很健全，内部审计和内部牵制机制建设不尽如人意，有的社会组织甚至没有设置相应的审计监督部门。

5. 会计基础工作薄弱，财务管理制度执行不力

这主要表现在三个方面：一是有些社会组织没有规范的账簿，存在收入和支出管理混乱的现象。例如，有的社会组织没有规范的账簿，记流水账，没有原始凭证。在收入方面，有的社会组织不使用财政监制的"行政事业性收费票据"，而使用市场上购买的收据收款，以逃避管理。在支出方面，有的社会组织虚列公务支出和会议支出，大量发放补贴、奖金、过节补助等，并且列支标准不统一，支出随意。二是有些社会组织存在成本管理混乱的情况，如不少民办学校在计算教学成本时，将学校购建教室的成本一次性计入教学成本，以顺利通过物价部门检查，确定较高的学费收取标准。三是有些社会

组织尚未建立健全年度预算制度，对年度计划和预算完成情况记录不够详明，预算编制随意性较强。

二、应对策略

1. 健全财务管理制度

社会组织要想做好财务管理工作，首先要建立有效的财务管理制度，制定规范化的财务工作程序，明确各种责、权、利关系，使财务工作的进行和问题的处理有章可循，有制度做保证，而不是领导说了算。其次，要健全岗位责任制及工作标准，完善会计人员准入制度。最后，为了保证财务管理制度的有效执行，社会组织还要建立内部控制和审计制度，加强内部管理监督。

2. 加快财务管理工作的信息化发展

社会组织要积极建立内部信息服务平台，使工作人员可以通过内部信息服务平台实时更新一些数据资料，包括当日的资金收入数目、支出数目、确切时间和操作人员等详细信息，确保每一条信息真实有效。同时，社会组织也可以建立外部信息服务平台，方便社会各界通过外部信息服务平台了解社会组织的运营情况（如资金是否运用得当，管理者是否有管理的能力和资格等），了解社会组织的一些新的动向，为社会组织的发展提出合理化建议。不同社会组织也可以通过查阅其他社会组织的信息平台的内容，实现信息共享。

3. 加强各部门的监管力度

会计工作的正常开展是财务管理工作的基础，所以对社会组织财务管理工作的监管可从会计人员的专业资格入手，社会组织要保证会计人员的业务专业性，同时对财务部门的日常核算和管理要定期监督检查，对部门负责人执行会计规章制度情况也要定期检查。

4. 推进财务透明化，加强社会监督

社会组织应不断提高其财务信息的透明度，接受社会监督。社会组织应按照要求定期公开经营情况，公开收入来源、资金的去向等，内部人员的福利待遇也应该公开透明，社会组织的年度财务会计报告应方便社会各界获取查看，方便群众监督。这有利于社会组织的健康、持续发展，有利于不断提高社会组织的知名度和良好的社会声誉，进而争取到更多的社会支持。

拓展训练

小张是某社会组织的法人，为使该社会组织的资产保值增值，他使用该社会组织的资

金做了一些投资：购买了某上市公司的股票（5万元），入股了朋友开的餐饮店（10万元，占股10%）。

讨论问题

1. 小张的行为是否符合社会组织财务管理的相关规定？
2. 什么样的社会组织可以进行投资活动？社会组织的投资活动具体包括哪些情形？

项目八

社会组织项目管理

项目概述

本项目主要介绍社会组织项目的特征和类型、社会组织项目管理的特点和原则,社会组织项目设计与项目计划书的有关知识,社会组织项目申请的基本流程与技巧,社会组织项目实施与管理的相关知识等。学完本项目后,应对社会组织的项目管理有初步的认识,能运用所学知识进行项目设计和项目实施与管理。

引言

项目是什么?一提起项目你会联想到什么?奥运会有各种各样的比赛项目,建筑工地上会看到某某项目指挥部,业务洽谈中时常听到项目合作,公共工程开始之前先要进行项目招标,各种广告中经常看到"好项目推荐",等等,这就是日常生活中接触的"项目"。随着政府"放管服"和供给侧结构性改革的深入,政府购买社会服务的力度日益增大,社会组织成为政府购买社会服务的重要主体,而政府购买社会组织的服务主要是通过购买项目的形式进行的,同时强调项目的过程管理和绩效评估。

任务一　了解社会组织项目与项目管理

情境导入

海霞刚入职到一家环保公益组织，协助张主任开展湘江流域水质监测与公众参与治理项目工作，工作内容主要是定期进行水质监测，发动公众关注湘江环境问题并积极参与湘江流域环境保护，提升公众的环保意识，并引导他们将环保意识转化为自觉行动。对于这些工作内容，海霞基本能够理解。而什么是项目？为什么要用项目的方式开展工作？如何进行项目管理？这里的项目与那些工程指挥部的项目有什么不同？这些问题对海霞来说比较抽象，难以理解。

任务目标

（1）了解什么是项目以及项目有哪些特征。
（2）理解社会组织项目与一般工程项目的区别。

知识链接

"项目管理学"作为一门学科最早出现在美国，其产生的直接动力是建设和管理大型项目的需要。它主要研究如何优化定量的资金，运用科学的运筹和管理方法达到既定的项目目标。项目管理的概念大约在20世纪80年代末被引入我国，随着在我国的不断发展，其应用范围越来越广，已经扩大到各行各业的各个层面，乃至社会组织的不少工作也不约而同采用了项目运作的方式。从世界范围社会组织发展的状况来看，很多社会组织都以项目的方式开展活动，甚至有的社会组织就是为了运作项目而产生的。由此看来，项目控制与运作水平的高低，已成为社会组织发展与进步的重要影响因素之一。

一、项目的定义

《项目管理知识体系指南》（第六版）（美国项目管理协会编写）指出，项目是指为创造独特的产品、服务或结果而进行的临时性工作。本书认为，项目是指在一定的约束条件下（主要是限定时间、限定资源），具有明确目标的一次性任务，或满足一系列特定目标的多项相关工作的总称。项目可以是一件事情、一项独一无二的任务，也可以是在一定的时间和一定的预算内要达到预期目的的活动。

二、项目的特征

一般而言,项目具有一次性、独特性、目标确定性、活动的整体性、组织的临时性和开放性、成果的不可挽回性等特征。

(1) 一次性

一次性是项目与其他重复性运行或操作的工作的最大区别。项目有明确的起点和终点,没有可以完全照搬的先例,也不会有完全相同的复制。项目的其他特征是从这一主要特征衍生出来的。

(2) 独特性

每个项目都是独特的。或者其提供的产品或服务有自身的特点,或者其提供的产品或服务虽与其他项目类似,但其时间和地点、内部和外部环境、自然和社会条件等有别于其他项目。

(3) 目标确定性

项目必须有明确的目标。项目的目标包括时间性目标(如在规定的时段内或规定的时点前完成)、成果性目标(如提供某种规定的产品或服务)、约束性目标(如不超过规定的资源限制),以及其他目标(如必须满足的要求和尽量满足的要求等)。项目的目标一般允许有一个变动的幅度,即可以做一些修改。不过,一旦项目的目标发生实质性变化,这个项目就不再是原来的项目了,而成为一个新的项目。

(4) 活动的整体性

项目中的一切活动都是相关联的,构成一个整体。多余的活动是不必要的,但若缺少某些必要活动,必将阻碍项目目标的实现。

(5) 组织的临时性和开放性

在项目实施的全过程中,项目的人数、成员及其职责是在不断变化的。在某些项目中,有些成员甚至是临时借调来的。项目终结时项目班子一般要解散,人员要转移。可以说,项目组织没有严格的边界,是临时性的、开放性的。这一点与一般企事业单位和政府机构组织很不一样。

(6) 成果的不可挽回性

项目的一次性特征决定了项目不同于其他事情,可以试做,做坏了可以重来。项目在一定条件下启动,一旦失败,一般就永远失去了重新进行原项目的机会。

三、社会组织项目的特征和类型

1. 社会组织项目的特征

社会组织具有非政府性和非营利性,其服务取向也使其与以营利为目的的其他组织有着明显的区别。社会组织的服务提供和项目开展均不以营利为目的。社会组织项目是指根据社会组织生存与发展的需要而设计的一项临时性服务任务。社会组织项目主要具有以下三个特征。

（1）使命为本

使命为本是社会组织最重要的一个特征。组织为什么要变成这样一个组织？为什么做这些服务？靠什么来凝聚成员？每一个社会组织发起人都需要想明白这些问题，需要给组织一个定位，如要解决某个社会问题或者回应某个社会需求。是这样的一种使命使得社会组织工作人员要开始做某件事情。这跟企业有明显的不同。

（2）理念主导

理念主导，即理念指引行动者通过相应的方式去实现社会组织的使命。理念决定了一个社会组织采用什么样的途径、手段和方式去实现其使命。理念是一个中观层面的东西，是在实践层面秉持的一种价值信念。

（3）解决具体的社会问题

社会组织以解决社会问题、提供社会服务为基本工作内容。因为解决问题有不同的方式，所以社会组织也有不同的类型：第一类是研究和倡导型社会组织，专门做特定领域的研究与社会政策倡导工作；第二类是做调研的社会组织，专门为倡导提供依据和专业化水准，倡导的专业化水准很多时候取决于调研认知的程度；第三类是项目操作型社会组织，即直接参与解决社会问题或提供社会服务的社会组织。

2. 社会组织项目的类型

按照不同的标准，社会组织项目可分为不同的类型。按照项目资源的来源，社会组织项目可以分为组织内部项目和组织外部项目；按照项目资源的国别，社会组织项目可以分为国内项目和国际项目等；按照项目涉及的领域，社会组织项目可以分为乡村振兴项目、医疗卫生项目、环保项目、教育培训项目等；按照项目运作模式，社会组织项目可以分为服务项目、倡导项目和研究项目等。

四、项目管理的概念

美国项目管理协会在《项目管理知识体系指南》（第六版）中指出，项目管理就是将知识、技能、工具、技术应用于项目活动，以期满足或者超越项目利益相关者的需求和期望。可见，项目管理是一系列有计划的活动。

五、项目管理的内容

一般而言，项目管理包括动态管理和静态管理两部分。动态管理包括初始过程、计划过程、执行过程、控制过程和收尾过程；静态管理则包括项目管理的九大领域：项目范围管理、项目时间管理、项目成本管理、项目质量管理、项目人力资源管理、项目沟通管理、项目风险管理、项目采购管理、项目综合管理。下面具体介绍一下这九大领域。

(1) 项目范围管理

项目范围管理是指为了实现项目的目标，对项目的工作内容进行控制的管理过程。它包括范围的界定、范围的规划、范围的调整等。

(2) 项目时间管理

项目时间管理是指为了确保项目最终能按时完成而进行的一系列管理。它包括具体活动界定、活动排序、时间估计、进度安排和时间控制等。

(3) 项目成本管理

项目成本管理是指为了保证完成项目的实际成本、费用不超过预算成本、费用而进行的一系列管理。它包括资源的配置，成本、费用的预算和费用的控制等。

(4) 项目质量管理

项目质量管理是指为了确保项目达到协议所规定的质量要求而进行的一系列管理。它包括质量规划、质量控制、质量检测和质量改进等。

(5) 项目人力资源管理

项目人力资源管理是指为了保证所有项目关系人的能力和积极性都得到最有效发挥和利用所进行的一系列管理。它包括组织的规划、团队的建设、人员的选聘和项目的班子建设等。

(6) 项目沟通管理

项目沟通管理是指为了确保项目有关信息的合理收集和传输所进行的一系列管理。它包括沟通规划、信息传输和进度报告等。

(7) 项目风险管理

项目风险管理是指为了使项目在实施过程中规避风险或化险为夷所进行的一系列管理。它包括风险识别、风险量化、制订对策和风险控制等。

(8) 项目采购管理

项目采购管理是指为了从项目实施组织之外顺利采购所需资源或服务所进行的一系列管理。它包括制订采购计划、资源的选择、采购与征购和合同的管理等。

(9) 项目综合管理

项目综合管理是指为确保项目各项工作能够有机配合所进行的一系列管理。它包括项目集成计划的制订、项目集成计划的实施、项目变动的总体控制等。

六、社会组织项目管理的特点

社会组织项目管理主要具有以下几个特点。

(1) 公共性

社会组织项目管理以实现公共利益为目标，项目管理的过程、项目管理的产出、项目管理的评估等都需要遵循公共利益最大化和公共利益优化的原则。

(2) 服务性

社会组织的功能决定了社会组织为社会提供的公共服务项目，以及社会组织从事的慈善项目、社会救助项目、科学研究项目、教育项目、环保项目等都是为社会公众或特定人群服务的项目。

(3) 非营利性

与一般的项目管理不同，社会组织项目管理不以营利为目的，并不向组织的经营者或"所有者"提供利润。

(4) 透明性

社会组织项目管理的透明性是与社会组织项目管理的公共性紧密相关的。透明性意味着社会组织项目的财务收支、服务质量、组织治理、人力资源等的信息公开、透明和可监督。社会组织使用的是社会资源，可享受国家的税收减免政策，会接受社会各界的捐助，其财务收支状况的公开、透明有利于项目目标的实现。因此，社会组织项目管理透明性的核心是财务收支的透明性。社会组织项目管理的透明性还表现在社会组织的产出方面，即社会组织产品的质量是公开的，社会组织的绩效评估也具有公开性和公众参与性。

七、社会组织项目管理的原则

社会组织项目管理主要应遵循以下几个原则。

1. 紧扣组织宗旨的原则

宗旨是一个组织的最高行动纲领，是指引组织发展与运作的基本方向。社会组织的根本宗旨就是服务公益，而非营利。因此，社会组织项目管理必须时刻遵循这一基本纲领。在项目立项以及项目运作时，社会组织必须紧密结合自身的宗旨。在面对众多的可行项目时，就应该优先选择那些符合自身宗旨的项目。

2. 重视申请环节的原则

社会组织的项目通常要向社会组织外部申请。例如，要向政府部门、企业、各种基金会、中介机构、国际组织等申请。做好项目选择、可行性分析、项目计划书等申请环节的工作，有利于提高申请的成功率，保障项目的有效运作。由于社会组织的资源来源于组织外部，同时资源利用又不能带来经济回报，因此项目申请的成功与否对社会组织的生存与发展有着重大影响。如果项目申请成功率高，同时项目管理效果显著，那么社会组织就可以获得相应的社会认可，从而获得更多的社会资源。如此可以形成一个资源获取与利用的良性循环。

3. 注重项目运作效率的原则

社会组织开展项目工作虽然不以营利为目的，但这并不表示社会组织的项目管理不需要顾及效率问题。社会组织的项目管理同样需要控制成本、优化资源和提高效率。社会组织项目管理效率不仅表现在资源利用和成本核算层面,而且表现在最大限度地实现项目管理的初始宗旨与目的,形成良好的社会效益方面。换言之,就是社会组织不仅要花最少的钱办好事,还要花最少的钱办尽量多的好事。

4. 规范化原则

项目管理的规范化对于提高社会组织项目管理的成效有着重要意义。这主要有以下几个原因:第一,规范化管理有利于减少领导层变更和外部人员参与带来的多种问题。由于社会组织的领导层有时更换比较频繁,社会组织项目管理也经常需要吸收组织外部人员参与,因此,一套简单有效的规范化管理程序,有利于项目管理的可持续性。第二,规范化管理有利于组织的内部沟通和内外部交流。在项目管理过程中,社会组织内部不同部门之间,以及社会组织与其他组织之间常常需要就相关事务进行联系和沟通,规范化管理有利于组织内部的信息沟通与资源共享,有利于内外部信息的交流。第三,规范化管理有利于提高社会组织工作的公开性,使组织接受社会监督,避免管理腐败。

5. 目标管理的原则

社会组织为了完成其目标,往往将组织目标分解成若干小目标,并以项目的形式落实给项目团队或项目部门,而项目团队或项目部门可能会进一步将目标细分。这种通过项目管理进行目标管理的思想,在有效保证项目完成的进度和质量的同时,也有利于对项目进行监督管理。

6. 团队的开放性原则

在项目管理过程中,社会组织往往根据项目组建团队,根据项目进展的阶段和状况来灵活调整团队成员,这种组建工作团体的方式打破了传统的固定建制的组织形式,使得项目团队的人员规模、专业背景、工作时间保持了足够的弹性。这种相对开放的团队组建模式不仅有利于降低人力资源成本,而且可以提升人力资源的社会价值。

拓展训练

之前我们提到,海霞刚入职一家环保公益组织,协助张主任开展湘江流域水质监测与公众参与治理项目,工作内容主要是定期进行水质监测,发动公众关注湘江环境问题并积极参与湘江流域环境保护,提升公众的环保意识,并引导他们将环保意识转化为自觉行动。而项目管理到底是管什么,怎么管,却非常抽象,海霞起初的工作零零散散,张主任安排她做什么她就做什么,张主任不安排了她就不知道自己该做什么。面对系统的工作,她时常不知道该从哪里着手。

讨论问题

如果你是海霞,你认为自己该怎样落实相关工作呢?

任务二 熟知社会组织项目设计与项目计划书的撰写

情境导入

小张刚应聘到一家社工服务中心工作,该社工服务中心要开始新一年度项目规划,小张负责青少年领域的社工服务项目的设计。让小张头痛的是,之前在读书期间只做过一次性的社团活动,有一定的活动经验,但从没做过项目设计,小张踌躇了很久,觉得有许多事情要做,但又不知道从哪里开始做。

任务目标

(1)熟知项目设计的相关知识。
(2)熟知项目计划书的框架和撰写原则。

知识链接

一、项目设计的准备工作

1. 开展需求评估

开展需求评估,即通过一定的方法发现社会需要哪方面的改变,改变的紧迫性如何,具体需要怎样做出改变。社会工作项目开展需求评估时,工作人员通常会与相关方建立比较紧密的关系,这样才能更真实有效地了解其需求。

2. 利益相关者分析

在项目设计之前,除要进行需求评估外,还要对项目的利益相关者进行利益分析,以确保项目得到大家的拥护和支持。通过对项目利益相关者的利益、影响和重要性的分析,一般可以得出解决问题的思路或方法。

3. 进行可行性论证

这里所说的可行性论证,是指为确定某个项目是否合理、是否可行而作的深入论证。可行性论证一般用来为决策提供依据。进行可行性论证时工作人员一般要仔细分析项目背景、项目意义、组织内外部环境、需要的资金、预期效果等。一般而言,进行可行性论证需要回答如下问题:

- 为什么要开展本项目？
- 对于该项目，社会组织内外部的有利因素与不利因素有哪些？
- 实施该项目需要多少资金？
- 资金如何筹集？
- 项目实施需要多长时间？
- 项目需要多少物力、人力资源？
- 项目完成后，服务对象将会有何变化？
- 项目实施过程中可能出现哪些问题？

从论证的主体来看，项目的可行性论证可以分为两种：一种是项目管理人员做的可行性论证，另一种是项目之外的人员做的可行性论证。由于项目设计人员通常就是项目管理人员，所以第一种可行性论证带有一定的主观性，为了避免这种情况造成的不利影响，使论证更加客观，通常还需要请项目之外的人员进行项目的可行性论证。

二、项目设计的主要内容

1. 明确需求

明确需求是项目设计的首要任务，也是确定项目目标的前提。明确需求具体需要弄清楚服务对象的问题是什么，产生原因是什么，服务对象希望发生哪些改变等。

2. 确定项目目标

确定项目目标，即在澄清问题并分析关键的干预点的基础上，结合组织的具体情况，确定适合组织现状的项目目标。项目目标可以包括长期目标和短期目标，宏观目标和微观目标。目标达成是一个发生冲突—达成妥协—取得共识的过程。

3. 确定干预策略

干预策略是对实现项目目标的方式方法的宏观思考，一般需要通过对利益相关方（资源、伙伴、媒体、服务对象等）及其他资源的分析确定。如果干预策略得当，那么项目工作可以达到事半功倍的效果。

4. 制订行动方案

行动方案就是项目要做的具体事项或内容。项目中所有具体事项或活动安排都不是想当然地去做的，而是以项目目标为出发点，在干预策略的指导下有序进行的。

5. 有效配置资源

资源通常包括人、财、物等，资源的有效配置是行动顺利实施的重要保障，也是制定策略要考虑的重要因素。项目的资助方不同，获得资助的方式也不同。一般而言，资助方主要包括政府、企业、个人、基金会等。与不同的资助方合作，配置资源时有不同的侧重点，社会组织要在澄清自身的基础上，寻找适合的资助方与资源。

以上五个方面之间是有一定逻辑关系的，即在需求的指导下确定目标，为了实现目标制定适合的策略，在策略的指导下制订有效的行动方案，要实施行动方案，就需要做好资源配置工作。

三、项目设计的原则

好的项目设计是成功申请的重要保障。项目设计一般应遵循以下几个原则。

1. 参与性原则

几乎所有的机构都反对生硬武断地实施项目，要想使项目取得成功，就得请受益人参与到项目的实施过程中，甚至可以从项目的筹划阶段就请受益人全面参与。所以，社会组织在进行项目设计时一定要走入基层，了解受益人的想法，并请受益人尽可能参与进来。

2. 创新性与适应性原则

资助者不常资助常规的服务业。对于项目申请方而言，申请的项目应体现该领域一些新的、可发展的东西。没有创新性的项目是不会引起资助者的兴趣的。项目申请方需要充分分析在该领域的服务体系中，哪些是已经实施了的，效果怎样，哪些方面还存在严重不足，迫切需要加强或改善。创新是基于过去的老办法难以回应新形势、新问题、新需求而提出能更有效地解决问题或回应需求的方式方法的过程。适应性是创新的重点，即应基于系统的分析和评估，找到适合具体问题的方式方法。

3. 公开透明原则

工作的公开与透明是衡量一个组织公信力的重要指标。大部分的资助者都希望自己支持的项目各项工作是公开透明的，是能被公众监督的。这不仅能减少个人贪污挪用资金的可能，也能提高项目的社会参与和信誉度。

四、项目计划书的基本框架

对于项目计划书，不同的资助者有不同的要求，有的要求宽泛，没有固定格式；有的则限定格式。但项目计划书也有一些共性。项目计划书一般都包括以下几项内容。

1. 首页（封面）

在项目计划书的首页，一般应列明项目名称、项目实施地点、项目周期、资金需求情况、项目实施机构、项目负责人、申请时间等。

2. 项目简介

这部分要简要介绍一下项目的背景、目标、意义、所要开展的活动，以及项目实施后的成效等。

3. 主体部分

主体部分主要包括以下内容。

(1) 项目背景和立项理由

这部分需要阐明三项内容：一是项目实施环境，如项目实施区域的地理位置、面积、人口、民族构成、交通通信条件、生产力结构、人均收入水平、教育卫生情况等。二是项目背景，需要描述一下项目需求的历史、现状和可能的发展方向，以及实施项目的迫切性等。三是项目意义，需要说明通过项目实施，项目受益人群将出现哪些变化，项目实施地区将出现什么样的变化等。

(2) 项目目标

项目目标可以分为总体目标和具体目标。在设计项目目标时，要注意总体目标和具体目标的关联性，切忌目标过高、空虚、不可操作。

(3) 项目内容

项目内容就是为了实现项目目标，在项目实施过程中具体要开展的主要活动。

(4) 项目进度表

项目进度表是项目内容的进一步细化，主要用来说明什么时间做什么事情，谁来负责，需要什么资源等。

(5) 项目预算

项目预算应尽可能详细、具体。项目预算分为申请资助部分和配套资金部分。一般来说，项目预算包括对交通费、通信费、食宿费、资料费、设备费、会议费、劳务费、管理费、其他费用等的预算。

(6) 项目的不确定性及应对措施

这部分要说明项目运作过程中存在的难点及不确定性，同时应阐述攻克难点和应对不确定性问题的措施。

(7) 项目参与人员

这部分要说明项目主持人和其他项目参与人员的个人情况（如学历、职业经历、项目运作经验等）。一般项目主持人的情况要介绍得详细一些，对其他参与人员的介绍可以简单一些。

(8) 项目成果

这部分要说明项目的运作成果，即期望获得的成果，如果需要的话，还要说明项目的中期成果。

(9) 项目评估方法

这部分要说明为确保项目的顺利实施和目标的达成，项目实施前期、中期、后期所采用的评估方法，以及各阶段对项目的反思。

4. 附件

在项目计划书中，附件可以包括申请方介绍、申请方与政府有关部门的合作备忘书、项目点的实物资料等。

五、撰写项目计划书的注意事项

为了打动资助方，获得资助方的认可，从而提高项目申请的成功率，工作人员在撰写项目计划书时应注意以下几个问题。

1. 明确撰写目标

撰写项目计划书，首先要明白，写这个项目计划书是站在谁的立场，写给谁看，发挥什么作用，然后才是弄清楚如何去写。许多时候，需要仔细阅读申报指南，了解信息发布方的重要信息导向，这样才能有的放矢，使撰写的项目计划书更有针对性。

2. 注意写作风格

在撰写项目计划书时，可以根据阅读对象的不同采用不同的写作风格。例如，若申请的是政府项目，则语言应严谨正规，突出政策依据和官方表述；若申请的是基金会项目，则应先了解相应基金会的风格，然后根据其特点，选择相应的写作风格，如比较感性、以情动人等。

3. 注意格式和内容

有些项目计划书有固定的格式，那么就应按照对方发布的格式进行填充撰写。如果没有固定的格式，则可以按前文介绍的基本框架进行撰写。撰写时要注意，一定要把该表述的内容清晰完整地表述出来。

4. 注意使用时机

项目计划书的使用时机不同，撰写方式也不一样。如果是洽谈初期，可以考虑先写一个简单的项目意向书，只要表达清楚基本的框架思路即可。如果对方有意向，听取对方的意见后，就要完成一个更完整规范的项目计划书。

拓展训练

小伟是一个养老机构的志愿者，他觉得很有必要建立一个志愿者资源库，并对志愿者进行系统的培训和支持。当他向机构负责人王先生提出自己的构想后，王先生觉得他的想法很好，希望他能先写个志愿者培训发展项目计划书，然后在周一例会上与机构主要负责人协商，决定是否实施及具体怎么实施。

项目八　社会组织项目管理

讨论问题

假如你是小伟，请试着写一份有关建立志愿者资源库和培训支持志愿者项目的计划书。

任务三　掌握项目申请的基本流程与技巧

情境导入

小军与几个同学一起创业，成立了一个助残志愿服务组织。在服务的过程中，他们发现有大量的重度残疾人卧床不起无法出门，还有许多年老的父母抚养着成年的残疾孩子，随着年事渐高，他们越来越力不从心，迫切需要上门服务。于是小军和同事设计了一个为缺乏自我照顾能力的残疾家庭提供上门服务的居家助残服务项目，他们认为这个项目对这类家庭非常有帮助。

让小军犯愁的是，对这个老百姓迫切需要的好项目，该到哪里去寻找资助和支持呢？小军尝试着把项目计划书投给了一些热心公益的企业，也投给了基层残联，还投给了一些他在网上找的基金会。可回应很有限，企业说他们关心的是活动，以后有活动可以联系他们；残联说现在还不了解小军这个组织，建议小军先做着，有时间他们会去看看；那几家基金会说这个不属于他们的资助范围，他们重点做的是环保和教育资助。忙来忙去几个月时间过去了，三军还在为寻找资助者发愁。

任务目标

（1）掌握项目申请的基本流程。
（2）掌握项目申请的技巧。

知识链接

一、项目申请的渠道

一般而言，项目申请有向政府申请、向企业申请、向基金会申请、向个人申请四种渠道。

1. 政府渠道

向政府申请项目需要了解政府的政策文件及工作计划。政府往往关心的是如何开展有创新点的工作，如何缓解矛盾、解决问题，如何促进社会和谐稳定等。政府一般采用购买

167

服务的方式解决其所关心的社会问题，或者通过福利彩票等渠道支出配合政策导向解决民生问题。

2. 企业渠道

向企业申请项目需要了解企业的背景和企业当前的情况，也要了解企业的文化建设、品牌形象以及企业的社会责任感等。企业往往更在意提供资助对企业自身的经济效益、品牌传播有什么作用。企业一般采用冠名、捐赠物资、参与义卖或设立非公募基金等方式提供项目支持。

3. 基金会渠道

向基金会申请项目需要了解基金会的资助领域、不同年度基金会有怎样的资助方向和侧重点等。基金会的成立就是为了实现某一方面的使命目标，在实现这个目标的过程中，基金会更侧重资金的筹募，以提供资金支持服务机构开展工作。基金会往往采用项目招标的方式发布项目申请指南，由社会组织提出项目申请。社会组织的项目设计应参考基金会发布的项目申请指南，同时结合自身的情况作出适合的设计。项目申请指南对项目设计和申请有着直接的指导意义。

4. 个人渠道

部分项目会直接面向个人开展劝募，尤其是个体特征比较鲜明，可以分解成逐个解决的个案问题的项目，如助学类的项目、个别化的大病救助类项目等。这类项目经常面向个人开展劝募，寻求个人采用一对一的方式提供援助，或者每人援助一点点大家共同合力去援助一个项目。个人往往关心的是项目服务对象的生活是怎样的，他们面临怎样的困难或问题，自己的参与对当事人问题解决有怎样的帮助效果，等等。个人往往采用直接援助或者提供志愿服务的方式为项目提供力所能及的支持。

二、项目申请的基本流程

项目的资助者不同，项目申请的规范和流程就会有所区别。此处以基金会的项目申请流程为例进行说明。

一般而言，申请基金会的项目要经过以下流程：① 阅读项目申请指南；② 递交项目合作意向书；③ 通过审核确认双方均有合作意向后，申请方递交项目计划书；④ 项目审批；⑤ 签署项目合作协议，分期拨付项目经费。

需要说明的是，如果资助方有明确的项目申请指南，则申请方应按照项目申请指南开展项目规划；如果资助方没有项目申请指南，但申请方很希望与对方开展项目合作，则申请方可以先了解对方的背景和工作规划，寻找合作的契合点，然后积极与对方开展意向洽谈。

项目申请的过程往往是双方协商洽谈的过程，是一个循序渐进的过程，所以一般会先有合作意向书，简略整体地描述合作的意向或构想，待双方都有意向后，再根据双方协商的共识，制订出一个更细致的项目计划书，再进一步洽谈。

项目一般会由资助方组建的项目评审委员会进行评审，部分项目资助方还会进行现场考察论证，以充分了解申请方的背景、项目团队的执行能力，以及项目设计与资助目标的契合度等。项目审批的过程也是沟通洽谈的过程，通过项目论证，双方不断增加了解和互动，项目计划也在此期间不断被修订完善，更具可行性。所以，项目审批也兼具项目进一步论证与完善的职能。

审批通过后，双方即签署合作协议，明确双方的责任和义务。至此，项目申请工作基本完成。

三、项目申请的技巧

项目申请的过程是一个促进项目了解、寻找合作伙伴、建立信任关系的过程，有如下一些技巧和注意事项，供申请者参考。

1. 建立关系

与潜在的合作伙伴建立并发展良好的关系，对项目申请方来说非常重要。在项目申请之前申请方要先了解资助方及其关注点，同时想清楚自己的关注点，要了解双方的工作领域是否匹配、工作的地理位置是否方便合作等。深入了解可以避免盲目投送计划书。良好的关系并不是通过拉关系或请客吃饭建立的，而是基于申请方对资助方的工作方式、兴趣和宗旨的充分了解。只有了解这些情况，申请方才能将申请的项目定位于资助方可能感兴趣的领域。许多项目往往不是一次就申请成功的，若项目没有被审批通过，申请方也可以和资助方沟通，听取资助方的评审意见，便于之后进行完善。而这个沟通了解的过程，也是双方建立关系、增进了解的过程。比如，你在某次会议上认识了一个潜在的资助者，可以在两三天后与他取得联系，并把自己的项目告诉他。如果他没有立即做出回应，也没有关系，你可以继续与其分享自己的项目成果，让他记住你，以后若有机会再向他申请资助可能更容易。在项目申请过程中，如对资助方有其他要求，申请方应向对方明确提出。

2. 洽谈讨论

在不了解申请方的情况下，很少有资助方会对一纸项目申请书加以认真考虑。虽然许多时候，通过私人的介绍与资助方建立关系在初期更有助于相互了解，但深入的了解更多的是通过直接的洽谈和讨论而获得的。在接触早期，比较适宜的方法是打一个电话或是写一封信给资助方，请求与之进行面谈，讨论相互感兴趣的问题。资助方一般都乐意与社会组织接触和联系，更有一些资助方常常主动地寻找合作伙伴，因此他们对潜在合作伙伴提出的接触一般会比较感兴趣。

3. 寻求共识

资金永远是有限的,资助方只能将援助资金集中用在与自己使命目标密切相关的项目与领域。虽然有些项目可能是很有价值的,但向一个已决定只资助基础教育和卫生项目的资助方申请其他项目无疑是浪费时间。所以申请方一定要多了解自己所接触的资助方的想法和工作方式,如果在项目设计中能充分考虑资助方的项目申请指南的要求,紧扣资助方的目标和领域,申请的项目就更有可能获得审批。

4. 持续跟进

投递申请书后,申请方可以给资助方打个电话,告知对方自己的申请书已经投递,并且简要说明其内容;同时可以询问对方是否收到,并询问什么时候可以收到回复,还要向资助方表示感谢。但是要记住,社会组织的工作不是做销售,而是为服务对象提供服务,项目申请不能光靠运气,要不断耕耘。即使申请未成功,仍然可以不断地将项目进程和成绩告诉对方,以争取下次合作机会。

  拓展训练

某市最近发布了政府购买社会工作服务项目的标书。小黄是某社会组织的专职社会工作者,该社会组织负责人要小黄负责撰写项目标书,参加这次政府购买社会工作服务项目的竞标。

讨论问题

项目标书与项目计划书有何不同?怎样才能做好社会工作服务项目竞标工作?

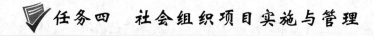

任务四 社会组织项目实施与管理

  情境导入

一天早上,小张打开邮箱,欣喜地发现收到了期待已久的邮件。"尊敬的张女士:我很荣幸地通知您,经过评委会审议,您申请的'湖北省大学社团参与社会服务能力建设项目'已通过审批,将获得资助,合作协议书将邮寄给您……望开始做好实施准备。"小张非常开心,这是她负责申请到的第一个项目。随之小张想到的是怎么着手进行项目实施,申请书还是项目执行团队半年前确定的基本框架,现在部分人员有了调整,许多预期的人和资源是否能真正协调起来,当时初步协商的意向,是否能够落实……

T 任务目标

(1) 了解组建项目团队的相关知识。
(2) 掌握社会组织项目实施与管理的相关知识。

K 知识链接

一、组建项目团队

项目团队是保障社会组织项目正常运转的有生力量。项目团队不同于一般的群体或组织，它是为实现项目目标而成立的一种按照团队模式开展项目工作的组织，是项目人力资源的聚集体，项目团队中的每个人都兼职或者全职地向项目负责人进行汇报。组建项目团队通常需要做好以下几项工作。

1. 明确目标和任务

项目开始实施时，项目负责人首先需要进一步研读项目申请书，明确项目的关键目标和任务，以及对应的策略和资源配置，要在心中有个整体的框架，这样才能基于工作需要，有效配置项目团队。

2. 有效配置团队成员

根据项目工作的需要，项目负责人应配置相应的团队成员。在考虑团队成员时，作为项目执行机构的社会组织一般不需要将所有人都安排进一个项目，因为项目工作只是社会组织工作的一部分，社会组织要根据项目工作的需要，确定在项目工作中发挥关键作用的成员，并明确分工职责。项目团队成员一般包括：项目顾问，项目执行人，项目参与方，项目志愿者等。项目执行人是项目团队的核心，要对项目工作有全面清晰的认识，并要有充足的时间投入和全局观念。部分公益项目因处于发展初期，项目执行人可能是志愿者或兼职人员。因此，在选择或聘请项目执行人时，除了考虑能力因素外，还要考虑其是否有充足的时间投入项目工作，不然的话，再好的项目，再有能力的项目执行人，也无法真正执行好一个项目。

3. 形成团队工作机制

项目团队往往由多方面人员组成，大家跨专业、跨领域合作就需要有相应的工作机制，这样才能保障团队成员按相应工作机制有序开展工作，保障项目工作规范、顺利地开展。工作机制一般包括分工合作机制（明确职责定位）、定期沟通机制（如例会、月报、简报等不同形式）、财务管理机制（如财务审批及流程等）、工作考核机制（如作息及绩效）等。

4. 进行项目统筹

项目实施的过程往往是多方参与共同解决问题的过程。在这个过程中做好项目统筹十分必要。做好项目统筹工作有利于用最少的时间、人力、物力，获得最佳的工作效果，其核心是抓住关键环节，合理安排工作，以缩短工时，提高效率。在项目管理中统筹法又称网络计划法，它是以网络图反映全局，总体表达计划安排，相关人员据此选择最优工作方案，组织协调和控制工作（项目）的进度（时间）和费用（成本），以达到预定目标，从而获得最佳效益的一种优化决策方法。负责项目统筹工作的人员需要具备比较丰富的项目工作经验和整体协调能力。

二、制订项目实施方案

制订项目实施方案的主要作用是，减少项目运行中的不确定因素，进一步明确项目目标，提高运行效果，并为项目的监测评估打下基础。

1. 制订项目实施方案的原则

制订项目实施方案的过程就是把对项目的主要设想和项目战略落实到具体行动中，并确定各项工作所需要的投入，以及有关部门、人员的职责的过程。一般来讲，制订项目实施方案要遵循如下几个原则。

（1）目的性

任何项目都有一个或几个确定的目标，以实现特定的功能、作用或完成特定的任务，而项目实施方案的制订正是围绕项目目标的实现而展开的。

（2）系统性

项目实施方案本身是一个系统，由一系列子方案组成，各个子方案彼此既相对独立，又紧密相关。

（3）动态性

在项目运行期间，项目环境常处于变化之中，可能使方案的实施偏离项目的基准。因此，项目实施方案要随着环境和条件的变化进行调整和修改。

（4）相关性

项目实施方案是一个系统的整体，构成项目实施方案的任何子方案的变化都会影响到其他子方案的制订和执行，进而影响到方案的正常实施。

（5）职能性

项目实施方案的制订不是以某个组织或部门内的机构设置为依据，也不是以自身的利益及要求为出发点，而是以项目和项目管理的总体要求及职能为出发点，涉及项目管理的各个部门和机构。

2. 项目实施方案的内容

项目实施方案通常由标题、正文、落款三部分内容构成。

(1) 标题

确定项目实施方案的标题通常有三种方法：第一种是二要素法，即"实施的内容＋文种"，如"大学社团参与社会服务能力建设项目实施方案"。第二种是三要素法，即"制文单位＋实施的内容＋文种"，如"湖南光爱之家居家助残服务项目实施方案"。第三种是四要素法，即"制文时间＋制文单位＋实施的内容＋文种"，如"20××年重庆市社会工作人才队伍建设项目实施方案"。

(2) 正文

项目实施方案的正文一般包括前言、主体、结尾三部分。

① 前言

前言中要写明制订项目实施方案的目的和依据，应写得简明扼要。一般先写制订项目实施方案的目的，常用"为""为了"开头；然后说明制订项目实施方案的依据，常用习惯语"根据……，结合本项目的实际，制订本实施方案"结束。总之，前言应以简明扼要的一段话把制订项目实施方案的目的和依据非常清楚、明确地表达出来。

② 主体

主体部分是项目实施方案的主要内容，一般包括下列几部分内容：一是实施这个项目的重要性和必要性；二是实施这个项目的指导思想、目标要求及原则；三是实施这个项目的安排、步骤、方式方法等；四是实施这个项目的保障措施等。

这部分内容应具体、明确，具有可操作性，如实施某项工作分为哪几个步骤，每个步骤安排在什么时间，安排多长时间，以及每个步骤由哪些参与方，哪些人员负责落实等。具体制订时，可以根据不同的参与方、不同的工作内容对上述四部分内容有所删减，如有的项目实施方案可不写第一部分（重要性和必要性），而直接写后面的内容。

③ 结尾

结尾部分通常会对贯彻项目实施方案提出明确要求，要写得简明扼要。对于复杂的项目，工作人员应就具体参与内容制订进一步的实施计划。

(3) 落款

落款，即在正文右下角写上实施机构的名称和起草日期。如果标题中已写明实施机构，落款处可以省略不写，直接写起草日期。

三、社会组织项目实施与管理

1. 项目启动

制订好项目实施方案后，即可着手启动项目。由于有些参与项目工作的人员对项目工作的具体情况不是很了解，因此需要召开一次项目启动会，以帮助每个参与项目工作的人员了解项目的具体情况，强化所有人员的项目工作意识，增进和调动大家的积极性。

项目启动时主要应完成如下事项：

① 进一步明确此项目的动机,系统了解项目的来龙去脉,对项目情况有一个整体把握;
② 进一步明确项目要达到的预期目标和项目的受益人群;
③ 进一步明确实施项目的初步计划,并讨论详细计划;
④ 进一步明确各个工作人员的分工;
⑤ 进一步明确项目需要的时间和资金投入;
⑥ 进一步明确可能会影响项目成败的外部因素。

2. 项目的控制与管理

社会组织项目控制与管理是指在项目实施过程中,项目管理者跟踪、检测项目的实际进展,对比项目目标,找出偏差,分析原因,研究纠偏对策,实施纠偏措施的过程。社会组织项目控制与管理主要包括项目进度控制、项目财务管理、项目内部评估、有效沟通、风险管理和项目检测几个方面。

(1) 项目进度控制

项目进度控制,即采用科学的方法编制进度计划与资源供应计划,在与质量、费用、安全目标协调的基础上,进行进度控制,实现工期目标。项目实施过程中虽然目标明确,但是资源有限,不确定因素多,干扰因素也多,这些因素有客观的,也有主观的,主客观因素不断变化,计划也会随着发生改变。因此,在项目施工过程中应随时掌握计划的落实状况,并进行对比分析,必要时采取有效措施,使项目工作按预定的目标进行,确保目标的实现。

(2) 项目财务管理

通常情况下,资助方并不是一次性地把所有的项目经费都拨给社会组织的,而是根据项目的进展情况和财务情况分批拨付。因此,社会组织应按照"便于管理,适度控制,从严审批"的原则,规范项目财务管理办法和制度,做好财务管理工作。为保证专款专用,社会组织要加强银行账户管理,一切与项目有关的资金收支统一纳入项目财务管理,对参与项目的内部单位实行合同管理,对各单位的收入、成本、费用设明细账,单独考核。

(3) 项目内部评估

项目内部评估是指项目管理机构对项目内容和战略所做的评估。社会组织在进行项目管理时,科学地进行内部评估,可以合理地确定项目的目标成本,据此进行有效的成本控制,从而实现项目效益的最大化。内部评估是项目管理中的一个重要环节,有助于发现问题和解决问题。

(4) 有效沟通

在项目实施过程中,经常会出现一些问题或矛盾,需要通过管理人员的有效沟通才能得以解决。沟通是信息交流的过程,有助于双方增进了解,项目管理中任何沟通的最终目的都是为了更好地提供服务、提升服务品质。对于社会组织而言,项目报告是工作沟通的一个重要工具，有助于促进执行方、资助方，以及其他项目相关方的信息交流。项目报告一般包括项目可行性论证报告、项目进展报告、项目财务报告、项目监测报告、项目评估报告几种。一般的项目需要在项目中期和项目结束时递交项目报告。

(5) 风险管理

在项目实施过程中，由于一些不可控因素的存在，项目运作存在一定的风险。在风险出现后，社会组织可采用的风险管理策略主要有：风险回避、风险转移、风险缓和、风险接受。风险回避是指改变项目计划以消除风险；风险转移是指设法将风险的影响转移到对自己不构成威胁的地方；风险缓和是指设法将风险概率或其影响降至可接受的水平；风险接受是指项目团队不主动去管理风险，而是听任风险发生，然后再进行补救和处理，或者准备一定量的应急储备来应对风险发生的后果。通常情况下，可以采取风险接受的风险都是能够承受的风险。

(6) 项目监测

项目监测又叫项目跟踪，是指项目各级管理人员根据项目规划和目标等，在项目实施的整个过程中，对项目状态以及影响项目进展的内外部因素进行及时的、连续的、系统的记录和报告的系列活动过程。

项目监测是项目控制与管理的重要手段，是贯穿在项目实施过程中的一个相对独立的活动，有助于控制项目执行过程，使项目尽量不偏离目标；有助于及时把握项目进展并提出建议；有助于及时了解成员的工作情况，调整工作安排，合理利用资源；有助于统计并了解项目总体进度，以及进行项目人员考核。

3. 项目评估

(1) 项目评估的意义

项目评估主要有以下三个意义：一是通过项目评估，可以检测项目的预期目标是否达成，项目是否合理有效，项目的主要绩效指标是否实现；二是通过项目评估，可以找出项目成功或失败的原因，总结经验教训；三是通过项目评估，可以为未来新项目的设计、决策、项目管理能力的提升提供参考。

(2) 项目评估的原则

项目评估主要应遵循以下几个原则。

① 公正性和独立性。

公正性即项目评估人员在进行项目评估时，应保持公正，避免在发现问题、分析原因和做结论时避重就轻，作出不客观的评价。独立性即评估人员应是没有参加过项目工作的人员，应对项目进行独立评估，避免出现项目决策者或管理者自己评价自己的情况。

② 可信性。

项目评估的可信性取决于评估人员的独立性和经验，以及资料信息的可靠性和评估方法的适用性。可信性的一个重要标志是评估结果同时反映出项目的成功经验和失败教训。

③ 透明性。

项目评估的透明性即项目评估活动公开、透明，评估结果也公开、透明。项目评估遵循透明性原则有利于资助方和社会公众对社会组织的项目活动进行更好的监督，提高社会组织的公信力。

④ 反馈性。

反馈性即项目评估的结果需要反馈到组织管理部门，以便作为新项目设计和申请的参考以及调整项目规划和战略的依据。

(3) 项目评估的内容

在正式进行项目评估之前，应先编制评估提纲。在编制评估提纲时，评估人员应先明确这样几个问题：评估报告的读者对象是谁？评估的内容包括哪几个方面？涉及哪些人员？评估的最佳时机是何时？参与人员有哪些？

一般来说，确定评估的内容时要参考资助方的意见，并要取得项目管理机构的配合，所以编制评估提纲的时候就应该征求资助方和项目管理机构的意见，当然也应征求评估人员的意见。

评估提纲主要应包括这几项内容：项目背景、项目概述（项目目标和主要内容等）、现阶段的基本情况、评估目的、评估问题、评估人员、日程安排、评估报告有关事项等。编制好评估提纲后，评估人员应就尽快确定具体工作方式，拟定各方面的评估问题开展评估工作。项目评估具体包括以下几种。

① 项目设计评估

项目设计评估，即对项目设计是否与项目宗旨紧密相连，社会组织内外部环境分析是否存在偏差，项目总体上是否符合实际情况等的评估。

② 项目目标评估

项目目标评估，即对项目目标是否能指导项目的实施，是否需要根据项目具体实施情况修改项目目标，项目目标与社会组织的战略规划有哪些联系等的评估。

③ 项目成果评估

项目成果评估，即对项目目标是否已经实现，现实状况和目标之间有何差异，各项指标完成情况如何等的评估。

④ 经济效益评估

经济效益评估，即对有没有出现支出失控的情况，项目的收支是否平衡，项目能否自负盈亏等的评估。

⑤ 组织实施评估

组织实施评估，即对项目组织机构的设置是否有利于项目的实施，项目计划和战略是如何落实为具体行动的，项目实施过程中遇到了哪些限制因素和障碍，项目实际进度与预先设定的进度表有何偏差，什么原因导致了这些偏差等的评估。

⑥ 项目管理能力评估

项目管理能力评估，即对信息流动是否畅通，项目决策是否吸收了项目参与人员的意见，能否调动项目人员的积极性，应对紧急情况的能力如何，有没有出现管理混乱等的评估。

⑦ 受益者评估

受益者评估，即对项目受益人有哪些，他们是如何参与项目的，妨碍他们参与项目的因素有哪些等的评估。

 拓展训练

近年来，社会组织在基层社区治理中发挥着越来越重要的作用。社会组织参与基层社区治理最主要的方式包括志愿服务、社区惠民资金服务项目、社区社会组织培育等。湖南省长沙市雨花区同升街道新兴社区通过社区惠民资金服务项目采购的方式引入长沙市虹雨社会工作服务中心，依托社区服务阵地，开展丰富多彩的各类服务活动，引导居民从"闭门不出"到走进社区，出门交友，搭建起社区与居民沟通的桥梁，营造共建共享社会治理的社区新格局。

讨论问题

请根据社会组织项目实施与管理的要求，设计一份社区惠民资金服务项目绩效评估指标。

项目九

社会组织营销

项目概述

本项目主要介绍社会组织营销的概念、特点、作用及营销环境分析,社会组织营销规划,社会组织营销的基本方式。学完本项目后,应了解社会组织营销的概念、特点、作用及营销环境,熟悉社会组织营销规划,掌握社会组织营销的基本方式。

引言

随着营销理论的发展,社会组织营销也日益受到人们的重视。营销问题已成为每一个社会组织都要面临的问题。进一步将商业精神、营销理念引入社会组织,是新时代社会组织发展的一个基本趋势,也是社会组织管理增长最快的一个领域。希望同学们通过学习本项目的知识,能理解社会组织营销的基本知识,掌握社会组织营销的相关技巧。

任务一　了解社会组织营销的概念、特点、作用及营销环境分析

情境导入

中国青年创业就业基金会成立于 2009 年，是民政部登记管理的全国性公募基金会，2021 年被民政部评为 5A 级社会组织，荣获"全国先进社会组织"称号，具备公益性捐赠税前扣除资格，宗旨是通过资金扶持、技能培训、信息服务、政策协调和社会倡导，帮助青年创业就业，促进青年发展。

2022 年期末该基金会总资产 5.43 亿元，资助实施公益项目 200 余个，覆盖青年创新、创业、就业、乡村振兴、应急救灾、生态环保、国际交流等多个领域。未来，基金会将不忘初心、聚焦主业，更加突出专业化服务，注重平台化协作，提升品牌化管理，强调社会化运作，推动生态化营造，以"创青春·中国青年创业行动"为统领，努力打造新时代共青团服务青年创业就业的基础性平台。

任务目标

(1) 了解社会组织营销的特点和作用。
(2) 了解社会组织营销环境分析的知识。

知识链接

一、社会组织营销的概念和特点

1. 社会组织营销的概念

"营销"这个词来自以营利为目的的企业，是指企业发现潜在消费者的需求，并引导他们了解自己的产品或服务的特点进而购买自己的产品或服务的过程。美国著名营销学家菲利普·科特勒认为营销是通过交换满足需求和欲望的社会和管理过程。因此，企业将营销视为一种管理过程，在经营时，按照营销的理论和理念决定生产什么产品，对产品进行定价，选择销售渠道，以及设法与潜在消费者进行有效的沟通等。市场营销研究的是把适当的产品，以适当的价格，在适当的时间和地点，用适当的方法销售给尽可能多的顾客，最大限度满足市场需要的问题。

社会组织营销是指社会组织为了达到目的，对社会组织本身、受益群体及各自需求进行分析，把服务推向市场的过程。自20世纪80年代以来，由于社会组织面临的制度环境已经发生了深刻的变化，关于社会组织营销的讨论越来越多。

社会组织的形象对社会组织来说非常重要，由于其具有非营利性，因此，树立正面和积极形象就至关重要。随着企业进入社会服务领域，使得社会服务领域的竞争变得越来越激烈。在多种因素的影响下，社会组织需要借助营销的理论和理念，以服务对象为中心，提高服务质量，获取更多的资源，实现自身的专业价值和社会使命。

2. 社会组织营销的特点

社会组织营销主要具有以下几个特点。

（1）目标的多样性

对于营利组织来说，利润是其首要追求的营销目标。而社会组织营销的目标却具有多样性，因为其以社会大众为服务对象，以公共服务为载体，以实现社会价值为使命，主要追求的是社会效益和生态效益等。

（2）服务对象的多重性

营利组织的服务对象是顾客，所以其主要的营销对象是顾客。而社会组织的营销对象不仅有其服务对象，还有资助者和志愿者，同时，社会组织还需要处理好与其他利益相关者的关系，还要运用公共关系营销手段，维护好自身的公众形象。

（3）接受公众监督

由于社会组织资金来源以社会大众捐赠和政府购买服务资金为主，因此其行为受到公众监督，其活动必须服从公众利益，营销活动也不例外，一旦出现不良事件，将产生严重的负面影响。

（4）产品以服务为主

社会组织提供的产品以公共服务为主，提供的服务免费或收取较低的费用。因此，社会组织在开展营销活动时要注意自己提供的产品与其他产品的区别，要注重服务对象的参与情况，珍惜服务对象的时间成本，不断提高服务质量，充分满足服务对象的需求。

二、社会组织营销的作用

通常人们认为营销只发生在企业中，事实上，几乎所有的社会组织都或多或少地运用了营销的理念、方法和技巧。现代管理学之父彼得·德鲁克认为，通过营销，社会组织对其服务对象的需求有了更深入的了解，根据了解的信息，社会组织可以对自己的公共服务产品进行调整，使其更加符合服务对象的需求，从而使自己的公共服务产品更受欢迎。随着社会组织间之间的竞争日益激烈，人们越来越认识到，为了更好地生存和发展，社会组织也需要采取营销手段参与竞争。社会组织营销主要具有以下两个作用。

1. 营销有助于社会组织更好地生存和发展

社会组织树立营销观念，正确地选择目标市场（企业、政府、社会大众、受益对象），并针对目标市场的特点，不断推出新的准公共产品与服务项目，满足公众的需要。运用营销手段，社会组织可以加强与各方面的沟通，拓宽资金来源，获得比较稳定的资金；运用营销手段，社会组织可以及时了解服务对象的需求，调整和完善自身的公共产品或服务，也可以根据服务对象的需求，进一步提供新的公共产品或服务，从而实现持续发展、永续经营。

2. 营销有助于促进社会发展

社会组织不以营利为目的，而以服务于教育、医疗、文化、社会福利、科学研究等公共领域为目的。通过营销活动，社会组织可以更顺利地把公众需要的服务提供给他们，满足公众社会生活各方面需求，使人们的各种潜能得到充分的展示，从而促进社会的发展。

三、社会组织营销环境分析

任何组织都是在不断变化的环境中生存和发展的，不可能脱离周围环境，社会组织也是如此。社会组织营销环境是社会组织外部影响其营销活动方向和结果的各种因素。营销环境的变化可能给社会组织营销带来机会，也可能对社会组织的发展构成威胁。因此，社会组织必须时刻关注营销环境的变化，在对营销环境进行全面分析的基础上，制定营销规划。社会组织营销环境分析可从宏观和微观两个层面来进行。

1. 宏观环境分析

影响社会组织营销的宏观环境包括社会文化环境、自然环境、政策环境、经济环境、人口环境等。社会组织在实施营销规划之前，应该充分研究这些宏观环境及其发展动态，收集并分析相应的资料和信息，了解它们对社会组织营销活动可能产生的影响，从而不断调整自身的营销规划以实现预期的目标。

2. 微观环境分析

社会组织营销的微观环境是指对社会组织的营销活动构成直接影响的各种因素和力量，包括社会组织自身、营销中介、顾客、竞争者以及公众等。

（1）社会组织自身

社会组织自身对营销活动产生影响的因素包括组织的结构、规模、生产经营状况、管理状况、性质、存在的主要问题及取得的主要成绩等。社会组织要在全面分析自身这些因素的基础上制定营销策略，避开自身的劣势，充分发挥自身的优势。

（2）营销中介

产品与服务的提供者一般都要通过一些营销中介才能在适当的时间、适当的地点将适当的产品或服务供应给消费者。对于以提供服务为主的社会组织来说，虽然它们经常直接面对服务对象，但是这并不意味着社会组织就可以脱离营销中介。社会组织的营销中介主要包括资源供应方、中间商、辅助商等。资源供应方，即向社会组织提供为服务对象服务所需资源的机构或个人，如政府、基金会、企业和个人。中间商，即协助社会组织为服务对象服务的机构或个人。辅助商，即为社会组织提供融资、谈判、咨询、风险承担、存储和运输、促销及服务等营销活动的机构。社会组织应在分析营销中介特点的基础上，根据具体情况制定有针对性的营销策略。

（3）顾客

顾客泛指购买商品或服务的机构或个人。对社会组织来说，顾客就是其服务对象及他们的家属等。目标市场的顾客不同，其需求也不同。社会组织必须充分地关注顾客的需求及其变化趋势，有针对性地开展营销活动，以提高营销活动的效率。

（4）竞争者

社会组织在开展营销活动过程中不可避免地会遇到竞争者，社会组织在为得到资助、招聘最优秀的人才、争取最好的项目，以及其工作能得到最大关注而进行着竞争。要想在竞争中立于不败之地，社会组织必须在了解竞争对手的基础上对竞争对手进行分析，具体需要识别并确定主要竞争对手、辨别其基本策略、了解其优劣、预测其市场反应，进而制定有效的营销策略。

（5）公众

社会组织面临着比营利性企业更多的公众监督和问责。很多公众虽然不是社会组织的服务对象，但是他们的社会影响力往往会对社会组织产生重要的作用。因此，社会组织必须重视公众及其意见，尽可能地获得他们的支持。

拓展训练

中国残疾人福利基金会是经国务院批准于1984年3月15日成立的全国性公募基金会。基金会的宗旨是弘扬人道，奉献爱心，全心全意为残疾人服务。理念是"集善"，即集合人道爱心，善待天下生命。中国残疾人福利基金会自成立以来，高举人道主义旗帜，大力倡导扶残助困的良好社会风尚，积极开展募捐活动，筹集资金，努力改善残疾人康复、教育、就业等各方面状况。基金会培育了集善嘉年华、康复类项目、教育类项目、就业类项目、文体类项目、生活类项目、无障碍建设类项目、预防类项目等一批有社会影响力的公益项目，推动了中国残疾人事业的发展。

讨论问题

分析中国残疾人福利基金会的营销环境。

情境导入

广州青年志愿者协会成立于 1995 年 6 月 5 日，是由志愿从事社会服务和社会公益事业的市民和社会团体组成的全市性社会团体法人，是中国青年志愿者协会、广东省青年志愿者协会的团体会员。协会现已成为广州市最具有影响力、号召力和公信力的志愿组织，成为培养市民责任意识、奉献精神和服务能力的公民学校，成为广州精神文明建设和志愿服务事业的旗帜标兵。尽管广州青年志愿者协会是目前广州市最活跃的志愿者组织，但主要还是依靠共青团系统的组织和行政资源，虽然志愿者众多，但参与的服务时间普遍较为短暂，志愿活动提供的服务中仅有少数能够持续、深入地开展。从市场营销的角度来看，广州青年志愿者协会无疑需要制定正式的营销规划，重新进行市场细分及目标市场选择。首先，要保留自己的强势项目，进行深度的控制和管理，更大地发挥出明星效应；其次，要根据自身的资源及服务对象的需求程度，对已经涉及但效果欠佳的众多弱势项目进行取舍；最后，要针对目标市场，开发出相应的营销策略，并在此基础上制定详细的营销规划。

任务目标

熟悉社会组织营销规划的具体内容。

知识链接

社会组织制定营销规划的目的是促使社会组织明确目标，协调并充分利用各方资源，创造价值并获得发展。

由于营销规划将社会组织的成长和发展纳入了变化的环境中，因此社会组织管理者要正确地确定组织的发展方向，选择适合组织的业务领域或产品，以更好地把握外部环境所提供的机会。

社会组织营销规划一般包括确定组织使命、制定组织目标、安排业务组合、发展新业务、制定营销战略、制定营销计划等几项内容。

一、确定组织使命

无论是刚刚成立的社会组织，还是早已成立且有多种服务项目的社会组织，在制定营销规划前都应先弄清组织是一个什么性质的组织，应承担哪些社会责任，应从事什么样的事业，即要确定组织的使命。社会组织的使命从总体上决定着组织的发展方向和道路。

确定组织使命应考虑的因素包括：组织的历史、管理层的意愿、市场环境、组织资源、组织的核心竞争力等。确定组织的使命是制定组织营销规划的前提。

二、制定组织目标

组织目标就是在一定时期内综合内外部环境和资源而设定的一个预期要达到的成果，是组织使命的具体化和明确化。德鲁克认为，每个组织都需要制定目标，并要形成一定的目标体系。

制定组织目标时应注意这样几点。

① 目标的制定需要有科学的依据。组织的目标关系组织未来的生存和发展，因此，必须确保其严肃性和科学性，不能带有主观的臆想，更不能脱离客观事实，必须在全面、认真地分析组织内部条件和外部环境的基础上，按照社会发展的客观规律和实际可能，制定出组织未来发展的大纲。同时，制定出的目标应经过组织相关人员的充分讨论和科学论证，以确保目标能指引组织沿着正确的方向前进。

② 目标必须具有挑战性，并切实可行，应该能够体现组织奋发向上、不断进取的精神，应高于组织和个人的能力，具有一定的超前性和感召力，能激励全体员工为更加美好的明天而努力工作。要实现挑战性与可行性相结合，必须以组织的内部优势、劣势和外部环境的利弊为基础，把目标限定在主客观条件所允许的范围内，使人们经过努力能够实现这一目标。

③ 目标必须明确，不能太笼统，要最大限度地量化，使决策者和执行者能够有一个一致的理解。

④ 目标应形成一个完整的体系。为保证组织目标的实现，应根据总目标制定出一系列分目标。这些分目标之间，以及分目标与总目标之间，应具有内在的相关性并形成一个完整的、相互配套的目标体系。一个完整的目标体系的结构如下：

第一，从层次上看，组织目标应分成组织的整体目标、各个项目目标和各个活动的目标。

第二，从时间上看，组织目标应分成长期目标（5~10年）、中期目标（2~5年）和短期目标（1年及以下）。

第三，从性质上看，组织目标应包括定量目标和定性目标。

第四，从内容上看，应明确哪些是组织必须实现的目标，哪些是争取实现的目标。

三、安排业务组合

社会组织所从事的业务活动或所提供的服务不止一个，而是多个，即存在多个战略业务单位，各个业务单位的市场需求、前景、发展机会是不同的，但社会组织的资源是有限的。因此，社会组织必须对各种业务加以分析、评价，看哪些应当进一步发展，哪些应当维持，哪些市场需求在逐渐减少，应当减少或逐步放弃，这是社会组织制定营销规划时非常重要的一步。

美国管理咨询服务企业波士顿咨询公司将组织的业务主要分为明星类业务、金牛类业务、瘦狗类业务和问号类业务。

（1）明星类业务

明星类业务，即相对市场占有率高，市场增长率也高的业务。社会组织对这类业务应增加投入，以配合市场的增长，并继续维持市场占有率的领先地位。

（2）金牛类业务

金牛类业务，即相对市场占有率高，市场增长率较低的业务。由于金牛类业务具有较高的相对市场份额，因此，这些业务会为社会组织带来丰厚的回报，组织可以用这些回报去支持其他业务。金牛类业务在一定时期内会成为社会组织的主要业务，不断地赢得公众资金的支持，进而促进其他业务的开展。

（3）瘦狗类业务

瘦狗类业务，即相对市场占有率低，市场增长率也低的业务。一般情况下，瘦狗类业务不能为社会组织带来太多的资金支持，它通常是一些走下坡路的业务。社会组织对瘦狗类业务通常会采取逐步紧缩，直至放弃的战略。

（4）问号类业务

问号类业务，即相对市场占有率较低，市场增长率较高的业务。对问号类业务，社会组织应分析其市场前景，以决定是增加投入使其成为明星类业务，还或停止投入，将资源用在其他更有利的业务上。如果问号类业务确实有发展前景，社会组织可以向外界募集资金，促进该业务的进一步发展。

四、发展新业务

在对各类业务进行全面的分析之后，管理者一般会适时地推出新的业务，以促进组织的进一步发展。一般来说，社会组织发展新业务需要做好以下三件事。

（1）收集市场信息

社会组织的工作人员可通过经常阅读报纸、参加各种活动、研究其他社会组织的服务、召开献计献策会、调查研究公众的需求等来寻找、发现或识别未满足的需求和新市场机会。

（2）分析产品-市场矩阵

社会组织工作人员可通过分析产品-市场矩阵来寻找市场渗透、市场开发、产品开发的领域或契机。

（3）进行市场细分

社会组织工作人员可对公众需求进行分析，根据公众需求的差异对市场进行细分，以选择目标市场。

五、制定营销战略

营销战略是指社会组织为实现营销目标，一定时期内营销发展的总体设想和规划。社会组织在制定营销战略时，要选择目标市场、选择竞争定位和发展有效的营销组合，以求接触并服务所选择的受益对象。

六、制订营销计划

制订营销计划就是对各类营销活动的实施时间、地点、主题、形式、人员、预算等具体内容做出预先规定。营销计划一般应详尽、全面和可操作。

社会组织营销计划是在对市场营销环境进行调研分析的基础上按年度制定的，一般包括以下八个方面（如图9-1所示）。

图9-1 社会组织营销计划

（1）内容摘要

营销计划首先要有一个内容摘要，即对主要营销目标和措施的简要概括和说明。

（2）当前营销状况

在内容摘要之后，营销计划就要对组织所提供的产品或服务的当前营销状况做简要且明确的分析。

（3）风险与机会

风险是指营销环境中存在的对营销不利的因素。机会是指营销环境中对营销有利的因素，即有助于社会组织取得竞争优势和差别利益的因素。一个市场机会能否成为社会组织的营销机会，主要看它是否符合组织的目标和资源状况。一个成功的营销规划能使组织扬长避短、发挥优势，比竞争者享有差别利益，并能够得到公众的偏爱。

（4）目标与课题

在分析当前营销状况和预测未来的风险与机会的基础上，还要确定本期的营销目标和所要解决的课题，这是市场营销计划的核心内容。

（5）营销策略

营销策略是指为达到营销目标所采用的手段和方法，包括目标市场选择和市场定位策略、营销组合策略、营销费用策略等。

（6）营销活动程序

要想实现营销目标，就要将营销策略转化成具体的营销活动，具体需要回答这样几个问题：① 要做些什么？② 何时开始，何时完成？③ 由谁负责？④ 需要多少成本？应按上述问题为每项活动编制详细的程序，以便于执行和检查。

(7) 营销预算

营销预算是为营销活动服务的,它是执行营销计划的重要因素。比如,社会组织将继续在某个业务领域扩大影响,追求更高的市场份额,那么,该年度以及以后的若干年度营销预算就应该体现这一计划。

(8) 营销控制

营销计划规定的目标和预算一般按月分解,以便社会组织管理者检查和监督,如督促未完成计划的部门改进工作,确保营销计划的完成。

为了提高营销计划的有效性,社会组织还应注意以下两个问题。① 营销活动对营销战略的体现和贯彻,这是社会组织设计营销活动的一个根本前提。作为营销战略的具体化,任何营销活动都必须以营销战略为核心。社会组织应在理解营销战略的特点和内在要求的基础上,以一系列延伸性的活动向目标受众传递社会组织的营销意图和目的。② 突出营销活动的独特性。要想提高公众对营销活动的关注,社会组织除了应在营销战略的制定方面做到体现组织使命、突出组织形象以外,还应在营销活动的设计上体现组织的个性和特点,不可盲目照搬和模仿他人的行为。只有这样,社会组织才能在当今这个纷繁复杂、信息泛滥的社会中脱颖而出,获得公众的关注和认可。

 拓展训练

广州慧灵智障人士服务机构成立于1990年,是国内最早的公益组织之一,服务对象主要为成年智障人士。慧灵服务推广社区化服务模式,以提高智障人士生活品质为己任。截至2021年,慧灵服务日常直接服务对象已经超过2100多人。而慧灵服务发起的蜗牛网已经在全国范围内为超过3500名会员提供周末兴趣活动和不定期的主题活动等。

讨论问题

为慧灵服务撰写一份年度营销计划。

任务三 掌握社会组织营销的基本方式

 情境导入

上海联劝公益基金会是一家资助型公募基金会,成立于2009年,为5A级社会组织。该基金会致力于用联合劝募的方式向企业和公众进行公益宣导,拉近公益与公众的距离,引导公众和企业支持公益。该基金会坚持募用分离,支持靠谱的社会服务机构发展专业,并履行监督问责职能，持续地推动民间公益健康可持续发展，先后获得"中华慈善奖""全国先进社会组织"等荣誉。

任务目标

（1）掌握社会组织营销的基本方式。

（2）思考不同营销方式的特点，以及社会组织在使用不同营销方式时分别应注意哪些问题。

知识链接

社会组织在开展营销活动前需要组建营销团队，根据营销方式选择有效的营销工具，比如开展网络营销需要选择合适的网络平台等。社会组织营销的基本方式主要有事件营销、差异营销、会员营销、网络营销、体验营销、联合营销、上门营销和奖励营销等。

一、事件营销

事件营销是指借社会事件、新闻或热点话题之势，有计划地策划、组织、开展与事件、新闻或话题相关的营销活动。事件营销是国内外十分流行的一种公关传播与市场推广手段，集新闻效应、广告效应、公共关系、形象传播、客户关系于一体，并为新产品（或服务）推介、品牌展示创造机会，是一种快速提升品牌知名度与美誉度的营销方式。与广告和其他传播活动相比，事件营销能够以最快的速度，在最短的时间内产生强大的影响力。

二、差异营销

为应对激烈的竞争，社会组织需要差异化发展和营销。差异化营销是社会组织在了解自己服务的特点、流通渠道、效果、技术、推广资源等的基础上，集中优势资源，避开主流方式，以独辟蹊径的方式研发产品或服务，以达到出奇制胜的效果的一种营销方式。社会组织若能成功运用此营销方式，便能迅速获得市场知名度和市场占有率，而且容易形成资源优势。

三、会员营销

会员营销是指社会组织以某项利益或服务为主题将用户组成一个团体，通过提供适合会员需要的服务开展宣传推广等活动。会员营销由亚马逊公司首创，起初是电子商务网站的有效营销手段，现在几乎已经覆盖所有行业。社会组织中运用会员营销的主要有教育、养老等领域。会员营销最主要的优点是能为社会组织培养众多忠实的"顾客"，建立起一个长期稳定的市场，提高社会组织的竞争力。

四、网络营销

网络营销是指以互联网为基础,利用数字化信息和网络媒体的交互性来辅助实现营销目标的一种新型的营销方式。网络营销具体包括搜索引擎营销、电子邮件营销、博客营销、微博营销、微信营销和网络直播营销等几种方式。

五、体验营销

体验营销是指通过采用让目标客户观摩、聆听、尝试、试用等方式,使其亲身体验产品或服务,让客户实际感知产品或服务的品质或性能,从而促使客户认知、喜欢并购买的一种营销方式。

体验营销具有注重个性化、引导感性消费和营销对象主动参与等特征。社会组织在运用这种营销方式时,应先确定体验主题,让营销对象切实感受到体验价值,将诉求传递给营销对象。

六、联合营销

联合营销又称合作营销,是指两个或两个以上的社会组织拥有不同的关键资源,而彼此的市场又有某种程度的区分,为了彼此的利益,大家进行战略联盟,交换或联合彼此的资源,合作开展营销活动,以创造竞争优势的一种营销方式。联合营销的最大好处是可以使联合体内的各成员以较少的费用获得较大的营销效果,有时还能达到单独营销无法达到的目的。例如,由民政部、国务院国有资产监督管理委员会、中华全国工商联合会、广东省人民政府、深圳市人民政府、中国慈善联合会共同主办的中国公益慈善项目交流展示会就是一种联合营销。

七、上门营销

上门营销是最常见的一种营销方式,它是由营销人员直接上门走访营销对象,宣传、推广自己的产品或服务的营销方式。上门营销是一种积极主动的营销方式,可以直接同营销对象接触,营销对象可以根据营销人员的介绍对其产品或服务形成一定的印象,从而为进一步的营销打下基础。

八、奖励营销

奖励营销是指使营销对象在接受营销信息的同时获得奖励的一种营销方式。传统的营销方式主要是传达社会组织想要传达的信息,而奖励营销通过奖励的方式,可以激励营销对象主动去获取信息,在传播上奖励营销比传统营销方式更具优势。

项目九　社会组织营销

 拓展训练

中国儿童少年基金会成立于 1981 年 7 月 28 日,是中华人民共和国成立后的第一家国家级公募基金会,隶属于全国妇联。该基金会的宗旨是致力于推动儿童少年事业发展和促进儿童少年全面发展,为广大儿童少年平等享有美好生活创造更多机会。春蕾计划、安康计划、儿童快乐家园、HELLO 小孩等是该基金会培育出的主要公益品牌。该基金会始终不忘初心,坚守着一代又一代人薪火相传的爱与信念,缔造着一个又一个大手牵小手的温暖和奇迹。

讨论问题

请为中国儿基会的"春蕾计划"撰写一份年度网络营销计划。

项目十

社会组织筹款

项目概述

本项目主要介绍社会组织筹款的概念、理念和原则，社会组织筹款的基本方式，社会组织筹款的基本策略与技巧。学完本项目后，应了解社会组织筹款的理念和原则、熟悉社会组织筹款的基本方式，掌握社会组织筹款的基本策略与技巧。

I 引言

一个家庭的运转需要资金，一个企业的运转需要资金，一个社会组织的运转同样需要资金。有人说，社会组织的发展成也资金，败也资金。那社会组织怎样才能获得资金呢？如果说获取资金是社会组织的一个目标，那么筹款便是获取资金的手段。社会组织负责人往往要把非常多的时间和精力用在如何解决组织的资金问题上，以确保组织正常运行。希望同学们通过学习本项目，理解和掌握社会组织筹款的基本知识和技巧。

任务一　了解社会组织筹款的概念、理念和原则

情境导入

"一个鸡蛋的暴走"活动是上海联劝公益基金会于2011年发起的品牌公益项目，旨在支持与培育儿童公益项目，帮助0~18岁儿童健康快乐成长、平等发展。参与者需要在12小时内走完50千米，并通过创意的方式向熟人网络募集善款，完成甚至突破既定筹款目标，实现个人挑战。此活动希望带给公众身体力行的公益实践和丰富快乐的公益体验，让公益不再遥远，未必苦情，也不止于捐款。

此活动是上海乃至全国影响力最大的公益徒步活动之一。截至2022年12月31日，此活动筹集的善款累计支持全国31个省（自治区、直辖市）877个儿童公益领域项目，帮助140万0~18岁儿童健康成长，平等发展，累计公益支出7652万元。

任务目标

（1）了解社会组织筹款的概念。
（2）了解社会组织筹款理念的发展。
（3）了解社会组织筹款的基本原则。

知识链接

一、社会组织筹款的概念

筹款，英文为"Fund-raise"或"Fund-raising"，也称劝募、募捐、筹资等，是一种社会及经济活动，有些是为慈善活动，有些是为商业活动，有些也用于政治活动中。

社会组织的筹款不同于经济性和政治性的筹款，它是社会组织基于促进社会和谐的宗旨和目标，向企业、社会大众、政府或基金会等筹集资金、物资或劳务的过程。

社会组织筹集的资金必须在符合其宗旨的范围内使用，在应用于项目、社会和谐、服务困难群体、社会公平公正和组织发展之后，如果有多余的款项，不能作为利润进行分配，并接受社会大众和捐款人的监督。

和筹款密切联系的概念是捐款。捐款是指人们无偿地将自己的钱给予其他人的行为。捐款和筹款相辅相成，筹款的目的是要得到捐款人的捐款，捐款人需要寻找合适的筹款人。

社会组织的筹款常常被说成是"高级乞丐",即一批缺少金钱或物品的组织恳求富有者向其捐款的行为。早期的筹款的确有这样的特点:筹款者总把希望寄托在有钱人的"赏赐"上,从而影响了专业筹款的发展。这或许是因为在社会组织发展史上,曾经有一段依靠基金会取得"无忧无虑"捐赠的时期,它们依靠得到的资助开展一些活动,那时候,基金会对社会组织的要求也不过是一份报告而已。但是,后来许多基金会已经不再采用这样的操作模式,它们非常关注自己的资助效果,尤其是对那些研究型和实证型项目,基金会甚至会派人和社会组织联合开展活动。

随着社会组织的发展,以及政府购买社会服务力度的增加,我国社会组织的资金来源较过去更加多元化。实践证明,和营销一样,筹款也是一种市场活动,社会组织筹款也需要进行市场分析,也需要有相应的市场策略。

二、社会组织筹款理念的发展

伴随着社会组织的发展,社会组织筹款理念也在逐渐地发展着。社会组织的筹款理念大致经历了产品导向、推销导向、顾客导向三个发展阶段。①

1. 产品导向阶段

社会组织最初的筹款理念是一种产品导向理念。社会组织在开始筹款时一般都在这个理念下运作,它们通常会认为:"我们有一个很好的想法,我们应该得到人们的支持。"这时的社会组织很少考虑到顾客,它们只想尽量把自己的产品做好。这个阶段社会组织筹款的特点是:大部分的款项由社会组织的高级管理人员利用他们的关系网筹得,不存在专门筹款人;有些社会组织还依赖志愿者和友好人士得到一些捐款,往往是少量忠心的捐款人却提供了大部分的捐款。

2. 推销导向阶段

随着社会组织之间竞争的加剧,筹款形势越来越不利,以产品为导向的筹款越来越困难。社会组织意识到必须走出去,采用以推销为导向的手段,即推销导向理念。推销导向的一个通俗理解是找到潜在的捐款人,并说服他们捐款。这个阶段,社会组织的筹款人员不再仅仅把焦点集中在完善自己的产品上,同时认识到社会上有很多潜在的捐款人,必须走出去,说服他们捐款。

这时社会组织当中出现了专职筹款人,他们的工作仅仅是筹款,并不涉及社会组织其他方面的工作,所以他们对社会组织的政策和活动影响很小。目前大部分的社会组织仍然处于这个阶段。

3. 顾客导向阶段

随着社会组织的进一步发展,在筹款方面它们逐渐开始采取顾客导向理念。这时的社

---

① 王名. 非营利组织管理概论[M]. 北京:中国人民大学出版社,2002:203.

会组织既不固守自己的想法，守株待兔式地等待人们自动捐赠，也不派人无规划地到处寻找资金，而是主动分析自己在市场中的位置，关注那些接受本组织宗旨的人们，制订使潜在捐款人满意的活动计划，甚至和潜在捐款人一起合作设计活动项目，同时也通过筹款活动培养新的潜在的捐款人。采用这种筹款理念筹款时包括仔细划分筹款市场、分析各个筹款市场，制订针对不同市场的筹款计划并安排实施这几个步骤。顾客导向的理念更关注顾客，把顾客放在至高无上的位置，同时分析社会的需求和捐款人的需求，并努力满足他们。顾客导向的筹款是现代社会组织发展的趋势，越来越多的大型社会组织逐步迈入这个阶段。值得一提的是，以顾客为导向的筹款活动必须以社会组织采用推销导向为基础。

当一个社会组织的筹款理念从推销导向转变为顾客导向时，它们就不再把潜在捐款人当作自己的目标，而把他们当作潜在的合作伙伴了。

三、社会组织筹款的基本原则

在中国特殊的文化和社会环境下，评价一次社会组织筹款行为是否成功应从以下三个层面进行：一是是否筹集到目标资金；二是组织的形象是否被有效推广，公共关系网络是否得到稳固或扩大，综合能力是否得以提升；三是最重要的，就是公众对筹款行为的认知度、观念的变化和参与情况如何。为了达到筹款目标，社会组织在筹款时应遵循以下几个基本原则。

1. 依法筹款原则

社会组织必须依法登记、依法筹款（如非公募基金会不得面向公众募捐），并接受由不付薪水的志愿人员组成的相关委员会（如理事会等）的监督；必须按照国家和地方相关法规，严格控制维持自身运转的支出比例，并向公众及时提供、公布年度财务报告以及定期的项目工作报告。此外，社会组织可以通过开展义演、义卖、义赛等方式筹款，但必须得到业务主管单位的同意和相关部门的批准。

2. 坚守使命原则

在筹款过程中，社会组织要坚守自身的理念和使命，不能为了筹款而放弃或背离自身的理念和使命，相反，要把筹款作为推广自身理念和使命的途径。对于一个社会组织来说，资金固然重要，但任何筹款行为都不能有违组织的理念。通常社会组织不能接受的捐助包括：军火商的捐助、非法来源的捐助、违背宗旨的捐助、违反受益者意愿的捐助、不道德的捐助等。如果社会组织接受了这些捐助，公众就会对社会组织的使命产生怀疑，失去对其的信任。另外，社会组织需要谨慎对待的捐助包括：具有宗教色彩、政治色彩的捐助，商业公司的捐助，附带额外要求的捐助等。

3. 阳光运作原则

在世界各地，捐款人一般都担心自己捐出的资金被贪污或滥用。社会组织使用捐赠资金的过程需要政府、社会、捐款人的监督和监管,社会组织自身需要建立健全捐赠资金使用管理制度,及时向捐款人和社会大众公布相关情况。

4. 志愿者参与原则

许多有关调查表明,参加社会组织志愿活动的人捐出的钱可能更多。为了满足志愿者的需求,社会组织必须为志愿者参与社会组织活动提供机会,有计划地接纳志愿者参与社会组织的工作,特别是筹款工作,从而建立自己的社会支持网络。有关研究表明,社区内的志愿者参与越多,社会组织的声誉就越好,社会组织在社区内的筹款工作就会做得越成功。

5. 公益目的原则

筹款实际上是资金从人到人的过程,捐款人往往都想知道自己的钱能否被用好,是否达到预期的效果等。多年来,社会组织都习惯于向捐款人报告他们开展的活动和受益人数,如为多少人提供了服务,有多少个志愿者工时,提供了多少次咨询服务等。但捐款人可能会问:"这样又如何?100个失业者接受了就业培训,但是有多少人找到了工作?"因此,当社会组织开展新的筹款工作时,之前工作的效果,特别是深层的效果和影响就是最有说服力的理由。

6. 诚信公关原则

筹款不单纯是社会组织筹款的过程,也是社会组织与捐款人建立合作伙伴关系的过程。社会组织在筹款过程中应像对待朋友一样真诚地对待捐款人,而且要讲信用,这有利于社会组织与捐款人建立互信的关系。在筹款方面,社会组织应将眼光放长远些,第一笔钱的多少并不重要,重要的是与捐款人建立一种合作互信关系。只要这种成熟持久的关系建立起来,必定能带来超出意料的回报。

7. 实话实说原则

无论是筹款还是资金使用,社会组织都应坚持实话实说原则。社会组织由人组成,而人难免会出错,当出现错误或存在不足时,不要试图掩盖事实,那样会破坏互信关系;而应诚实,实话实说,赢得捐款人的信任可能会使捐款人捐得更多。

8. 明确要求原则

社会组织筹款就要让捐款人清楚地知道自己的具体需求。无论是面向公众的宣传,还是一对一的沟通,筹款人都要说出自己的需求,不要主观认为无法得到资源,这将限制筹款的效果。同时,筹款人也要清楚捐款人的捐助领域与范围,捐款人对捐助资金的使用有何规定,需要社会组织完成什么样的项目任务或目标,捐款人是否有不合理的要求,等等。

9. 重视宣传原则

尽管社会组织在筹款过程中必须注重节俭，要控制成本，但筹款宣传以及适当的投入还是有必要的。因为只有通过宣传，才能让社会大众了解自己，了解自己的使命及推动的事业，进而才能吸引更多的人参与社会组织的筹款工作和为社会组织捐款。

10. 非"交易"原则

尽管筹款应引入市场营销的思路和方法，但公益事业毕竟不同于商业活动，社会组织应将营销的核心放在考虑捐款人的合法、高层次需求上，而不能把商业活动中所有的方式方法都借鉴过来。例如，如果在社会组织筹款中也使用"回扣"和"提成"这些手段，将会有百害而无一利，最终会把社会组织为实现宗旨、目标和使命而开展的筹款活动引向歧途，一旦被曝光，必将使社会组织陷入不仁不义和社会公信力丧失的境地。

11. 非投资经营原则

社会组织尽量不要采取自身开展投资经营活动的方式进行筹款。当社会组织筹款工作遇到困难时，许多社会组织试图通过自身开展投资经营活动的方式筹集善款。实际上，这条路是走不通的。一个以追求利润为目标的组织，即使所获得的利润是用于公益的，公众也很难相信其具有公益性。当然，社会组织可以做一些如义卖、义拍、义演等短期的经营活动，但不应把自身开展投资经营活动作为主要的筹款手段。

拓展训练

小郭是一家从事智障人士服务工作的社会组织的项目主管，为更好地服务智障人士，让智障人士享受更加优质的服务，小郭计划联合一家有资质的慈善组织开展公益众筹活动，以筹集服务所需的资金。

讨论问题

1. 什么是公益众筹？
2. 请以小组为单位，设计一份公益众筹策划书。

任务二 熟悉社会组织筹款的基本方式

情境导入

2019 年 10 月 27 日早上 8 点，在杭州玉皇山风景区，壹基金为爱同行·2019 公益健行活动杭州站吹响行走的号角。本次活动由深圳壹基金公益基金会（以下简称"壹基金")携手几个知名企业发起,并得到了一些其他企业的大力支持。

西湖群山红叶伴着十里桂花香,温度适宜,杭州站活动路线延续了往年设计,起终点均定在玉皇山景区,一路行来,还有紫来洞、八卦田、龙井村等著名景点、历史遗迹,是一条自然与历史底蕴完美融合的路线。在"为爱同行,没你不行"的活动口号召唤下,近700支队伍,超过2000多名队员参与到杭州站37公里的徒步挑战中,一起用自己的行动来践行公益的力量。

壹基金为爱同行公益健行活动致力于打造一个体验快乐公益的平台,让"公益+运动"的生活方式渗透到公众生活之中,成为每个人的生活习惯。参加者需三人组队,在规定的时间内完成户外徒步目标的同时,完成公益传播与善款筹集相关活动。

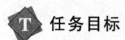

(1) 熟悉社会组织筹款的基本方式。
(2) 能根据社会组织的具体情况分析并选择合适的筹款方式。

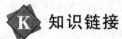

考虑到筹款的效率和不同筹款方式之间的差异,针对不同的市场,社会组织宜采取不同的筹款方式。总的来说,社会组织需要动用一切可以动用的组织资源,采用各种不同的方法充分调动工作人员和志愿者的积极性,有计划地开展筹款活动。

一、动员组织资源

社会组织筹款时可以动员各种重要的组织资源,如理事会成员、主要赞助者、企业、基金会、国际组织、政府、联合劝募组织等。理事会成员是对社会组织的宗旨高度认同的人,他们负有为社会组织争取资源的义务,而且他们往往在社会上具有较高的声望。因此,在社会组织发动筹款时,理事会成员是其最重要的组织资源。

社会组织从创建开始,伴随着它的发展,一般都有一些忠实的资助者,他们对社会组织有较深的认识,对社会组织的宗旨比较认同,人们通常称他们为主要赞助者。这些主要赞助者往往可以帮助社会组织完成筹款计划,增加社会组织的影响力。他们是一股不可忽视的力量。社会组织筹款时的基础志愿者也可能成为其主要赞助者。

上面两种资源是社会组织的内部资源,而外部筹款对象,如以组织形式存在的政府、基金会、企业和国际组织等,它们都是社会组织可以获取赞助的外部资源。此外,联合劝募组织也是一种社会组织可以利用的外部组织,在联合劝募组织那里,社会组织也可以筹集到部分资金。

我国早期社会组织的主要筹款对象是国际基金会和组织,随着我国社会经济的迅速发展、国力的强大,外国基金会的逐渐撤离,以及我国政府对社会组织的日益重视和国内基金会的增加和发展壮大，目前，我国社会组织主要筹款对象变为了政府、国内基金会和企业，如政府购买公共服务、公建民营、民办公助等形式。

二、动员个人资源

动员个人资源的筹款方式是多种多样的，针对不同的潜在捐款人，筹款方式应该灵活多样，且可随时调整。对于具体的筹款活动来说，可以应用的筹款方式大致有以下几种。

1．私人请求

私人请求是一种成功率比较高的筹款方式。私人请求需要的成本比较高，对于筹款人的要求也比较高，一般由社会组织的理事会成员或其他高层管理人员直接向潜在的捐款人做面对面的劝募，筹款者一般需要和对方有一定的交往基础。

2．电话劝募

电话劝募是社会组织筹款的一种常用方式，就是根据收集好的筹款对象名单，以电话的方式逐一向其募款。电话筹款的关键是要对筹款对象有详细的了解，所以收集潜在捐款人的资料是一个很重要的前期工作。如何在短短的几分钟内向潜在捐款人讲清楚募捐的情况和组织的情况，是一项技术性较强的工作，所以募捐之前的培训显得相当重要。电话劝募的成本介于私人请求和信函劝募之间，成功率也介于私人请求和信函劝募之间。

3．信函劝募

信函劝募，即社会组织以信函或邮件的形式将自己的资金和物资需求直接发给潜在的捐款人，这是最常用的筹款方式之一。这种方式成本比较低，但是效果也比较差，往往会出现很多信件发出之后杳无音信的情况。社会组织使用这种方式进行筹款时，掌握潜在捐款人的正确的信息非常重要。经常使用这种方式募捐的社会组织往往会收集整理大量非常详细的潜在捐款人信息，这对社会组织来说，是一笔宝贵的财富。

4．网络筹款

互联网使人们可以跨越时间和地域的限制进行各个领域的信息交流。通过网络扩大组织影响，通过网络宣传组织宗旨，直接在网上筹款，也逐渐被一些社会组织所采用。例如，2015年9月9日，由腾讯公益联合全球数十家知名企业、上百个公益组织、中国顶级创意传播机构、名人明星以及数亿网友一起发起了全民公益活动"99公益日"，旨在用移动互联网化、社交化等创新手段，用轻松互动的形式，倡导全民参与、积小善成大爱的公益理念，利用互联网推动公益行业的长远发展。但是，当前我国网络立法还不够完善，网上筹款必须辅以其他的措施，以防被不法分子利用。

5．义演义卖

义演义卖起初常见于文化、艺术、体育、娱乐类社会组织，后来也逐渐被其他社会组织所采用。义演义卖是一种比较有效的筹款方式,社会组织使用这种方式筹款时,通常会通过各种关系,邀请一些社会名流来捧场。例如,在2008年香港"演艺界5·12关爱行动"中,多名艺人以马拉松接力的方式轮流演出,为四川地震灾区筹款,短短8小时的义演筹得善款近4000万港币。

6. 电视筹募

电视筹募可以在短时间内,将社会组织的筹募信息直观、形象地传递给潜在的捐款人。通过电视,服务对象可直接向观众表达艰难的处境及需求,非常具有说服力。电视筹募的效果较好,但需要找到具有相关栏目的电视媒体以及组织相关的活动。在我国的希望工程、抗洪救灾的募捐中,采用过电视筹募的方式。

7. "一对一"捐助

有些捐款人为了使自己的捐赠发挥尽可能大的效用,或者为了明确捐赠的去向,他们会要求明确具体受赠对象,这种捐助方式被称为"一对一"捐助。在社会组织运作监督机制还不完善时,"一对一"捐助形式比较常见。

8. 遗产捐赠

遗产捐赠,即捐赠人把部分或全部遗产捐给社会组织。在欧美地区,遗产捐赠比较常见。遗产捐赠一般数额比较大,而且捐赠对象一般是捐赠人比较感兴趣又有重大需求的社会组织(如艺术组织、大学、以研究为主的慈善机构、医院等)。只有经过长期的合作和交往,捐赠人对组织有了深入的了解,并认同组织的宗旨,组织才有可能得到遗产捐赠。遗产捐赠的形式多种多样,最简单的方式是通过一份普通的遗嘱,捐赠人立下誓愿要把固定数目或比例的财产捐赠给特定的社会组织。

三、承接政府购买服务

2013年9月26日,国务院办公厅印发了《关于政府向社会力量购买服务的指导意见》(国办发〔2013〕96号),在承接主体上,明确指出承接政府购买服务的主体包括依法在民政部门登记成立或经国务院批准免予登记的社会组织,以及依法在工商管理或行业主管部门登记成立的企业、机构等社会力量,为社会组织承接政府购买服务提供了重要的政策依据。

2016年12月1日,财政部、民政部联合下发了《关于通过政府购买服务支持社会组织培育发展的指导意见》(财综〔2016〕54号),鼓励各级政府部门同等条件下优先向社会组织购买民生保障、社会治理、行业管理、公益慈善等领域的公共服务。各地可以结合本地区实际,具体确定向社会组织购买服务的重点领域或重点项目。要采取切实可行的措施加大政府向社会组织购买服务的力度,逐步提高政府向社会组织购买服务的份额或比例。政府新增公共服务支出通过政府购买服务安排的部分,向社会组织购买的比例原则上不低于30%。有条件的地方和部门,可以制定政府购买服务操作指南并向社会公开,为社会组织等各类承接主体参与承接政府购买服务项目提供指导。

目前，我国正在加快转变政府职能，创新社会治理体制，促进社会组织健康有序发展，提升社会组织能力和专业化水平，改善公共服务供给。政府购买社会组织服务的力度在不断增大，逐步成为社会组织一个主要的资金来源。

社会组织承接政府购买服务主要有三种方式：一是各级政府采购网发布招投标信息，社会组织通过投标的方式争取承接政府购买服务的机会，这是社会组织承接政府购买服务的主要途径；二是政府向定点机构购买服务，社会组织通过政府评估获得定点机构资格，受益对象在定点机构接受服务，政府向定点机构支付相关费用，如中国残疾人联合会在全国实施的残疾人精准康复服务；三是社会组织主动向政府递交社会服务的项目书，争取承接政府购买服务。

  拓展训练

成都市某社会工作服务中心的业务工作主要是：开展各种宣传活动，引导易发生灾害地区的居民掌握灾害预防措施，尽可能避免或减少灾害的发生；发生灾害后，为灾民提供基本生活保障；安抚灾民情绪，帮助灾民恢复生存能力；恢复灾区的各项社会功能；等等。该服务中心主要的资金来源有政府、企业和个人。

讨论问题

假如你是该服务中心的筹款人员，你认为可以通过哪些方式筹集20万元资金开展防灾减灾活动？

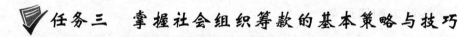

任务三　掌握社会组织筹款的基本策略与技巧

  情境导入

慧心智障人士服务机构（化名，以下简称"慧心"）2019年的收支基本持平，支出近500万元，其中，人力支出占60%，房租和伙食等日常开支占30%，管理费用占10%；收入近510万元，收入组成为：服务对象缴费占65%，政府补贴占10%，筹款占25%。

慧心为150多位成年心智障碍人士服务，虽然服务对象家长所缴纳的费用较高，但机构支出也较大，和其他社会组织一样，慧心时常出现资金短缺的情况，像2019年这样收支平衡的年份不多。为了帮助更多的心智障碍人士，机构需要向国内外基金会申请项目，向爱心企业和个人筹集更多的资金。

任务目标

1. 了解社会组织的几个筹款市场，能根据社会组织的实际状况对筹款市场进行分析。
2. 掌握社会组织筹款的步骤。

 知识链接

一、分析筹款市场

通常社会组织有多种不同的资金来源，大体可以分为四种市场：个人市场、企业市场、基金会/国际资助组织、政府市场。小型社会组织通常面向某一市场筹款，大型社会组织则通常多种市场并用。

1. 个人市场

个人市场又称大众市场。在美国，个人捐款占到所有慈善捐款的80%左右。几乎全国每个人每年都要向一个或几个社会组织捐款，捐款金额的大小依个人的收入、年龄等特征而不同。

在我国，个人捐赠占社会组织资金来源总数的比例还比较低，这主要与以下因素有关：居民的平均收入水平不高，政府对捐赠的减免税措施落实不到位，尚未征收遗产税等。随着我国人们生活水平的提高和法律环境的改善，个人捐赠的力度将有望大大提高，社会组织应该重视这个市场，并为开发这个市场做一些相应的准备工作。

了解人们捐赠的动机是把握个人市场的基础，只有了解了人们为什么捐赠，社会组织才可能对症下药，找到那些对筹款有利的因素，进而为制定筹款策略打下基础。

2. 企业市场

与个人捐赠不同，企业捐款更重视回报。一般而言，企业参与社会组织活动主要有五种目的：一为减免税，二为提升企业形象，三为社会责任（长远回报），四为增加销售，五为改善企业内部关系。企业捐款除采用现金、债券等形式外，也会采用产品、劳务、设施、技术等形式。

一般来说，可能向社会组织捐款的企业有以下几种。

(1) 当地的企业

与社会组织同处一个地域的企业是社会组织极好的筹款对象。对于有地缘关系的社会组织的募款，当地企业往往很难拒绝，因为企业发现这样做是值得的，这可以帮助企业改善形象、吸引和留住高层次人才、改善员工之间的关系、提升自身的凝聚力等。

(2) 开展和社会组织相关活动的企业

企业的活动如果与社会组织的活动相关，那么对社会组织来说，这类企业将是比较好的筹款对象。例如，一家非营利医院能轻易地向制药公司筹到钱。

(3) 宣布了支持领域的企业

有些企业出于自身的目的,努力树立企业形象,宣布了明确支持的领域或支持倾向,那么相应领域的社会组织便可以把这些企业作为筹款对象。

(4) 有私人关系的企业

社会组织筹款人利用他们的私人关系,往往可以得到向企业申请资助的线索。这里值得一提的是社会组织理事会成员的一个重要职责就是筹款,而且,社会组织理事会一般由有影响的人组成,他们往往具有敲开企业大门的关系。

(5) 大型企业

大型企业一般财力雄厚,一些大型企业往往比较支持非营利事业,以获得长远回报。那些以慷慨大方著称的大型企业是社会组织极好的筹款对象。但是在向大型企业筹款前,筹款人最好先弄清楚企业偏向于向哪类社会组织捐赠,或者弄清楚企业的捐赠史,做到有的放矢,往往才能事半功倍。

(6) 能满足特殊募捐要求的企业

如果一个企业正好拥有社会组织想要的资源,则社会组织筹款人可以把该企业看作筹款对象。例如,一家非营利医院计划维修病房,需要油漆,就可以向一家油漆公司申请捐赠,因为油漆公司正好能满足医院的这个需求。

以上介绍将有助于社会组织在众多的企业中挑选可能捐助自己的企业。其中,和社会组织同处一个地域或者涉足相同领域的企业尤其重要,除了募捐以外,社会组织还可以考虑与其开展长期的合作。当社会组织向一个企业寻求捐赠的时候,应该向对方明确说明他们捐赠的意义、数额、用途及可能的回报,并制订出周详的营销计划。

社会组织和企业之间的合作看起来似乎是一个双赢的结局,社会组织通过企业获得需要的资金和援助,企业通过向社会组织提供捐赠获得更好的公众形象,实现更多的销售,同时提高员工的士气,等等。但是,对于双方来说,都有一些潜在的风险。社会组织管理者必须认识到可能存在的风险,以便采取适当的策略加以避免。

3. 基金会/国际资助组织

大多数的基金会/国际资助组织都有捐款的义务,尤其是国际基金会,它们的任务就是为值得捐赠的项目提供资金。对发展中国家的社会组织来说,除了寻求国内基金会的资助之外,也可以寻求国际资助组织的资助。

和其他筹款市场一样,社会组织对基金会/国际资助组织也需要进行识别,以找到最适合自己的募款对象。识别基金会/国际资助组织的主要方法是看双方是否匹配,也就是说,社会组织需要根据自己的兴趣和运作模式找到匹配的基金会/国际资助组织。例如,一些小型社会组织经常给福特基金会投递项目建议书,这往往是不会有效果的,因为它们和这个基金会并不匹配,福特基金会对于小型社会组织的支持远不及地区性的或专业性的基金会。

在确定了可能对自己的项目感兴趣的基金会/国际资助组织后，社会组织还要精确分析它们的兴趣，以提高获得资助的成功率。大多数基金会/国际资助组织会对咨询信件、电话或个人访谈迅速做出反应，并直接表明它们对项目的感兴趣程度。

在向基金会/国际资助组织筹款时，一个好的项目建议书往往会发挥关键性的作用。项目建议书至少应包括以下几项内容：

① 概述：描述项目的背景，以及项目的受益群体。
② 项目建议：描述项目，说明其独特性和重要性，以及对开展项目的简单设想。
③ 项目预算：尽量详细地列明项目的预算。
④ 项目参与人员：列明有关本项目的工作人员及他们的简历。

项目建议书一般需要写得非常精练、有特色。许多基金会/国际资助组织会在其年度报告或备忘录里描述它们的标准，社会组织也可以从最近基金会/国际资助组织接受的项目建议书中推断其标准，或者请教专家。基金会/国际资助组织通常从以下几点考量是否给予资助：

① 项目的质量和重要性。
② 社会组织对这笔捐赠的需求程度。
③ 社会组织的组织能力和使用资金的效率。
④ 运作项目的主要人员如何。
⑤ 通过资助项目，自己可能有哪些收益。

如果一个基金会/国际资助组织重视通过资助得到的收益，社会组织就应该在项目建议书中突出合作，强调双方的收益；如果一个基金会/国际资助组织非常重视资金的使用成效，社会组织则应该列举自己以往所做项目的成效。

4. 政府市场

社会组织提供的是公共服务，开展的是公益活动，从一定程度上讲，社会组织代替政府做了部分工作，有效弥补了部分"政府不足"和"市场不足"。所以社会组织要求政府付给自己一定的"报酬"（向政府筹款）是合理的行为。反过来，从政府方面看，随着政府机构改革的深入和社会组织的发展强大，社会组织承担的公共职能越来越多，在解决各种问题的过程中，政府也确实需要与社会组织合作，所以政府不排斥向社会组织提供资助，政府甚至在不断努力引导和培育社会组织健康成长。从这个意义上讲，政府是社会组织的一个重要资金来源。国外不少研究表明，得到政府的支持，对社会组织的发展很有帮助。从对我国很多社会组织调研的情况看，保持与政府的合作是它们取得成功的因素之一。政府资助的方式主要有奖励、减免税待遇、项目委托、购买服务、公设民营等。

对于扶持社会组织，政府直接拨款并不是一种有效的方式。因为政府直接拨款的方式容易破坏社会组织和政府之间的合作关系，社会组织也容易丧失"自治性"，甚至成为政府的附属机构。政府通过减免税待遇、项目委托、购买服务和公设民营等方式资助社会组织更能推动社会组织健康发展,能使它们承担起更多的公共职能。例如,政府购买服务这种方式虽然在我国尚属新生事物,但在国外已有约 200 年的历史,因其科学、公正、透明、节支效果显著等优点为目前发达国家所普遍采用。政府通过购买服务的方式资助社会组织,一方面可以提高政府运作的效率,另一方面也可以支持社会组织的发展。

二、明确筹款的步骤

社会组织的一次筹款活动一般包括五个步骤:成立筹款小组,细分市场,设定筹款目标,制订并实施筹款计划,评估、总结筹款活动。实际操作时,社会组织会根据筹款活动的具体情况有所增减或修改。

1. 成立筹款小组

为维持组织的运转与发展,社会组织一般每年都有筹款任务。成立筹款小组是社会组织筹款的第一步。只有拥有一个专业的团队,才可能实现预期的筹款目标。筹款小组一般由社会组织的主要负责人牵头,大部分高层管理者都应该参与,以保证最大限度地动员和利用组织资源。

2. 细分市场

细分市场也是社会组织筹款的一个重要环节。细分市场有助于管理者决策,可以为制定有效的策略打下基础,如果未进行市场细分或细分不到位,则筹款效果会大打折扣。

3. 设定筹款目标

筹款目标应该紧扣社会组织的现状和发展目标,筹款不足会影响社会组织活动的开展和自身的发展,筹款过多也不利于社会组织的运转。所以社会组织应该实事求是地设定筹款目标。社会组织常用的设定筹款目标的方法一般有以下三种:

第一,增减法,即社会组织根据上一年的收入,考虑通货膨胀因素,然后根据预期的变化在上一年收入的基础上有所增减,从而确定本年度的筹款目标。

第二,需求法,即社会组织根据预测需要资金的多少确定筹款目标。

第三,机会法,即社会组织先对能从各个筹款市场筹到多少款项做一个初步估算,然后结合自身情况,确定一个合适的筹款目标。

4. 制订并实施筹款计划

制订并实施筹款计划是筹款活动的中心,只有经过了这个环节,社会组织才能真正筹到资金。制订筹款计划的时候,社会组织应该根据不同的捐赠额区分市场,并配以不同的筹款方式。例如,对捐赠额很小的市场,一般使用直接发邮件联系的方式,这是最简单的方法;对捐赠额较大的市场,可以采用电话联系的方式;对大规模捐赠市场,则宜采用面对面的恳谈方式。实施筹款计划时一般要求志愿者也要参与,所以社会组织要提前对志愿者进行相应的培训。

5. 评估和总结

筹款结束后,社会组织应及时对筹款活动进行评估和总结,分析得失,并根据各个员工和志愿者的工作绩效进行适当的激励。

三、制定资金发展战略

筹款往往是从具体的项目开始的,但是社会组织不能仅仅满足于项目筹款,需要从项目筹款向资金发展转变,制定资金发展战略。①

1. 要有明确的使命和公信力

德鲁克指出:制定资金发展战略的前提就是要有明确的使命和公信力。明确的使命可以让不熟悉社会组织的人了解组织存在的理由和目的以及组织目前的工作。资助者之所以给一个社会组织捐款,一定是因为认同这个社会组织的使命。因此,社会组织一定要有明确的使命,通过使命去吸引资助方,去争取资助方对自己的资助。德鲁克告诫社会组织:永远不要为金钱而放弃自己的使命。如果你眼前突然冒出一些可能与使命相悖的机遇,记住,一定要学会放弃,否则就会出卖自己的灵魂。

诚信是社会组织筹款的基础,具有诚信的形象和良好的社会声誉的社会组织才能够得到受益人、资助者、合作伙伴和公众的认可。目前,越来越多的社会组织已经意识到培养公信力的重要性,并从公信力培养的过程中获益。通常,资助者在资助前要对资助的社会组织进行一定的了解,在信任的基础上,才能放心地给予资助。

可以说,公信力往往决定能不能筹到款,使命往往决定能筹到多少款。

2. 把资助者当作客户

在筹款过程中,社会组织需要设法了解潜在资助者,把资助者当作客户。既然是客户,就要了解他们的需求,只有了解并满足资助者的需求,他们才能给予社会组织资助。因此,在与资助者接触并沟通的过程中,不要简单地说:"我需要您的帮助,需要您的支持。"而应该说:"这是您的需要,我们可以为您的需要服务。"因为捐赠往往不是单方面的恩赐,是一种互利互惠的行为。所以社会组织筹款者要抱着互利互惠的心态去筹款,这样更有助于社会组织和资助者建立平等、互尊、互利互惠的良好关系,也有助于社会组织更好地赢得资助者的信任,从而得到他们的资助。

3. 发挥好理事会的作用

社会组织要做好资金发展战略,必须充分发挥理事会的作用。资金发展的第一责任人是社会组织的理事会。保证社会组织资金的落实和资金使用的规范、安全、透明是社会组

---

① 徐本亮. 社会组织管理精要十五讲 [M]. 上海:上海社会科学院出版社,2018:151-155.

织理事会的重要职能之一。通常而言，理事会在社会组织资金发展战略中的职责主要有以下三个方面：

第一，要带头出资，树立榜样。在国外，很多社会组织，特别是基金会，其理事会成员就是机构的重要捐款人。社会组织理事会成员应该带头为社会组织捐资，树立榜样。

第二，要确保社会组织资金使用的规范性、安全性和透明性。资金的有效使用是职责问题，也是公信力问题，理事会应加强对社会组织资金使用的有效管理和监督。

第三，要积极主动地帮助社会组织建立广泛的筹款网络，要发挥理事会成员在人际关系和社会资源方面的优势，千方百计为社会组织拓宽筹款渠道，争取更多的资金支持。有时候理事会成员不一定自己捐款，但可以利用自己的社会关系和社会资源开拓筹款渠道，努力做好劝募工作。

4．培养长期捐赠团体

社会组织获得长足发展的一个关键是培养长期捐赠团体，这个捐赠团体就是能够长期稳定地给社会组织提供资助的资助者。那么，如何培养长期捐赠团体呢？

第一，社会组织要与资助者建立长期的合作关系，让他们觉得对社会组织的资助、对项目的资助是很值得的。社会组织需要通过项目成果，使他们愿意捐赠，而且在捐赠以后能够把这种合作关系持续保持下去。所以，社会组织的资金发展战略首先从项目筹款开始，在项目筹款的基础上，找到合适的资助者，通过努力把对方发展成能够长期给自己提供资助的合作伙伴。

第二，社会组织在做好资金发展战略的过程当中，一定要跟资助者共同成长，要提高资助者对自身使命的认同，要充分肯定资助者的贡献，让他们看到他们的资助对社会组织的发展、对服务对象的改变，甚至对社会发展的重大意义。这需要社会组织付出长期的努力。

第三，要对资助者进行必要的宣传。虽然很多资助者资助社会组织不是为了出名或宣传自己，但社会组织还是应该适当做好必要的宣传工作。这不仅仅是在宣传资助者，更是在弘扬他们的慈行善举和社会责任感，有助于激励资助者持续捐赠。

拓展训练

《中国公益慈善筹款伦理行为实操指引手册》（2019年修订版）指出筹款方应遵守以下六大原则。

合规：自觉遵守法律法规以及行业规定和标准。

诚实：在任何时候都应当诚实和值得信任，不误导捐赠方和支持者。

尊重：在任何时候都应当在合法合规前提下，竭尽所能尊重受益方和捐赠方的选择和意愿。

正直：在任何时候都应当正直行事，以达成公益慈善捐赠使用效果最大化为己任。

透明：在任何时候都应当对为之筹款的公益慈善事业、捐赠的管理与使用、成本开支和影响力等，做到透明、清晰和准确地披露。

负责：应当重视并鼓励筹款实践的多样化，并在任何时候都采取负责任的行动，将促进行业专业化发展，营造健康、可持续的行业生态作为共识。

讨论问题

根据筹款方应遵守的六大原则，思考一个优秀的筹款人应具备的特质。

项目十一

社会组织评估

项目概述

本项目主要介绍社会组织评估的内涵、功能及特点，社会组织评估的理论基础、设置社会组织评估指标体系的原则及我国社会组织评估指标体系，社会组织评估的程序和常用方法，我国社会组织评估的实践成效、挑战及对策。学完本项目后，应重点领会社会组织评估的功能及特点，理解设置社会组织评估指标体系的原则和我国社会组织评估指标体系，掌握社会组织评估的程序和常用方法，熟知我国社会组织评估的实践成效、挑战及对策。

引言

自20世纪70年代以来，在社会组织蓬勃发展的同时，社会组织自身的建设与可持续发展也越来越受到人们的关注。社会组织发展的动力有两个：一个来自社会组织内部，即社会组织的使命和员工对使命的认同；另一个来自外部压力，对社会组织来说，外部压力并非来自市场竞争，而来自外部评估。由于社会组织的特殊性，其在运行中往往会出现"使命失灵"的现象，因此评估已经成为当今社会组织战略管理中最为重要的内容之一。那么，究竟什么是社会组织评估？社会组织评估有何特点和功能？社会组织评估指标体系包含哪些内容？社会组织评估的程序是怎样的？常用社会组织评估方法有哪些？我国社会组织评估的实践成效有哪些？希望同学们通过对本项目的学习，能够找到这些问题的答案。

任务一 了解社会组织评估的内涵、功能及特点

情境导入

2007年8月16日,民政部出台《民政部关于推进民间组织评估工作的指导意见》(民发〔2007〕127号),正式拉开了社会组织评估工作的序幕。政府本着"以评促改革、促建设、促管理和促发展"的目的力推社会组织评估,希望通过评估对社会组织进行监督,促进其能力提升和健康发展。社会组织希望通过评估让自身的价值获得认可和符号化。其他政府部门则希望评估能够便于自己对社会组织进行管理、支持和判断,尤其是能够在向社会组织购买服务的过程中有一定的判断依据。

任务目标

(1) 了解社会组织评估的内涵。
(2) 了解社会组织评估的功能和特点。
(3) 分析政府为什么重视社会组织评估。

知识链接

一、社会组织评估的内涵

社会组织体现政府职能的延伸、企业职能的优化,在现代社会,其影响和功能不断扩大。构建多元、全方位的评估机制是社会组织不断发展完善的必然选择。

1. 评估

评估有广义和狭义之分,广义的评估是指评估主体对评估客体的价值大小或高低的评价、判断、预测的活动,是人们认识、把握某些事物或某些活动的价值的行为。狭义的评估是指在一定的时期内,尽可能系统地、有目的地对实施过程中或已完成的项目、计划或政策的设计、实施和结果的相关性、效果、效率、影响和持续性进行判定和评价。

2. 社会组织评估

《社会组织评估管理办法》(中华人民共和国民政部令第39号)指出,社会组织评估是指各级人民政府民政部门为依法实施社会组织监督管理职责,促进社会组织健康发展,

依照规范的方法和程序，委托评估机构根据评估标准，对社会组织进行客观、全面的评估，并作出评估等级结论的过程。社会组织评估工作应当坚持分级管理、分类评定、客观公正的原则，实行政府指导、社会参与、独立运作的工作机制。申请参加评估的社会组织应当符合下列条件之一：

（1）取得社会团体、基金会或者社会服务机构登记证书满两个年度，未参加过社会组织评估；

（2）已获得的评估等级满5年有效期。

3. 社会组织第三方评估

2015年5月，民政部发布了《民政部关于探索建立社会组织第三方评估机制的指导意见》（民发〔2015〕89号）。该文件指出，建立社会组织第三方评估机制是完善社会组织综合监管体系的重要内容，是社会组织评估的发展方向。该文件还指出了社会组织第三方评估的总体思路、基本原则和资质条件。

（1）总体思路

围绕社会组织改革发展大局，以评估促改革、促建设、促管理、促发展，着力规范第三方评估的范围、内容、程序，着力培育和发展第三方评估机构，着力建立第三方评估的体制机制和政策保障，使第三方评估成为政府监管的重要抓手，成为社会监督的重要平台，成为社会组织加强自身建设的重要动力，促进社会组织在经济社会发展中发挥更大作用。

（2）基本原则

坚持政社分开，管评分离，由独立的社会机构进行专业化评价；坚持分级管理，分类评估，由各级登记管理机关指导和监督；坚持客观公正，公开透明，确保评估公信力；坚持引导激励，以评促建，促进社会组织健康有序发展。

（3）资质条件

社会组织第三方评估机构应能够独立承担民事责任，具有相对稳定的专业评估队伍，管理规范，社会信誉良好。民政部门要按照公开公平公正的原则，向社会公开社会组织评估的项目、内容、周期、评审流程、资质要求等，通过招标、邀标等方式，择优选择第三方评估机构，明确第三方评估机构的服务内容、服务期限、权利义务、违约责任、评估验收、合同兑现。第三方评估机构要客观公正地开展评估工作，不得利用评估牟取不正当利益，要教育引导评估人员严格遵守评估工作纪律，不得弄虚作假、徇私舞弊，自觉接受评估对象和社会的监督。

二、社会组织评估的特点

与政府和企业不同，社会组织有其独特的性质，即社会组织具有非营利性、非政府性、志愿公益性。社会组织不同于其他类型组织的特性决定了社会组织评估也具有自己的特点。

1. 评估对象的特殊性

社会组织评估的对象是社会组织,社会组织的特点深深地影响着其行为和绩效管理,在一定程度上决定了社会组织评估具有区别于企业评估和政府评估的特殊性。

2. 评估过程的复杂性

社会组织非营利的本质特征决定了社会组织评估不可能像企业评估那样可以通过市场交换以价格信息的形式体现出来,同样,也不可能像政府评估那样可以通过公民的支持率反映出来。一般情况下,社会组织的评估需要借助一定的评估指标、科学的评估方法等得以实现,具有复杂性。

3. 评估机制的多元性

社会组织评估的机制是一个涵盖诚信评估、使命与战略评估、绩效评估和组织能力评估等多个方面的多元评估机制。另外,社会组织的评估具有内部和外部两种不同的评估机制:外部评估机制为社会组织的评估提供制度保障,内部评估机制为外部评估机制功能的正常发挥奠定基础。

4. 评估体系的开放性

社会组织评估的体系是一个动态的信息收集、信息传递、信息处理和信息输出的过程。评估体系与评估环境之间存在着物质、能量和信息交换,外界的评估环境可以对评估主体、评估过程产生重要影响。同时,社会、政治、文化等因素也对评估过程产生影响,可见,社会组织评估体系具有开放性。

5. 评估效用的公益性

社会组织评估的目的在于监测和判断社会组织工作和服务的绩效、能力和水平,为整个社会其他方面的决策提供参考。与企业和政府的评估不同,社会组织评估能够对所有顾客群的生产、生活提供普遍的、广泛的、平等的信息资源,实现公益资源配置的合理化。

三、社会组织评估的功能

国内外实践经验表明,社会组织健康发展不仅需要良好的法规政策环境,也需要具备良好的自律机制和行业互律机制。可以说,有效的评估是社会组织自律和互律的保障。当然,社会组织评估的功能远不止于此,社会组织评估主要具有以下几个功能。①

1. 有助于提高社会组织的公信力和责任意识

社会组织不仅可以享受优惠的税收待遇,而且能够吸引个人、企业、基金会及政府的资助。因此,我们可以将社会组织视为生产者或经营者,将政府、捐款人等视为委托人,

---

① 林修果. 非政府组织管理[M]. 武汉:武汉大学出版社,2010:342.

他们之间形成了"委托—代理"的关系，其实质是一种责任关系。社会组织作为代理人，必须对其委托人——政府、捐款人等负责。委托人有权利了解社会组织的基本运营状况及公信力，并根据社会组织的绩效水平及公信力来决定是否继续委托。为了取得政府的支持和社会各界的进一步资助，社会组织应该公布受托的财务资源的使用情况，因此必须定期进行诚信评估，并向相关利益主体提供全面且详细的信息。

当前，公信力不足是我国一些社会组织仍然存在的问题。开展社会组织评估，定期向公众公布社会组织的资金流向、运作情况、社会功能等信息，可以向公众和政府等利益相关者展示社会组织的产出和工作效果，从而使社会组织赢得公众的信任和支持，也可以强化社会组织自身的责任意识。

2. 有助于提高社会组织的运作绩效

目前，不少社会组织在很多时候表现得效率低下、服务质量不高，甚至一些社会组织人员滥用权力、中饱私囊。虽然社会组织与企业和政府不同，但也是利用组织化的志愿精神来实现公益或互益事业的，换句话说，也是利用稀缺资源实现组织目标的，因此，社会组织理应实现资源优化配置，讲究效率、精益求精，实现公益或互益最大化。社会组织评估可以对社会组织的各项工作的效果、效率及社会影响进行判断和评价。因此，开展社会组织评估能够促进社会组织更加高效地管理和运作，提高其运作绩效。

当前，我国社会组织面临较好的发展环境。无论是基层治理创新，还是乡村振兴建设，都强调了社会组织参与的重要性，社会组织必然有新一轮的发展高潮。然而，我国社会组织治理机制还有待进一步完善，社会组织运作过程中违法乱纪现象时常出现。因此，我们迫切需要以评估为工具，规范、推动我国社会组织的变革和发展。

 拓展训练

2018年10月，在"中国社会组织评估十周年高峰论坛"上，清华大学王名教授发表了《评估改变社会——谈谈我对社会组织评估的几点认识》的演讲。他认为中国的社会组织蓬勃发展，评估在其中发挥了重要作用；评估在促进社会进步的同时，自身也要迭代进步。他就社会组织评估提出了五点认识：(1)评估已成为对社会组织进行有效监管和问责的主要机制；(2)评估已成为促进社会组织走向专业化发展的有效机制；(3)应以评估为导向，推动社会组织生态系统走向合作共治之路；(4)评估实践中存在多元力量的博弈，三种倾向值得关注；(5)评估的实践发展需要理论指导和制度规制，战略评估尤应助推。

讨论问题

1. 如何理解王名教授的上述五点认识？
2. 王名教授提到的"三种倾向"是什么？

任务二 理解社会组织评估的理论基础、设置社会组织评估指标体系的原则及我国社会组织评估指标体系

情境导入

为规范全国性社会组织评估工作，推动社会组织高质量发展，2021年12月，民政部发布《全国性社会组织评估管理规定》（民发〔2021〕96号），2022年1月1日开始实施。该文件对全国性社会组织评估对象和内容、评估工作程序、评估专家管理和监督管理做出明确规定，强调全国性社会组织评估应当反映社会组织坚持和加强党的全面领导，参与经济建设、社会事业、基层治理，服务国家、服务社会、服务群众、服务行业等方面的情况。评估内容主要包括基础条件、内部治理、工作绩效、社会评价等。

任务目标

（1）理解社会组织评估的理论基础。
（2）理解设置社会组织评估指标体系的原则和我国社会组织评估指标体系。

知识链接

一、社会组织评估的理论基础

由于社会组织评估于20世纪90年代才被人们广泛关注，因此它更多地参考政府、企业的评估理论与实践。社会组织使用较多的评估理论一般有"3E"理论、"3D"理论、"服务对象满意度"理论、平衡计分卡理论、"APC"理论等。

1. "3E"理论

"3E"理论最早出现在政府的绩效评估中，后来才被推广到社会组织评估领域。该理论强调在评估中要遵循"3E"指标，"3E"即经济（Economy）、效率（Efficiency）和效果（Effectiveness）。其中，经济是指以最低可能的成本维持既定服务品质的公共服务，强调投入的数量，而不是产出和服务品质。效率通常指服务水准、活动的执行情况、每项服务的单位成本等，强调投入和产出之比。效果则指服务目标的实现程度，强调结果。

2. "3D" 理论

虽然"3E"理论对社会组织评估有重要影响，但社会组织领域内的学者还是对其提出了质疑。学者认为社会组织有更多的利益相关者，简单地用"3E"指标来评价社会组织难以对众多利益相关者作出恰当交代。另外，社会组织的活动目标和产出的特殊性，使得"3E"理论在社会组织评估中失去基本条件。因此，学者认为社会组织的评估应该有新的理论，即"3D"理论。"3D"即诊断（Diagnosis）、设计（Design）和发展（Development）。诊断是指社会组织或项目管理者能够正确识别组织或项目所面临的新的管理问题，能够考虑到主要的利益相关者的需求和利益。设计是指组织或项目管理者能够设计解决所面临问题的恰当的方法与战略，能够通过适当的策略解决这些问题。发展是指解决组织或项目实施过程中所遇到问题的一种能力，以及相应的作为学习过程的管理变革或创新。

可以看出，"3D"理论更着眼于社会组织能力评估，从问题和需求的诊断，到问题解决方法的设计，再到实施过程中的变革与创新，都和社会组织的能力相关，其目的就是帮助社会组织不断学习和完善。因此，"3D"理论受到社会组织领域的广泛欢迎。但是，由于"3D"理论过于关注能力，致使很难进行量化分析，更多依靠定性资料，因此无法根据评估结果对同类社会组织作出比较和评价。

3. "服务对象满意度"理论

不管是"3E"理论还是"3D"理论，都是自上而下的评估理论，都是以实施项目的社会组织为中心的。但社会组织的核心工作是为服务对象提供优质的服务，服务对象的感受和评价对社会组织的发展尤为重要。在此基础上逐渐形成了自下而上、面向服务对象的"服务对象满意度"理论。该理论包括以下几项评估项目：了解服务对象的需求，并能迅速、准确地回应服务对象的需求；掌握提供服务所需的知识和技能；热心接受并满足服务对象的要求；服务态度谦虚、有礼；能够倾听服务对象的不同意见；尊重服务对象的隐私；等等。

虽然"服务对象满意度"理论相比"3E"理论和"3D"理论评价视角发生了变化，对社会组织评估体系的建立有重大启发，但在实际的操作中，由于我国困难群体对社会组织的期望值往往较低，哪怕获得社会组织的一点点帮助，其满意度就会很高。因此，用"服务对象满意度"理论来指导我国社会组织的评估有一定的局限性。

4. 平衡计分卡理论

以往的评价理论，尤其是"3E"理论，多以财务性指标为衡量标准，很难对社会组织作出全面且有效的评价。基于此，Kpalna 和 Norton 于 1992 年发表《平衡计分卡：良好绩效的评价体系》一文，提出了平衡计分卡（Balanced Score Card，BSC）的评估理论，强调评估资料的完整性及考察的全面性。该理论的模型如图 11-1 所示。该理论主张从财务、客户、内部管理、创新与学习四个维度来评价社会组织，可以说是一种全方位的评估理论。该理论用传统财务指标来衡量有形资产，同时纳入客户、内部管理、创新与学习三个指标来衡量社会组织的其他方面，强调财务和非财务指标的结合。在该理论中，财务维度强调服务价值的提高和服务成本的降低；客户维度强调客户满意度、客户保留率和客户增加率；内部管理维度强调社会组织的创新动力、营运效率和后续服务等；创新与学习维度强调社会组织长期成长与发展的能力。

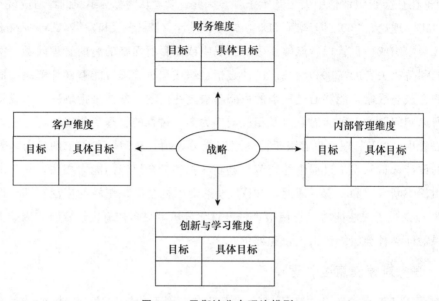

图 11-1　平衡计分卡理论模型

可以看出，平衡计分卡理论吸纳了"3E""3D"及"服务对象满意度"等理论的优点，突破了以往以财务指标评估社会组织的局限性，因此，该理论被人们称为一种革命性的评价和管理理论。

5．"APC"理论

我国学者邓国胜在大量调研的基础上，针对我国大量社会组织共同面临的问题和发展困境（如公信力不足、治理结构不完善、组织能力较弱、效率低下等），提出了社会组织评估的"APC"理论。"APC"即问责（Accountability）、绩效（Performance）和组织能力（Capacity）。

问责是指社会组织对其使用的公共资源的流向及使用效果的社会交代。问责评估是指对社会组织或其他公共组织问责程度的评价。通常，社会组织问责评估包括：对社会组织的治理结构的评估，对社会组织的活动是否与组织的宗旨一致的评估；对有关信息是否进行了必要的、准确的披露的评估；对社会组织的财务是否透明的评估；等等。问责评估是确保社会组织诚信的一种制度安排，它的功能在于促使社会组织提升社会公信力。

绩效评估是对社会组织工作的适当性、效率、效果、服务对象满意度、社会影响及持续性的评估。这一绩效评估吸取了"3E"理论、"4E"理论（即经济、效率、效果和公平）和"服务对象满意度"理论的优点，并增加了适当性、社会影响和持续性等内容，更适合社会组织的绩效评估。绩效评估的功能在于促使社会组织提高效率和服务品质。

组织能力是指社会组织开展活动和实现宗旨的技能和本领。当前，有关社会组织组织能力评估的框架很多，其中一种框架包括对社会组织基本资源的评估，对组织内部的管理能力的评估，对组织外部的公共关系的评估，对动员资源的能力的评估和对组织自我评估与学习能力的评估几个方面。组织能力评估的功能在于促使社会组织不断提高自我生存与发展能力，并最终达成使命。

与"3E""3D"和"顾客满意度评估"理论不同的是，"APC"理论更适合我国的社会组织。与此同时，针对当前我国各类社会组织只关注绩效评估的现状，"APC"理论强调社会组织问责与组织能力的评估，并将问责与组织能力评估提升到了前所未有的高度。

二、设置社会组织评估指标体系的原则

设置社会组织评估指标体系主要应遵循以下几个原则。

1. 目的性原则

评估的目的决定了评估系统的一切要素。因此，在设置评估指标体系时，应时刻关注指标体系是否反映了评估的目的。社会组织评估旨在反映社会组织工作和管理状况，为政府、资助者、社会组织理事、志愿者以及其他利益相关者及时了解社会组织的状况，诊断社会组织存在的问题，制定策略，提高社会组织工作和管理质量，实施有效的监督等提供依据。因此，社会组织评估具有很强的目的性，在设置评估指标体系时首先应遵循目的性原则。

2. 科学性原则

社会组织评估指标体系的设置应与社会组织本身的性质、特点、行为准则、制度以及规范等相契合，要确保评估工作的有效性和可信性，力争做到科学、合理。

3. 多元考量原则

由于社会组织有很多利益相关者，他们对社会组织有不同的期望。社会组织要对各方面作出回应，就要在设置评估指标体系时考虑到各方的需求和期望，应征询各利益相关者的意见，特别是资助者和服务对象的意见，并建立制度化的申诉渠道，迎接不同利益相关者的质询。

4. 系统性原则

这里的系统性是指评估指标体系内部各要素不是杂乱无章的罗列，应具有一定的逻辑关系，而相关人员要在设置评估指标体系时尽量考虑评估目的和评估对象各方面的有机联系，充分理解评估框架的系统性和整体性，综合、全面地设置各项指标，有机地呈现社会组织的全貌。

5. 经济性原则

评估是一个管理过程，要耗费人力、物力和财力。而对社会组织来说，能投入评估的经费还很有限。因此，相关人员在设置评估指标体系时，在尽可能反映社会组织全貌的同时，还要尽可能地删除重复的指标，尽可能用数据收集成本低的指标反映更多的信息。

三、我国社会组织评估指标体系

结合我国的国情和社会组织发展历史及现状，我国社会组织评估指标体系一般包括基本状况、组织治理、公共责任、资金使用、信息披露、筹款活动六大块①（如图11-2所示）。

1. 基本状况

社会组织基本状况评估主要是对社会组织成立指标的一般性考察，目的在于了解社会组织的概况。西方国家社会组织的成立指标一般包括组织资产、会员数量及构成、固定办公机构、明确的组织章程、具体的行为法人等。我国大多数社会组织除了具有以上几个指标外，还要符合一个标准，就是要有一个政府部门作为自己的业务主管单位，对各项工作进行业务指导。因此，我国社会组织基本状况评估的具体指标包括组织资产、会员数量及构成、办公机构、组织章程、行为法人、业务主管部门。

2. 组织治理

组织治理是指通过正式或非正式的制度安排来配置权责利，以协调社会组织与所有利益相关者之间的利益关系，保证各类主体之间利益的有效平衡，最终实现社会组织的宗旨。一般来说，组织治理的重心在于理事会，理事会负责政策制定、财务指导和发展治理，并且定期检查组织的政策、方案和运作。社会组织组织治理的具体评估指标包括理事会行为、理事会运作、理事薪酬和理事会组织结构四个方面。

3. 公共责任

接受资助的社会组织理应向资助者提供年度报告，并且应当由具有会计师资格的会计依照现行的会计准则起草报告，然后提交理事会会议，其财务陈述应当为资助者的决策提供基本的信息依据。通过所控制的或附属的实体的筹款获得相当比例收入的社会组织，应当按照要求提供所有来自这些实体的收入的账目情况，对组织的经济来源和职责，包括附属机构和分支机构的事务处理和影响财务的重要事件、收入与开支的重要类别都应详细地披露。全国性的社会组织还必须提交一份包括总部及附属机构财务内容的财务报告。

---

① 李维安. 非营利组织管理学 [M]. 北京：高等教育出版社，2005：288.

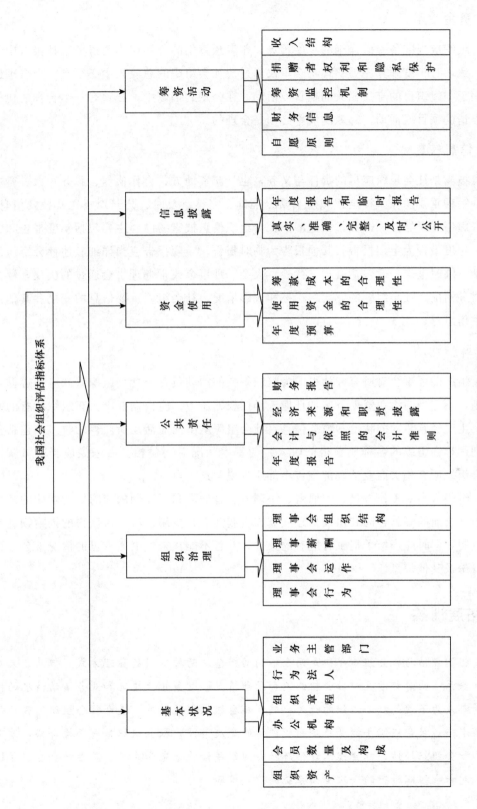

图11-2 我国社会组织评估指标体系

4. 资金使用

社会组织应当准备一份详细的年度预算，年度预算中的分类应当与财务审计报告中的分类相一致，且年度预算应提交理事会审议通过。社会组织的总收入中必须有一个合理的比例应用于与组织目的直接相关的项目或活动。在公众的捐献中，必须有一个合理的比例用于所申请的项目或活动。筹款的成本必须是合理的。

5. 信息披露

信息披露是社会组织应尽的责任与义务，也是向资助方、合作伙伴、服务对象进行多元交代的一种重要途径。社会组织应真实、准确、完整、及时、公开地报送及披露信息，确保没有虚假、误导性陈述和重大遗漏。社会组织信息披露的内容主要包括年度报告和临时报告。年度报告为定期报告，其他报告为临时报告。年度报告应当详细叙述社会组织的主要活动。临时报告一般包括会员（代表）大会、理事会或常务理事会通过的决议，社会组织的财务情况，社会组织的评比、达标和表彰情况，社会组织重要信息的变更和其他需要披露的信息等。

6. 筹款活动

社会组织的理事会对所有经认可的为组织筹款的活动负责。社会组织筹款应当遵循自愿的原则，不应当向潜在资助者施加任何未经授权的压力；应根据要求公布组织所有的实际收入、生产经营活动的状况和财务信息。社会组织从事商业活动所获得的收入（包括营利组织利用社会组织的名称所获得的收入）的基本状况对利益相关者来说应当是可获得的，社会组织所有相关商业活动的宣传中都应当说明这一点。

社会组织应当对工作人员、志愿者、协调人、合约人和所控制的或附属的实体的筹款活动（包括书面的筹款合同和协议）建立监控机制并进行控制；应当对获得的捐赠物进行适当的控制，同时应当给予捐献者应有的荣誉，并且不能在未经书面许可的情况下公布捐款人的身份及其他信息。

 拓展训练

社会组织评估与社会组织年检是两个不同的概念、两种不同的管理方式，但两者又有相同点和联系。两者都涉及对社会组织内部治理情况、财务管理情况和业务活动情况的检查，目的都是为了规范社会组织的行为，确保社会组织健康发展，提升社会组织的服务质量和管理水平。社会组织年检是社会组织评估的先决条件，社会组织只有年检合格，才有资格参加社会组织评估，社会组织评估是社会组织年检的补充和完善，是在社会组织年检的基础上对社会组织进行的一次全面系统的综合检验。

讨论问题

思考社会组织评估与社会组织年检有哪些区别。

任务三 掌握社会组织评估的程序和常用方法

情境导入

民政部 2010 年颁布的《社会组织评估管理办法》指出，各级人民政府民政部门应设立相应社会组织评估委员会和社会组织评估复核委员会，评估专家组应负责对社会组织进行实地考察，并提出初步评估意见。该文件列出了社会组织评估的基本程序：① 发布评估通知或者公告；② 审核社会组织参加评估的资格；③ 组织实地考察和提出初步评估意见；④ 审核初步评估意见并确定评估等级；⑤ 公示评估结果并向社会组织送达通知书；⑥ 受理复核申请和举报；⑦ 民政部门确认社会组织评估等级、发布公告，并向获得 3A 以上评估等级的社会组织颁发证书和牌匾。

任务目标

（1）掌握社会组织评估的步骤。
（2）掌握社会组织评估的方法，了解各种方法的优缺点。

知识链接

一、社会组织评估的程序

一般来说，社会组织评估主要包括以下七个步骤。

1. 确定评估目标

确定评估目标就是要搞清楚为什么要进行评估。评估目标明确，有助于评估者进行下一步工作，而且往往能使评估工作取得事半功倍的效果；反之，则可能会浪费资源，也不能发挥评估应有的作用。当然，由于社会组织利益相关者比较广泛，大家对社会组织的期望和要求不尽相同，因此，社会组织评估目标往往不是单维度的。评估者必须先确定评估目标，然后才能选择恰当的评估方法，确定合理的评估框架和评估指标，进而在评估过程中实现资源的优化配置。

2. 确定评估重点及关键性问题

确定评估目标后，接下来就要确定评估的重点和关键性问题。在这个过程中，需要注意：一是要根据评估目标确定评估的重点和关键性问题，确定需要优先收集的信息；二是要根据评估的经费和人力确定评估的重点和关键性问题；三是要根据不同的利益相关者已经了解和不了解的情况确定评估的重点和关键性问题。

3. 选择评估指标

选择评估指标对评估来说是非常关键的一步。指标是指反映总体现象的特定概念和具体数值。具体来说，每一个评估重点或关键性问题都可以列出许多评估指标，所以，在选择评估指标时，要认真仔细地研究，必须遵循设置评估指标体系的原则，可以由评估者进行初步筛选，然后经一些同行专家进行评议，或采用其他科学的方法选择评估指标。

4. 确定评估方式

确定评估方式即确定收集资料的方法，一般来说，收集资料的方法主要有文献法、问卷法、访谈法、观察法等。在确定收集资料的方法时，要遵循经济性原则，尽量选择成本低，且能取得良好评估效果的方法。

5. 编制执行计划

评估对社会组织来说是一个非常重要的管理过程。因此，在开展评估之前，必须要编制严密的执行计划。在编制执行计划时一般会涉及以下工作：组建评估小组、分派评估任务、进行日程安排、预算评估费用、确定信息分析方法、制订应急预案等。

6. 处理分析数据

收集完信息后，就进入了数据处理分析阶段。分析数据要选择适当的分析方法，分析的结果可以反馈给提供信息的个人或团体，并让他们作出回应，给出意见。评估者在形成最终评估报告前应充分考虑这些反馈信息。处理分析数据大致包括三个阶段：一是数据处理并制表，也就是将收集到的各种分散信息进行分类加总，汇集成表示总体特征的信息；二是对需要处理的信息进行讨论和分析，然后形成初步结论或建议；三是对评估工作进行反思。

7. 撰写评估报告

在完成以上步骤后，评估小组就开始着手撰写评估报告。评估报告一般由内容摘要、报告正文和附录三部分组成。评估报告应全面、系统地反映评估目的、评估过程和评估结果。评估报告正文通常包括评估目标、评估的侧重点、评估的过程（评估的项目点、评估的调查方法和基本数据,以及分析方法等)、主要发现和结论、政策建议等。附录通常包括数据和制表、调查问卷、访谈提纲、参考文献等。

8. 交流评估结果并制订后续计划

评估不是目的。因此,在完成评估报告之后,还需要交流评估结果并制订后续计划。交流评估结果是社会组织学习和发展的重要方式之一,需要评估小组通过各种方式与不同利益相关者交流评估中的发现、结论和建议等,鼓励大家对相关信息作出评论。在此基础上,评估小组要召开会议,动员利益相关者,如资助者代表、社区代表、受益者代表、项目负责人等参加会议,对社会组织后续工作进行讨论,并制订后续计划。

二、社会组织评估的方法

当前,社会组织评估采用的方法通常有逻辑框架法、对比法、快速乡村评估法、参与式评估法等。

1. 逻辑框架法

逻辑框架法是美国国际开发署在 1970 年开发并开始使用的一种设计、计划和评价工具。约有三分之二的国际组织把逻辑框架法作为对援助项目进行计划管理和后期评价的主要方法。逻辑框架法不是一种机械的方法,而是一种综合和系统地研究和分析问题的思维框架。在评估时采用这种方法有助于对关键因素和问题作出系统的合乎逻辑的分析。该方法的特点是可以使复杂的问题简单化、条理化。

逻辑框架法一般用一张简单的框架图来分析一个复杂项目的内涵和关系,使之更易理解。它将几个内容相关、必须同步考虑的动态因素组合起来,通过分析各因素之间的关系,从设计策划到目的目标等方面来评价一项活动或工作。它为项目计划者和评价者提供了一种分析框架,有助于确定工作的范围和任务,并有助于对项目目标和达到目标所需的手段进行逻辑分析。逻辑框架法的核心概念是事物的因果逻辑关系,即"如果"提供了某些条件,"那么"会产生某种结果,其中,条件包括事物内在的因素和事物所需要的外部因素。逻辑框架法的模式如表 11-1 所示。

表 11-1 逻辑框架法的模式

项目结构	指标	检验方法	假设
宏观目标	目标指标	统计调查	实现目标的条件
微观目标	目标指标	统计调查	实现目标的条件
产出	产出物指标	监测报表、调查	实现产出的条件
投入	投入指标	监测报表、调查	实现投入的条件

在建立了逻辑框架之后,评估人员就可以较为清楚地开展评估工作了。例如,在评估项目效果时,可以根据逻辑框架中建立的检验方法,计算项目实施后的目标实现情况,并

与预期的标准比较，如果基本达到预期标准，甚至超过预期标准，就可以认定该项目的效果较好或很好，否则可以认定该项目的效果较差或很差。与此同时，评估人员还可以通过逻辑框架中建立的假设条件来分析项目效果好坏的原因。

2. 对比法

对比法在评估活动中很常见。通常，我们通过监测、调查得到相关信息后，还不能判断某一指标的高低，还需要一个好的参照对象，通过比较才能作出判断，进而得出评估结论。对比法主要有前后对比法、有无对比法和综合对比法三种。

（1）前后对比法

前后对比法是指将项目完成后的情况与项目实施前的情况进行对比，以评估项目实施效果的方法。其公式为：

$$P = I_2 - I_1$$

式中，P 为项目实施效果，I_2 为项目完成后的情况（后测值），I_1 为项目实施前的情况（前测值）。

前后对比法简单易行，但存在一定局限。因为除项目实施过程本身会影响项目实施效果外，常常还有许多项目以外的因素也会影响项目实施效果。所以，后测值和前测值之差可能并不能完全反映项目实施的好坏。

（2）有无对比法

有无对比法是指选定一个与项目近似但没有实施的对照项目（控制组），然后将项目实施的结果与没有实施项目（控制组）的状态进行对比，以评估项目实施效果的方法。其公式为：

$$P = I_2 - C_2$$

式中，P 为项目实施效果，I_2 为项目完成后的情况（项目后侧值），C_2 为未实施项目的状态（控制组后侧值）。

有无对比法最为重要的一步就是寻找控制组，也正因如此，这种方法也存在较大的局限。在实际中往往很难找到比较相近的项目，如果两个项目相差过大，采用有无对比法就会失去其合理性。

（3）综合对比法

综合对比法是指通过比较项目前测值与后测值之差和控制组前测值与后测值之差，以评估项目实施效果的方法。其公式为

$$P = (I_2 - I_1) - (C_2 - C_1)$$

式中，P 为项目实施效果，I_2 为实施项目后测值，I_1 为实施项目前测值，C_2 为未实施项目后测值，C_1 为未实施项目前测值。

综合对比法相对来说比较准确。但是，由于综合对比法需要获取四组数据，评估所需要的时间和经费自然相对较多，这对社会组织来说无疑是较大的负担。因此，社会组织要

根据具体情况,选择适合的方法进行评估。

3. 快速乡村评估法

快速乡村评估法与众多量化评估方法不同,它是建立在人类学、社会学非量化资料技术基础上的一种评估方法。其主要做法是:

(1) 多学科小组

成立多学科小组,包括评估学、经济学、社会学、人类学及其他有关专业的人员,也可以根据实际需要,组织合适的多学科小组。通常,社会组织评估多学科小组成员包括资助者代表、社会组织代表、评估专家等,有时也可以请政府工作人员代表参与社会组织评估多学科评估小组。

(2) 三角信息

利用不同方法,包括正式的、非正式的、不同专业的方法来收集同一方面的信息,如用观察、直接参与、小组访谈等方法收集同一方面的信息。

(3) 避免主观偏见

在收集信息的过程中强调仔细倾听、深入调查、不急于下结论,以及用认真、慎重的态度纠正主观偏见,以获得真正反映实际状况的信息,并通过收集信息和相互讨论的过程不断学习。

(4) 直接面向受益群体

通过直接观察、小组访谈、焦点访谈等一系列方法,直接与受益群体接触,获取信息,了解目标人群的看法,并通过与受益者的直接接触不断学习。

快速乡村评估法与其他评估方法相比,具有见效快、费用低、提供的资料更丰富等优势。因此,在时间紧迫、预算紧张时采用此方法更能凸显其优势,一些规模较小的社会组织更愿意采用该方法进行评估。

4. 参与式评估法

参与式评估法是在快速乡村评估法基础上形成的,是指由评估者和受益者共同组成评估小组,对项目管理和实施过程进行系统评估,并据此调整或重新制定项目的目标或方案,重新进行组织机构安排或调配资源的一种方法。这种方法更多地依靠受益者(目标群体自身)反馈的项目信息进行评估。通过评估,评估者可以更好地了解目标群体的需求、优先考虑的问题等。

参与式评估法最大的特色就是鼓励受益者参与评估过程。当然,参与评估并非受益者的一种自发行为,为了开展参与式评估,评估者必须运用积极的、操作性强的方法保证受益者的参与,并从受益者感兴趣的活动开始。

总之,社会组织要根据自身的评估目的、评估资源等,结合各评估方法的优缺点及适应条件来选择适合自身的评估方法。

拓展训练

2015年5月，民政部发布了《民政部关于探索建立社会组织第三方评估机制的指导意见》（民发〔2015〕89号），明确了建立社会组织第三方评估的总体思路、基本原则、政策措施和组织领导，为我国社会组织评估的发展指明了方向。社会组织评估对推动政府监管方式改革，提高社会组织法人治理能力和丰富完善社会组织信用评价体系起到了重要作用，也为政府向社会组织转移职能和购买服务提供了依据。但社会组织评估工作还存在发展不平衡、评估机构独立性不强、专业化水平不高，以及评估结果运用不充分等问题，迫切需要进一步改进完善评估工作，建立健全第三方评估机制。

讨论问题

如何健全社会组织第三方评估机制？

任务四　熟知我国社会组织评估的实践成效、挑战及对策

情境导入

自2007年民政部出台《民政部关于推进民间组织评估工作的指导意见》和《全国性民间组织评估实施办法》以来，全国各地社会组织的评估工作如火如荼，发展迅猛。社会组织评估工作的开展，一方面为社会组织的事中事后监管提供了管理工具，弥补了社会组织年检的不足，促进了社会组织的规范有序发展；另一方面，促进了社会组织的自我学习，提升了社会组织的能力与社会公信力。然而，经过十多年的快速发展，当前，我国社会组织的评估工作正面临巨大挑战，甚至可以说进入新的瓶颈期。未来社会组织评估工作如何向纵深推进，还需要理论界和实务界集思广益、群策群力，以推动我国社会组织评估理论与实践的不断创新和发展。

任务目标

（1）熟知我国社会组织评估的实践成效。
（2）熟知我国社会组织评估面临的挑战及应对策略。

 **知识链接**

一、我国社会组织评估实践成效

在我国，全国性社会组织评估是从 2007 年开始的，当年民政部启动了首批基金会的评估工作；2008 年、2009 年又分别启动了全国性行业协会商会、民办非企业单位的评估工作；2011 年，启动了学术类社团和涉外基金会的评估工作；2012 年，又启动了联合类、事业类和公益类社团的评估管理工作。2010 年，民政部正式颁布了《社会组织评估管理办法》，以推动我国社会组织评估工作。该文件对评估对象的参评条件、评估机构及职责、评估程序及方法、评估等级管理等做了比较详细的规定。

近年来，民政部对所管辖的社会组织（包括社会团体、民办非企业单位以及基金会）每年都安排了评估，并向公众公布评估结果。在民政部政策的指引下，地方各级政府也逐步加强了对地方性社会组织的评估工作。越来越规范的评估工作对社会组织的发展起到了促进作用。随着政府逐步加大向社会购买公共服务的力度，以及越来越多地将社会组织评估等级与政府公共服务购买及其他资金扶持挂钩，社会组织评估将越来越受到社会组织的重视，成为保证社会组织健康发展的内在需要。十几年来，我国社会组织评估实践主要取得了以下成效。

1. 法规制度不断完善

2007 年，民政部出台《民政部关于推进民间组织评估工作的指导意见》，提出建立政府指导、社会参与、独立运作的民间组织综合评估机制，推进民间组织评估工作。同时印发《全国性民间组织评估实施办法》，规定了全国性民间组织评估的原则、程序、参评资格、评估委员会组建方式、评估专家的资格条件，制定了评估指标、评分细则，制作了评估申报书、等级证书等制式文书，初步建立了社会组织评估的制度体系。

2010 年 12 月 27 日，民政部颁布《社会组织评估管理办法》，这是社会组织评估领域首部部门规章，对社会组织评估的工作原则、工作机制、评估对象和内容、评估机构和职责、评估程序和方法、回避和复核、评估等级管理等进行了全面规定。在此之后，以《社会组织评估管理办法》为统领和依据，北京、天津、河北、山西、辽宁、吉林、浙江、安徽、福建、陕西、湖南、广东、海南、重庆、四川、甘肃、深圳等省（市）陆续出台了符合当地实际情况的社会组织评估管理办法（实施办法），社会组织评估的法治化进程迈出了重要一步。

2011 年 3 月 16 日，《中华人民共和国国民经济和社会发展第十二个五年规划纲要》首次设立专章阐述社会组织发展规划，提出实行社会组织信息公开和评估制度。这是社会组织评估首次出现在国家层面的战略规划中，为社会组织评估持续健康发展提供了重要依据。

在法治引领发展的同时，社会组织评估的实践也在推动制度朝着更加完善、更加具有针对性和可操作性的方向发展。2015年5月，在总结社会组织评估实践的基础上，民政部印发了《民政部关于探索建立社会组织第三方评估机制的指导意见》，一方面及时将实践经验上升为顶层设计，另一方面也指导和规范了全国社会组织评估的发展方向。

2. 指标体系日趋科学

依据评估对象特点不同分别制定评估指标，体现了社会组织评估分类实施、精准评价的价值追求。在社会组织评估的发展历程中，广大社会组织评估工作者坚持理论联系实践，一方面根据我国现行社会组织的分类和架构，找出共同点、剖析不同点，认真分析不同类别社会组织的特点；另一方面不断总结评估工作中发现的参评社会组织实际工作和指标不适配的情况，通过大量深入细致的研究，制定了不同类型的社会组织评估指标，并在实践中不断丰富，不断完善。

从2007年至今十多年来，民政部制定了行业类社团、学术类社团、公益类社团、联合类社团、职业类社团、基金会、非内地居民担任法定代表人的基金会和民办非企业单位八类社会组织评估指标体系。各地也在民政部发布的各类社会组织评估指标的基础上，结合实际开展有益尝试和探索。之后，民政部对现有指标体系也在不断更新完善，确保评估指标始终发挥"规范建设、引领发展，全面评价、体现特色"的核心作用。

3. 信息化建设不断健全

重视信息化建设是我国社会组织评估发展过程中的一个重要特征。第一，为了保证现场评估工作的客观公正，从2009年开始，所有评估专家的现场评判结果实现了当天录入系统，2012年以后评估专家的现场评判又实现了无纸化，可在移动终端上直接录入系统。第二，社会组织评估承担着采集社会组织发展状况和动态信息的功能，只有借助信息化手段，才能实现社会组织评估信息的数据化管理。第三，信息化建设可以方便管理部门与地方各级社会组织登记管理机关交流互动，有助于实时掌握和了解地方社会组织评估动态。

2009年，民政部民间组织服务中心与某科技公司合作，自主设计开发了社会组织评估管理系统。经过十多年的使用和升级，此系统已实现了社会组织评估信息管理、评估指标管理、评估专家管理、评估申报管理、评估现场操作流程管理、评估结果汇总分析管理、大数据统计查询等诸多功能。目前，社会组织评估实现了全流程信息化管理，极大提高了工作效率和客观公正性，同时积累和汇集了大量社会组织信息，为全面深入研究社会组织现状和发展趋势及登记管理机关的政策制定等提供了有力的数据支撑和科学依据。

4. 评估效果不断显现

社会组织评估从2007年正式启动之初就确定了"以评促改、以评促建、以评促管、以评促发展"的工作目标。通过十多年的实践，预期效果正在逐一显现并不断强化。

(1) 弥补了监督力量的不足，丰富了监督管理手段

长期以来，我国对社会组织的监督管理，主要采取的是行政和法律监督方式，但是，随着社会组织数量的不断增加，社会组织监管任务与政府部门管理人员数量不相适应的问题日益突出。通过社会组织评估，动员社会力量对社会组织进行检查监督，有效弥补了政府部门监管力量的不足。以往，社会组织除了明显违法被查处外，仅靠程序性年检的监督方式难以完全反映社会组织的运行状况。引入社会组织评估后，改变了对社会组织"重登记、轻管理"的状况，登记管理机关对社会组织的了解更深入、更直接，形成了登记、年检、评估、执法监察四位一体的监管模式，丰富了监管方式，提高了监管实效。

(2) 增强了对社会组织的培育发展力度

针对社会组织发展面临的注册、定位、资金、能力、人才、信誉等多重困境，以及缺乏发展引导和专业评价等现实困难，通过社会组织评估中的政策宣讲和专业辅导，使社会组织及时知道自身不足和存在的问题，加大内部治理力度，健全法人治理结构，加快人力资源建设，加强财务监督管理，规范运作机制，提升社会公信力和信誉度，形成了"指标引导—自我发展—社会认可"的社会组织发展模式。社会组织评估发挥着"指挥棒"功能，引领着广大社会组织始终与党中央、国务院决策部署保持高度一致，在"五位一体"总体布局中发挥积极作用。

(3) 有效改善了社会组织发展的社会公众环境

社会组织评估从三个方面推动形成了有利于社会组织发展的社会公众环境。一是促进了社会组织重视信息公开，增强透明度，强化服务意识，加强自律约束，提升社会责任感。二是增进了公众对社会组织的了解和支持，树立了社会组织良好的公众形象，以评估为基础的社会组织信用评价体系初步建立。三是减少了社会组织与政府、社会之间的信息不对称。通过社会组织评估过程和评估结果的信息公开，使社会公众对社会组织的法人资格、组织机构、活动情况、服务业绩、人力资源管理、财务资产管理、信息公开程度、社会评价等多项指标有了了解和认知，能够公正客观地评价社会组织的活动，为促进社会组织与社会公众的信息沟通，促使社会组织活动得到社会公众的支持奠定了扎实的基础。

5. 评估结果运用不断丰富

随着社会组织评估的推进，其客观性、公正性、全面性得到较为一致的认可，社会组织评估等级成为衡量社会组织发展水平、社会信誉度的重要指标，成为社会组织的重要信誉标志，成为政府部门制定社会组织各项培育发展和监督管理政策的重要信息来源。

(1) 社会组织评估等级成为社会组织的重要信誉标志

通过多年的努力，广大社会组织对社会组织评估普遍知晓、认同并自觉参与。各级社会组织办公场所里社会组织评估等级牌匾随处可见，工作人员名片上标明评估"A"级的也屡见不鲜。如同看星级了解酒店的硬件条件和服务水平一样，社会组织评估等级成为人

们最直观、最迅速了解一个社会组织发展水平的方式,是社会组织珍视的无形资产,成为社会组织重要的信誉标志。

(2) 社会组织评估成为政府向社会组织转移职能和购买服务的基础性工作

社会组织评估对政府部门向社会组织转移职能和购买服务意义重大。一方面,政府职能能否顺利转移,关键在于社会组织的能力与素质是否使其能够去承接相应职能。从这个意义上讲,社会组织评估推动了社会组织能力的提高。另一方面,面对众多社会组织,政府职能转移给谁,政府购买谁的服务,社会组织评估等级成为政府选择的重要依据。近年来,从中央到地方,将社会组织评估等级作为政府部门向社会组织转移职能和购买服务的重要条件已经成为普遍的做法。

(3) 社会组织评估等级被广泛运用于政府部门对社会组织的管理服务中

通过不同社会组织评估结果的比较,政府部门可以对社会组织的发展情况有直观、全面的了解,将评估等级与税收优惠、资格认定、评比表彰、年度检查等工作相互衔接、相互促进,完善了政府部门对社会组织的管理服务机制。

二、社会组织评估面临的挑战

评估是重要的管理工具。正所谓"评估什么、得到什么,不评估它、便会失去它"。自2007年民政部推动社会组织评估工作以来,我国社会组织的评估工作取得了长足发展,社会组织的评估工作逐步专业化、常态化、制度化。社会组织评估机构、评估人员数量增长快速,社会组织评估工作对完善我国社会组织监管制度,促进社会组织的健康发展发挥了重要的作用。然而,在取得成绩的同时,我们也要看到,当前我国社会组织评估工作也存在不少问题、面临很大的挑战。

1. 理论与方法研究相对滞后

众所周知,社会组织的评估实践离不开评估理论与方法的指导。虽然十多年来,我国研究社会组织评估问题的学者不少,但创新性的研究成果相对较少。导致我国社会组织的评估实践缺乏有效的理论与方法指导。

事实上,各地在开展社会组织评估工作时常常遇到许多难题:不同类型的社会组织各自应该选择哪些关键性的评估指标?不同指标如何赋值更为科学?如何避免评估者在打分的过程中人为的随意性?如何增强评估中的客观公正性?在短短的一天甚至半天时间内,在仅仅查阅文献资料或只访谈秘书处人员的情况下,如何准确地对各项指标进行衡量和打分?另外,每个社会组织开展的活动都具有自身的特殊性,这就导致在现场评估中,评估者有时会遇到一些难以评判的新问题,这也增加了评估的难度。在这种情况下,由于现有的理论研究相对滞后,评估工作误差较大、评估结果因评估者不同而异的现象较为突出。

2. 评估目的的漂移

早在2000年左右,学者倡导开展社会组织评估工作的背景是当时我国的社会组织良莠不齐、鱼龙混杂，而社会组织的年检形同虚设，社会组织的能力建设尚未引起关注。在这种情况下，大家希望通过评估实现两个目的：一是弥补年检工作的不足，加强对社会组织的监督；二是通过评估，帮助社会组织诊断问题，自我学习与提升。这些建议得到了当时相关部门领导的认可。因此，2007年发布的《民政部关于推进民间组织评估工作的指导意见》明确提出，做好民间组织评估工作，有利于加强民间组织的自身建设，促进民间组织的自我管理和自我完善；有利于优化政府对民间组织的监督管理，促进监管方式的科学化和规范化；有利于增加民间组织的透明度，强化社会监督，提高民间组织的社会公信力。

然而，经过这些年的实践，一些地方的社会组织评估工作开始出现目的漂移的情况，评估的学习功能逐步萎缩，评估仅仅成为管理的抓手，甚至成为某些第三方营利或非营利评估机构谋求公权力与私利的工具。尽管大多数社会组织能够通过参与等级评估，认识到自身存在的问题，完善了管理，提高了能力，但也有一些社会组织的评估工作由于目的的异化，评估的学习与监管目的均难以达成，反而使评估工作变为社会组织的负担。

3. 评估机构的能力普遍较弱

2015年，《民政部关于探索建立社会组织第三方评估机制的指导意见》正式发布，这意味着社会组织评估工作将由民政部门直接操作转为由第三方专业机构实施。在政策的引导下，各地第三方评估机构纷纷成立。然而，由于社会组织的第三方评估机构在我国还是新生事物，不仅评估人才奇缺，而且相关的知识储备与评估经验也比较缺乏。对于那些新成立的非营利第三方评估机构而言，它们虽然对社会组织的相关知识有所了解，但缺乏评估的经验；而对于那些从事企业评估工作的营利机构而言，它们虽然有评估的经验，但对于社会组织的工作还缺乏全面的了解，将营利机构的评估经验用在社会工作领域还有一个较长的学习适应过程。

4. 评估类型比较单一

在发达国家，评估的类型非常多元，人力资源评估、组织能力评估、项目评估、综合性评估均比较常见，项目评估最为常态化。无论是世界银行等国际组织开展项目，还是大中型非政府组织开展项目，通常都会预留一定比例的资金用于项目的监测与评估。然而，我国无论是政府购买社会组织服务项目，还是基金会开展项目，能够制度化开展项目监测与评估的并不多，重点项目开展独立第三方评估的更少。组织能力评估是社会组织能力建设的基础，我国在各地掀起社会组织组织能力建设高潮的同时，社会组织的组织能力评估并没有跟上能力建设的步伐，这与人们对组织能力评估的认知不足、需求有限，以及开展组织能力评估的供给不足有关。而我国的社会组织评估工作主要集中在政府推动的等级评估方面。等级评估的实质是综合性评估，虽然评估的内容与指标比较全面，但具体到各个维度，如项目维度、能力维度，相应的指标就比较简略与粗放，不如具体的项目评估与组织能力评估那么精细。

三、完善我国社会组织评估机制的对策

1. 进一步完善评估指标，逐步建立具有中国特色的社会组织评估指标体系

评估指标是社会组织评估的基础，规范和有效的标准化评估指标体系是社会组织评估工作持续有效开展的关键。虽然社会组织评估工作已经走过了十余年，通过不断实践和探索，科学的评估体系已经初步确立，但具有中国特色的评估体系依然存在不足。评估标准经常借用西方理论话语，对评估起到积极作用的同时，也存在评估与社会组织发展实践不完全匹配的问题。

建立一套具有中国特色的社会组织评估体系，既是对我国社会组织发展的经验总结，也是探索中国特色社会组织发展之路的必然要求。一方面，要把握我国社会组织发展的规律，及时总结我国社会组织发展的经验，将评估与社会组织发展有效相连，避免出现发展、评估两张皮的局面；另一方面，要考虑我国社会发展的特殊性，构建科学有效的创新指标体系，将社会组织发展纳入国家宏观建设之中，避免出现理论、实践两条路的局面。

2. 进一步规范评估流程，逐步建立经得起考验的评估机制

相关人员应以《社会组织评估管理办法》为依照，结合具体实践，进一步制定更加适应实际需要的评估流程。在实践操作当中，应将社会组织自我评估、第三方评估机构实地考察评估、评估委员会审核、公示评估结果等每一个环节都考量在内，不得有忽略或遗漏。同时，评估者应当认真遵守评估流程，严格按照评估标准进行评估，保证评估过程和结果的公平、公正。此外，要充分发挥第三方评估机构的作用，为其提供更多有力支持，使评估能够在更加客观的环境下开展。

评估也是服务社会组织的一种形式，在保证评估质量的同时，积极创新评估模式，是优化评估程序的关键。应努力实现评估不走形式与过场，察实情、纠关键，提高评估工作的精准性。同时，要重视评估程序中的关键环节，节约评估成本，提高评估工作的效率，构建经得起考验的评估机制。

3. 加强评估结果的共享，逐步提高评估对社会组织工作的反馈作用

评估结果既是社会组织发展的"体检报告"，也是社会组织管理部门的公信检测报告。在不违反隐私基础上，应积极主动地公布评估结果，有条件的也可将评估数据进行共享，这是提高社会组织评估公信力的一个重要措施，也是提高政府业务指导单位、业务主管单位和登记管理机关话语权的一个重要措施。已有的评估结果在社会组织实践中往往存在利用不足的现象，既缺少对于实践层面的矫正作用，也缺少理论层面的深入探讨。对于社会组织评估结果的深入分析与研究有待进一步加强。

重视社会组织评估结果共享机制的建立，是未来评估工作深化的重要步骤。一方面，要强化评估结果反馈机制，在完成现场评估的基础上不断形成动态评估机制；另一方面，

要细化评估结果的激励机制,将正向引导机制与反向惩罚机制相结合,增强评估作用。

4. 加强社会组织评估人才队伍建设,坚守社会组织评估工作的使命与方向

社会组织评估工作对评估人才的要求较高,评估者不仅要对社会组织的工作有比较全面的了解,而且要有一定的评估方面的经验,唯有如此,评估才能发挥应有的作用。在发达国家,评估是一门专业,不但在大学开设评估课程,而且培养评估领域的硕士与博士。正如社会工作者、筹款人需要有资质一样,其实评估者也需要有资质。因此,一方面我国的高等院校需要加强评估领域的人才培养;另一方面,评估行业也需要加强沟通交流,逐渐成立社会组织评估领域的学会、协会,大家多沟通交流,共同促进评估领域的研究发展与行业自律。

  拓展训练

为规范全国性社会组织评估工作,推动社会组织高质量发展,2021年,民政部发布了《全国性社会组织评估管理规定》。该规定共六章三十五条,在遵循《社会组织评估管理办法》基本原则和要求的基础上,对全国性社会组织评估工作的管理体制、评估对象和内容、评估工作程序、评估专家管理、监督管理等作了明确规定。

讨论问题

1. 全国性社会组织实地评估的方式是怎样的?
2. 全国性社会组织评估工作的程序是怎样的?

参 考 文 献

[1] 马庆钰.社会组织能力建设［M］.北京：中国社会出版社，2011.
[2] 邓国胜.非营利组织评估［M］.北京：社会科学文献出版社，2001.
[3] 邓国胜.公益项目评估：以"幸福工程"为案例［M］.北京：社会科学文献出版社，2003.
[4] 孔卫拿.社会组织党建研究［M］.芜湖：安徽师范大学出版社，2018.
[5] 孙伟林，等.中国社会组织评估十周年纪念文集［M］.北京：中国社会出版社，2019.
[6] 王名.社会组织概论［M］.北京：中国社会出版社，2010.
[7] 王名.非营利组织管理概论［M］.修订版.北京：中国人民大学出版社，2010.
[8] 王名.社会组织论纲［M］.北京：社会科学文献出版社，2013.
[9] 王名，等.中国社会组织（1978—2018）［M］.北京：社会科学文献出版社，2018.
[10] 王芳.社会组织的创新与发展［M］.北京：法律出版社，2016.
[11] 刘春湘.社会组织运营与管理［M］.北京：经济管理出版社，2016.
[12] 李飞虎.非营利组织经营与管理［M］.北京：北京大学出版社，2016.
[13] 张书颖.社会组织服务项目操作指南［M］.北京：知识产权出版社，2013.
[14] 张秀玉.战略管理［M］.北京：北京大学出版社，2006.
[15] 国家民间组织管理局.社会组织政策法规选编［M］.北京：中国社会出版社，2017.
[16] 罗辉.社会组织管理［M］.武汉：中国地质大学出版社，2021.
[17] 金锦萍.社会组织财税制度［M］.北京：中国社会出版社，2011.
[18] 苗丽静.非营利组织管理学［M］.大连：东北财经大学出版社，2006.
[19] 周俊.社会组织管理［M］.北京：中国人民大学出版社，2015.
[20] 周俊，张冉，宋锦洲.社会组织与慈善组织管理［M］.北京：北京大学出版社，2017.
[21] 康晓光.非营利组织管理［M］.2版.北京：中国人民大学出版社，2020.
[22] 徐永祥.社会组织发展论［M］.上海：华东理工大学出版社，2021.
[23] 徐本亮.社会组织管理精要十五讲［M］.上海：上海社会科学院出版社，2018.
[24] 郭葆春.社会组织财务管理［M］.北京：中国社会出版社，2016.
[25] 黄浩明.非营利组织战略管理［M］.北京：中国人民大学出版社，2003.
[26] 黄波，吴乐珍，古小华.非营利组织管理［M］.北京：中国经济出版社，2008.
[27] 黄晓勇，徐明，郭磊，等.中国社会组织报告（2021）［M］.北京：社会科学文献出

版社，2021.

[28] 阿尔文·H.赖斯.非营利创新管理［M］.潘若琳，赵家珍，译.北京：北京大学出版社，2007.

[29] 彼得·德鲁克.非营利组织的管理［M］.吴振阳，译.北京：机械工业出版社，2009.

[30] 彼特·罗西.项目评估：方法与技术［M］.邱泽奇，译.北京：华夏出版社，2002.

[31] 米歇尔·诺顿.全球筹款手册：NGO及社区组织资源动员指南［M］.张秀琴，江立新，译.北京：中国人民大学出版社，2005.

[32] 詹姆斯·P.盖拉特.21世纪非营利组织管理［M］.邓国胜等，译.北京：中国人民大学出版社，2003.

[33] 约翰·布赖森.公共与非营利组织战略规划：增强并保持组织成就的行动指南［M］.孙春霞，译.3版.北京：北京大学出版社，2010.

[34] 伊恩·斯迈利，约翰·黑利.NGO领导、策略与管理：理论与操作［M］.陈玉华，译.北京：社会科学文献出版社，2005.

[35] 马庆钰，贾西津.中国社会组织的发展方向与未来趋势［J］.国家行政学院学报，2015（04）.

[36] 马庆钰.我国社会组织的战略地位及发展目标［J］.决策与信息，2015（10）.

[37] 王名.我国社会组织改革发展的前提和趋势［J］.中国机构改革与管理，2014（Z1）.

[38] 王妮丽.从社会组织评估主体的多元化看第三方评估［J］.学会，2016（06）.

[39] 田舒.我国社会组织评估机制：一种有效的监管途径［J］.理论界，2015（02）.

[40] 甘燕飞.东南亚非政府组织：源起、现状与前景——以马来西亚、泰国、菲律宾、印度尼西亚为例［J］.东南亚纵横，2012（03）.

[41] 孙录宝."十四五"时期社会组织发展的基本思路和策略建议［J］.学会，2021（03）.

[42] 孙伟林，臧宝瑞.南非社会组织考察报告［J］.社团管理研究，2007（03）.

[43] 陈建国，冯海群.社会组织评估的制度结构和改革方向［J］.云南大学学报（社会科学版），2018，17（03）.

[44] 张远凤，张慧峰.从国际比较看中国非营利部门的发展水平［J］.中国第三部门研究，2017，14（02）.

[45] 侯迎欣.推动新时代社会组织党建强起来［J］.中国党政干部论坛，2021（03）.

[46] 唐政秋，喻建中.社会组织承接政府购买服务的现实困境与突破路径［J］.社科纵横，2021，36（04）.

[47] 唐文玉.中国社会组织发展的历史变迁与当代走向［J］.学术界，2021（07）.

[48] 俞祖成.日本非营利组织：法制建设与改革动向［J］.中国机构改革与管理，2016（07）.

[49] 曹天禄.社会组织评估：困境与突破——以深圳社会组织评估为例［J］.湖湘论坛，2015，28（06）.

[50] 谈小燕,邓进.香港培育发展社区社会组织的经验借鉴[J].社会治理,2019(06).

[51] 谢菊,马庆钰.中国社会组织发展历程回顾[J].云南行政学院学报,2015,17(01).

[52] 谭静,张学升.国外社会组织的发展与资产管理实践及经验借鉴[J].财政监督,2019(02).

[53] 寇爽.社会组织党建的发展沿革、经验探索和路向选择[J].领导科学,2021(08).